NATIONALPARKS DER WELT

SÜDLICHES AFRIKA

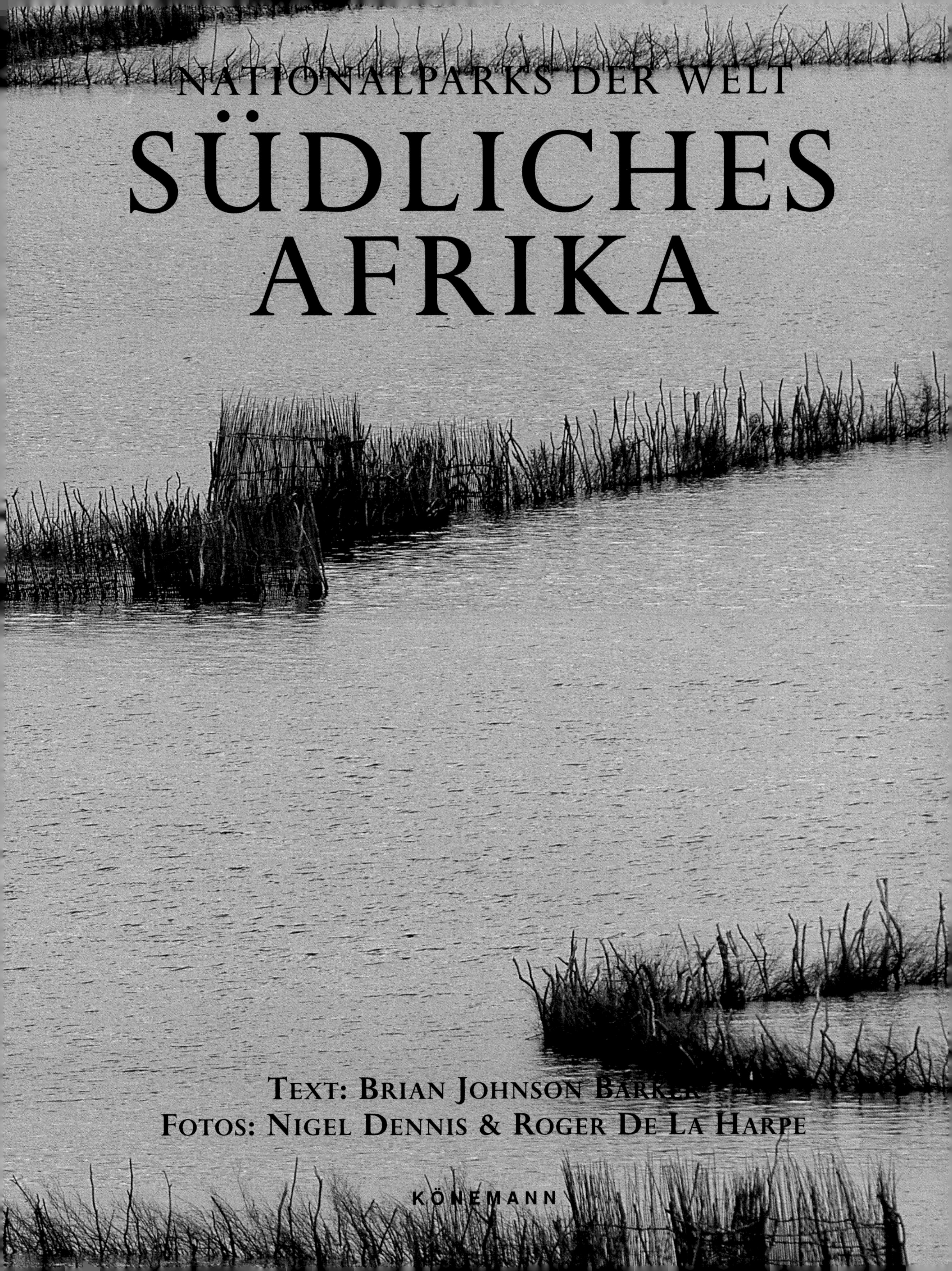

NATIONALPARKS DER WELT

SÜDLICHES AFRIKA

TEXT: BRIAN JOHNSON BARKER
FOTOS: NIGEL DENNIS & ROGER DE LA HARPE

KÖNEMANN

Gewidmet meiner Frau Wendy für ihre unschätzbare Hilfe auf unseren Reisen
durch die Wildnis – Nigel Dennis
Für Pat, meiner Reisebegleiterin, Freundin und Ehefrau, mit Liebe
und Dankbarkeit – Roger de la Harpe

Originalausgabe 1999 New Holland Publishers (UK) Ltd

Könemann Verlagsgesellschaft mbH
Bonner Straße 126, D-50968 Köln
Übersetzung: Ulrike Poyda für Easy Pic Library GmbH
Fachlektorat: Helmut Piribauer für Easy Pic Library GmbH
Redaktion und Satz: Easy Pic Library GmbH
Projektkoordination: Dorit Esser
Herstellung: Ursula Schümer
Druck und Bindung: Star Standard Industries Pte. Ltd.
Printed in Singapore

ISBN 3-8290-3918-2

10 9 8 7 6 5 4 3 2 1

Anmerkungen des Herausgebers

Die Pflanzen und Tiere werden in diesem Buch zumeist unter ihrem gebräuchlichen deutschen Namen aufgeführt. Für manche exotischen Arten existieren keine deutschen Ausdrücke, in diesen Fällen wurden die englischen Namen belassen. Um Mißverständnisse zu vermeiden, ist in manchen Fällen die lateinische Bezeichnung zusätzlich angegeben. Das Glossar auf S. 175 gibt einen Überblick über die Tier- und Pflanzenwelt im südlichen Afrika Die abgedruckten Karten dienen lediglich der Orientierung. Für Reisen im Lande empfehlen wir, auf ausführlicheres Kartenmaterial zurückzugreifen. Alle Informationen in diesem Buch stammen aus zuverlässigen Quellen und sind sorgfältig geprüft. Für ihre Richtigkeit und Vollständigkeit können wir jedoch keine Haftung übernehmen.

Danksagung

Zahlreiche Personen und Institutionen unterstützten die Entstehung dieses Buches. Das Bildmaterial wurde in Zusammenarbeit mit The South African National Parks und dem KwaZulu-Natal Nature Conservation Service erstellt. Der Autor, die Fotografen und der Herausgeber sind folgenden Personen und Einrichtungen zu besonderem Dank verpflichtet:

Südafrika: The Cape Peninsula National Park; KwaZulu-Natal Nature Conservation Service; National Botanic Gardens, Kirstenbosch; Northern Cape Province Nature Conservation Service; Sabi Sabi Private Game Reserve; The South African National Parks; Springbok Café, Springbok; Western Cape Department of Nature Conservation. **Namibia**: Ministry of Wildlife, Conservation and Tourism; Namibia Tourism, Kapstadt. **Botswana**: The Department of Wildlife and National Parks. **Simbabwe**: The Department of National Parks and Wildlife Management. Persönlicher Dank gilt: Theo Antoniades (City Lab, Johannesburg), Leon van Rooyen (Namibian Ministry of Wildlife, Conservation and Tourism), David Daitz (Cape Peninsula National Park), Trevor Dearlove (ehemaliger Mitarbeiter von The South African National Parks, Kapstadt), Wendy Dennis, Dr. George Hughes (KwaZulu-Natal Nature Conservation Service), Dr. Michael Knight (South African National Parks, Kimberley), Ian Michler, Paul Tingay, Anita Wong (KwaZulu-Natal Nature Conservation Service), und Geoff Wardropper (Terry's Photoworld, Pietermaritzburg)

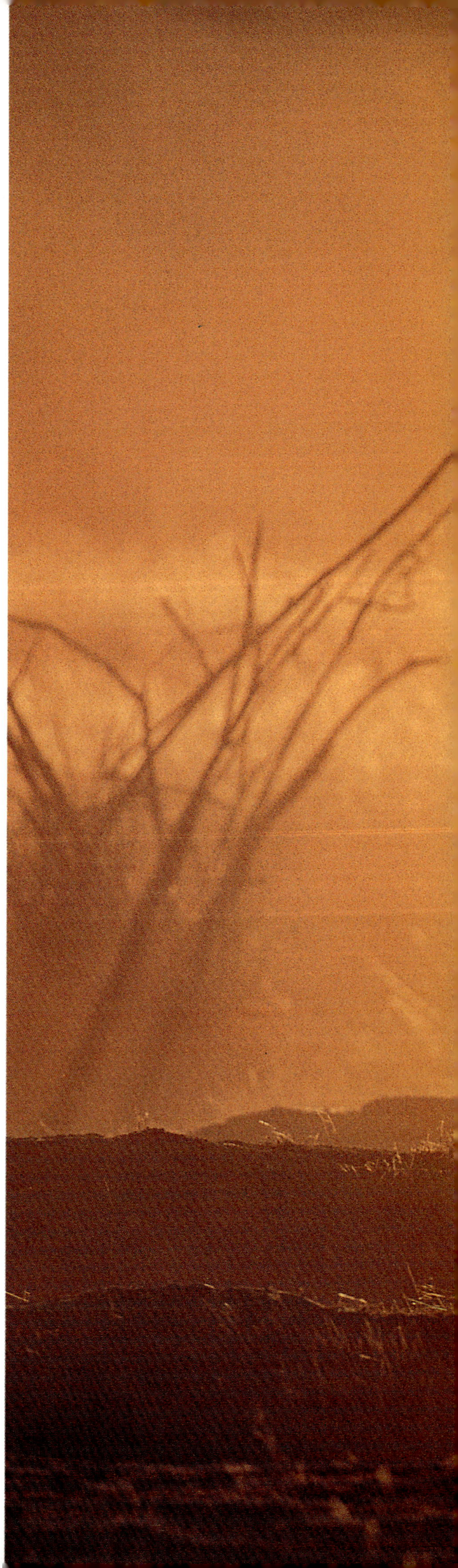

Bildunterschriften:
Halbe Titelseite: Vor sich hindösender Leopard.
Titel-Doppelseite: Das glasklare Wasser der Kosi Bay in Südafrikas Provinz KwaZulu-Natal.
Rechts: Der Spießbock (Oryx) hat sich an das karge Leben in der Kalahari-Wüste gut angepaßt.

INHALT

EINLEITUNG

Von jeher zog Afrika Reisende aus aller Herren Länder in seinen Bann: Abenteurer, Eroberer, Romantiker und vor allem wissensdurstige Naturforscher. Ab dem späten 15. Jahrhundert strömten unablässig europäische Besucher ins Land, um jene unglaubliche Vielfalt von Natur, Landschaft und Kultur weitab vom Europa der Renaissance – und meist fern seiner Kenntnis – zu erkunden. Von ihnen stammen die ersten, freilich oft halb oder ganz erdichteten Erzählungen von seltsamen Tieren, unberührten Ebenen und Wäldern, verborgenen Städten und Menschen, deren Lebensart so völlig anders, um so viel einfacher, ja nobler erschien als die der Europäer; vom »edlen Wilden« war die Rede. Spätere Berichterstatter brachten ihre Beobachtungen wirklichkeitsgetreuer, obgleich bisweilen mit einem Hang zur Poesie zu Papier. Der Naturwissenschaftler François le Vaillant schwärmte im 18. Jahrhundert nach einer Reise zum Südkap von erhabenen Wäldern, lieblichen Hügeln, farbenprächtigen Wiesen und idyllischem Weideland. Der berühmte Forscher und Missionar David Livingstone stellte gar die Vermutung an, das Naturschauspiel der Victoria Falls würde auch Engel bei ihrem Fluge entzücken.

Doch als Livingstone zur ersten seiner berühmten Afrikareisen aufbrach, war der Subkontinent bereits auf dem besten Wege, Schauplatz des seit Menschengedenken grausamsten und effektivsten Tiermordes zu werden. Gegen 1880 hatten skrupellose Berufsjäger zahlreiche Tierarten nahezu ausgerottet. Dann wurde es Mode, Jagdtrophäen von Safaris mitzubringen, um sie ausgestopft in Museen oder lebendig in Zoos zur Schau zu stellen. Relativ bald erkannte man jedoch in Afrika den Ernst der Lage und ergriff die ersten Wildschutzmaßnahmen, aus denen schließlich ein breit angelegtes Umwelt- und Artenschutzkonzept hervorging.

Das südliche Afrika ist von der Natur mit einem überwältigenden Artenreichtum gesegnet. So sind allein in Südafrika, das nicht einmal 1 % der gesamten Erdoberfläche einnimmt, 5 % aller Säugetiere, 8 % aller Vogelarten und sage und schreibe 10 % aller höheren Pflanzen beheimatet. Südafrika, Namibia, Botswana und Zimbabwe, deren Naturschutzgebiete im vorliegenden Buch beschrieben werden, haben – meist unter erheblichen Schwierigkeiten – ihren Beitrag zum Erhalt dieses unschätzbaren, unersetzlichen und vielfach bedrohten Erbes geleistet.

Das südliche Afrika erstreckt sich keilförmig von den Tropen bis fast zum 35. südlichen Breitengrad. Es umfaßt die Republik Südafrika sowie deren direkte Nachbarländer Namibia, Botswana, Simbabwe, Mosambik, Lesoto und Swasiland. Die Ostküste liegt am warmen Indischen Ozean, während im Westen der kalte Benguelastrom nordwärts durch den Atlantik zieht. Meeresströmungen und Gebirge beeinflussen nachhaltig Wind und Regen und sorgen damit für eine natürliche Regulierung der unterschiedlichen Habitate mit ihren jeweiligen Lebensformen. In vielen Regionen gedeiht eine unglaublich artenreiche endemische Flora, wie sie in keinem anderen Erdteil vorkommt. Allein die Kap-Halbinsel sowie das angrenzende Cape Flats beherbergen mehr Pflanzenarten als die Britischen Inseln zusammengenommen. Frosch- und Krötenarten sind auf dem Subkontinent so zahlreich wie in ganz Europa.

Als buntes Gemisch präsentiert sich auch die Bevölkerung. In der schriftlichen Überlieferung läßt sich die Existenz des Menschen seit 500 Jahren belegen. Laut mündlicher Überlieferung, untermauert von der modernen Forschung, reichen die Wurzeln der Afrikaner sogar bis zur Entstehung des Homo sapiens zurück. Als die Ureinwohner des südlichen Afrikas gelten die Khoina, ein kleiner Stamm, zu dem auch die Buschmänner (San) gehören. Sie lebten als Jäger und Sammler und unterschieden sich damit nicht so sehr wegen ihres Aussehens, sondern vielmehr aufgrund ihrer Bräuche und Lebensart von den später zuge-

Vorherige Seite: Der Elefant im namibischen Etosha-Park genießt sichtlich sein Schlammbad.

Links: Nyanga, östliches Hochland von Zimbabwe. Das eiskalte Wasser des Mtarazi Falls stürzt donnernd die steilen Klippen hinunter.

Oben: Der Bart- oder Lämmergeier zählt zu den großen und seltenen Raubvögeln des südlichen Afrika. Seine Flügelspannweite mißt über 2,5 m. Gewöhnlich ernährt er sich von Aas, teils auch von lebenden Kleinsäugern.

wanderten gelbhäutigen Hirtennomaden, den Khoikhoi. Die Bantu-Völker, die einer anderen Sprachgruppe angehören als die Khoina, stießen etwa vor 2000 Jahren nach Simbabwe und in den Norden Südafrikas vor. Von ihnen wurden Fertigkeiten wie Eisenbearbeitung, Viehzucht und Ackerbau eingeführt.

Erforschung, Handel und Eroberung hatten zur Folge, daß sich innerhalb der Bantu-Gemeinschaft große Gruppen abspalteten bzw. neue Gruppen bildeten: Zulu, Xhosa, Ndebele, Sotho, Venda und Tsonga (Südafrika), Herero (Namibia), Shona (Simbabwe) und Tswana (Botswana). Mit der Entstehung neuer Siedlungsmuster verloren die Khoina zusehends ihre territoriale Dominanz. Sie wurden schließlich weitgehend in die Gebirgs- und Wüstenregionen (Kalahari) sowie in Teile Namibias und der heutigen Nord- und Westkap-Provinzen Südafrikas zurückgedrängt.

Als ab Mitte des 17. Jahrhunderts die europäische Besiedlung – und dadurch auch der Sklavenhandel mit den damit einhergehenden Zuwanderungen aus dem Ostteil und anderen Regionen Afrikas – einsetzte, wurde die demographische Struktur zusehends komplexer. Durch Ackerbau, Viehzucht und dauerhafte Besiedlung griff der Mensch immer rücksichtsloser in die bis dahin unberührte Wildnis ein, was sich verheerend auf die Ökologie auswirkte.

Die Geschichte des Naturschutzes

Die frühesten dokumentierten Naturschutzinitiativen gehen auf das Jahr 1655 zurück. Damals wurde am Kap der Guten Hoffnung der Waldbestand von Hout Bay vor dem Kahlschlag bewahrt. Einige dieser einheimischen Bäume vermochten bis heute zu überleben. Zwei Jahrzehnte später versuchte man, auch die Wildtiere in die Schutzprogramme mit einzubeziehen, was

letztendlich an administrativen Hürden scheiterte. Erfolgreicher war die Gründung des ersten Wildreservats, Pongola, 1894 im Osten der früheren Republik Transvaal (heute Teil der Provinz Mpumalanga). 1897 folgten die Wildparks Hluhluwe und Umfolozi in Natal. Im gleichen Jahr wurde in der Savannenlandschaft (Lowveld) von Osttransvaal das Sabie Game Reserve ins Leben gerufen, aus dem später Südafrikas »Arche Noah«, der weltberühmte Kruger National Park, hervorging.

Auf Großwild trifft man vornehmlich in den nördlichen Teilen des Subkontinents: in den trockenen Salztonebenen des Etosha-Nationalparks Nordnamibias, den Wildschutzgebieten des Okawango, Moremi und Chobe in Botswana bis hin zu Simbabwes Hhwange Park, dem Sambesi-Tal und den bekannten Nationalparks Gonarezhou (Simbabwe) und Kruger National Park an den östlichen Bergketten und im Tiefland. Florengebiete – angefangen von Nationalparks bis hin zu winzigen, aber artenreichen Nischen – findet man vorwiegend am Westkap, von dem nur eine winzige Ecke die kleinste, aber bunteste der sechs für die Botanik bedeutendsten Regionen der Welt bildet.

Der Erhalt der mannigfaltigen Unterwasserwelt des Küstenstreifens ist in zahlreichen Feuchtschutzgebieten entlang der afrikanischen Küste gesichert. Faszinierende Naturlandschaften mit einer unvorstellbaren Vielzahl von Wildtieren findet man auch in den Reservaten der namibischen Skeleton Coast, in Namib-Naukluft mit den höchsten Sanddünen der Welt sowie in Südafrikas Drakensbergen und im Golden Gate Highlands Park.

Naturschutzgebiete einerseits und naturbelassene Wildnis andererseits – welch Unterschied in Wesen und Funktion, und doch tragen beide dazu bei, das »wahre« Afrika zu erhalten. Aber alte und auch neue Gefahren lassen die Naturschützer nicht zur Ruhe kommen. Wohl am verheerendsten ist die fortschreitende Gewinnung von Flächen für den Ackerbau und als Nutztierweiden – ein unaufhaltsamer, praktisch irreversibler Prozeß. Auch die ländlichen Siedlungen expandieren immer mehr, beanspruchen Wasser und Weideland, Wild zum Jagen und Holz als Brenn- bzw. Baumaterial. Die Wilderei, sowohl als illegale Einnahmequelle als auch für den eigenen Fleischbedarf, bleibt eine der schlimmsten Bedrohungen; sogenannte Sammler plündern die Natur, um mit Pflanzen und Tieren auf einem illegalen, aber blühenden Weltmarkt die Preise nach oben zu treiben. Bergbau und Industrie holen bisweilen zu einem vernichtenden Schlag aus der Ferne aus, indem sie wertvolle Wasserquellen der Naturschutzgebiete gänzlich aufbrauchen oder verschmutzen.

Nichtsdestotrotz sind die Naturschützer in ihrem Kampf ein Stück weitergekommen. Die Initiativen haben sich vom bloßen Wildschutz – sprich Jagdverbot – zu einem integrierten Umweltschutzprogramm ent-

Unten: Die Namib an der namibischen Atlantikküste ist die älteste Wüste der Erde. Trotz ihrer Trockenheit und sengenden Hitze haben sich hier überraschend vielfältige Lebensformen angesiedelt.

Links: Eine der zahlreichen Eidechsen des südafrikanischen Cederberg.

wickelt. Die wirtschaftlichen Vorteile des ökologisch ausgerichteten Tourismus sind inzwischen endlich auch in das Bewußtsein der Entscheidungsträger vorgedrungen.

Man hat erkannt, daß die Bedürfnisse der verarmten Landbevölkerung mit denen der Touristen nicht mehr kollidieren, sondern vielmehr Hand in Hand gehen. Dörfer in oder an Naturreservaten werden nicht mehr wie früher umgesiedelt, sondern sollen am Erhalt der Umwelt konkret mitwirken, dafür aber auch an den wirtschaftlichen Vorteilen durch den Bau von Lodges und Hotels und einer wachsenden Zahl von Ökotouristen teilhaben. Darüber hinaus sind Errichtung und Verwaltung von Reservaten nicht mehr ausschließlich Sache der Landesregierung, sondern liegen zusehends in privater Hand, was sich eindrucksvoll in den Übernachtungszahlen und Safaribuchungen niederschlägt. Die Bereitschaft und Mitwirkung der Touristikbranche einerseits und der Dorfgemeinden andererseits zeigen – und das gilt nicht nur für das südliche Afrika sondern weltweit –, daß unsere Gesellschaft endlich die Verdienste eines behutsamen Managements unserer schrumpfenden naturlichen Ressourcen schätzen lernt.

Wildschutzgebiete und Reservate

Im südlichen Afrika unterscheidet man zwischen mehreren Kategorien von Schutzgebieten: Staatliche Nationalparks (National Parks), die durch ein Gesetz geschaffen und von der Landesregierung verwaltet werden, staatliche Wildschutzgebiete unter Verwaltung einer Behörde (Reserves) und Privatreservate (Private Reserves), deren Zahl und Einfallsreichtum unbegrenzt scheint.

Den umfassendsten Schutzstatus genießen in der Regel die Nationalparks. Die Besucher werden in ihrem Verhalten strengstens kontrolliert, jegliche Eingriffe in die Tierwelt – es sei denn, sie dienen der Bestandskontrolle – sind untersagt. In Simbabwe hat sich eine besondere Kategorie von Wildreservaten entwickelt, das Jagd- oder Safari-Reservat, in dem eine kontrollierte Jagd zugelassen ist. In einigen Privatreservaten sowie auf zahlreichen Jagdfarmen können Hobbyjäger ebenfalls auf die Pirsch gehen. Auch Fischen, allerdings ausschließlich für den Eigenbedarf, wird mitunter in ansonsten streng bewachten Gebieten gestattet.

Daneben gibt es Hunderte regionaler, lokaler und privater Schutzgebiete. Sie sind großenteils zweckgebunden, dienen z.B. dem Erhalt einer gefährdeten Pflanzenart oder einzelnen Tierarten (z.B. Addo Elephant National Park in der Ostkap-Provinz). Diese Reservate haben zudem eine soziale Komponente: In vielen Fällen werden lokale Dorfgemeinden in die Verwaltung und Organisation mit einbezogen, so daß die Botschaft des Wildschutzes auf die gesamte Gesellschaft überspringt. Zahlreiche Reservate schärfen durch Lehrgänge (Schülerkurse, Naturlehrpfade für Erwachsene etc.) das Umweltbewußtsein. Erfahrene Führer sorgen in der Wildnis nicht nur für die Sicherheit der Wanderer, sondern erklären ihnen ausführlich die heimische Tier- und Pflanzenwelt. In vielen Reservaten kann der Besucher – ausgerüstet mit

Links: Der Sattelstorch ist einer der acht Storcharten des südlichen Afrika. Er lebt in den östlichen und nördlichen Gebieten.

Rechts: Büffelherde im sonnigen Grasland des nördlichen KwaZulu-Natal.

einer Beschreibung und einer einfachen Karte – auf kürzeren Rundwegen auch allein Fauna und Flora erkunden.

Verhaltensregeln in der Wildnis

Bei der Fahrt bzw. Wanderung durch ein Reservat sind bestimmte Regeln zu beachten. Sie dienen dazu, die Lebensräume von Pflanzen und Tieren zu schonen, sollen aber gleichzeitig Freude und Bewegungsfreiheit des Besuchers möglichst wenig einschränken. Zu diesen Regeln gehört:

Jede Lebensform innerhalb des Reservats ist geschützt – Säugetiere, Vögel, Insekten, Bäume, Blumen, Felsen, selbst natürlicher Abfall wie z.B. abgebrochene Äste oder Tierkadaver, die für Insekten bzw. Aasfresser eine wichtige Nahrungsquelle darstellen. Sie sollten deshalb dem natürlichen Kreislauf der Wildnis nicht entnommen werden.

Greifen Sie nicht in die Lebensgewohnheiten wilder Tiere ein. Füttern Sie sie vor allem nicht, das würde nur zur Gewöhnung führen und sie dadurch vom Menschen abhängig machen. Die natürlichen Instinkte wären damit unwiderruflich gestört. Zudem kann dieses Tier lästig oder gar gefährlich werden und müßte dann in den meisten Fällen getötet werden.

Fällt Ihnen unterwegs etwas auf – ein verletzter Bock oder ein verlassenes Junges –, informieren Sie bitte einen Ranger oder sonstiges Parkpersonal. Diese wissen, was in solchen Fällen zu tun ist. Spielen Sie bitte nie selbst den Buschdoktor!

Verlassen Sie Ihr Fahrzeug nur an den deutlich markierten Stellen (Wasserloch, Picknickplatz oder Aussichtspunkt). Übernachten Sie außerhalb der Camps nicht unter freiem Himmel, auch nicht in einem offenen Zelt, vor allem, wenn Löwen oder Hyänen umherstreunen.

Verlassen Sie nicht die markierten Wege und verzichten Sie auf Abkürzungen querfeldein. Sich in diesen Gegenden zu verirren, kann böse enden. Wenn Sie auf den öffentlichen Straßen bleiben, helfen Sie außerdem mit, Mikrobiotope zu schützen und die Bodenerosion in Grenzen zu halten.

Gehen Sie schonend und auf Ihren eigenen Schutz bedacht mit der Umwelt und ihren Bewohnern um. Bedenken Sie, daß Sie sich in freier Wildbahn befinden und die Tiere, auch wenn sie mancherorts zutraulich erscheinen, gefährlich werden können.

Machen Sie nur auf Camping- und Picknickplätzen oder anderen geeigneten Plätzen Feuer. Werfen Sie keine Zigaretten – am besten überhaupt nichts – aus dem Auto. Feuer ist im Gras- und Buschland immens gefährlich und kann sich katastrophal auswirken.

In einigen Gebieten im südlichen Afrika sind Malaria und Bilharziose, eine Wurmerkrankung, die durch bestimmte Süßwasserschnecken übertragen wird, endemisch. Beugen Sie deshalb mit einer Malariaprophylaxe vor und vermeiden Sie jeglichen Kontakt mit verseuchten Gewässern.

Unten: Verspielte Löwinnen im Sabi Sabi Private Game Reserve.

Oben rechts: Ein Blasenkäfer ruht sich auf einem Sweethorn-Zweig aus.

SÜDAFRIKA

Die Republik Südafrika umfaßt den südlichen Teil des afrikanischen Kontinents. Ihre 3000 km lange Küste zieht sich halbkreisförmig vom kühlen Atlantik im Westen über das Kap bis zum warmen Indischen Ozean im Osten. Der relativ schmale Küstenstreifen wird von Bergketten begrenzt, die in den schroffen Drakensbergen in KwaZulu-Natal ihren landschaftlichen Höhepunkt finden.

Dahinter erstrecken sich weite Hochebenen, die sich terrassenförmig zu den semiariden Ebenen der Karoo, zum prärieähnlichen Grasland des Middleveld und Highveld und schließlich zum sandigen Trockengebiet im Nordwesten senken. Lediglich am Südwestzipfel mit Kapstadt und den pittoresken Weinbergen im Hinterland herrscht mediterranes Klima. Hier regnet es auch nur im Winter, während die anderen Gebiete in der Sommerregenzone liegen. Das heißt aber beileibe nicht, daß es hier Wasser im Überfluß gäbe. Südafrika zählt zu den regenarmen Ländern der Welt. Die durchschnittliche Niederschlagsmenge liegt bei 450 mm und schwankt regional deutlich: von bescheidenen 60 mm in Port Nolloth im Westen bis zu über 1000 mm an der Ostküste. Diese Unterschiede äußern sich denn auch in einer vielgestaltigen Vegetation: üppiges Savannen- und Buschland im Tiefland (Lowveld), Bergwälder in den Hochebenen, weite Grasebenen im östlichen Hinterland, Halbwüsten und Trockensavannen im Westen und Macchia-ähnliche Hartlaubgewächse (Fynbos) im kapländischen Florenreich (Capensis).

Einen wunderbaren Einblick in Südafrikas artenreiche Fauna und Flora vermitteln die vielen Natur- und Wildschutzgebiete im Norden und Osten des Landes. In einigen sind die legendären »Big Five«, tonnenschwere Landsäugetiere und gefährliche Raubkatzen, beheimatet. Andere Naturreservate dienen dem Erhalt bedrohter Pflanzen- oder Tierarten.

Oben: Zwei Gepardenjungen spähen neugierig aus dem Dickicht des privaten Phinda-Wildreservats im nördlichen KwaZulu-Natal.

Links: Die wildromantische Landschaft des Golden Gate Highlands National Park im Hochland des östlichen Freistaats. Die hohen Malutiberge liegen südlich.

Kruger National Park

Das Flaggschiff unter den afrikanischen Wildschutzgebieten

Südafrikas prominentestes Wildschutzgebiet, der Kruger National Park, kurz auch Krügerpark genannt, erstreckt sich auf ca. 20 000 km² im niedrigen, sonnenversengten Bushveld am Nordostzipfel des Landes. Savannen, Grasland und Wälder beherbergen eine atemberaubende Artenfülle, mit der sich kein anderes Naturschutzgebiet Afrikas messen kann.

Der Park zählt zu den ältesten Wildreservaten. Er begann 1898 relativ bescheiden als Sabie Game Reserve. Sein erster Wildwart, Oberst James Stevenson-Hamilton, pflegte den Park über 40 Jahre lang mit liebevoller Hingabe. Er kämpfte vor allem rigoros gegen die Wilderei, was ihm den Spitznamen Skukuza (»Rasierer«) einbrachte. So heißt heute auch das größte Rest Camp. Unter Stevenson-Hamiltons Leitung expandierte der Park ständig weiter und wurde 1926 schließlich unter seinem heutigen Namen zum Nationalpark erklärt. Rund 150 Säugetierarten, 510 verschiedene Vogelarten, ansehnliche Populationen von Reptilien, Amphibien und 49 Fischarten sowie unzählige Insekten haben hier ihren Lebensraum gefunden.

Links oben: Steppenpaviane wechseln sich beim Babysitting ab. Hier ein Pavianmännchen mit seinem Jungen.

Links unten: Impala (Schwarzfersenantilope), einer der häufigsten und grazilsten Bewohner des Krügerparks.

Links: Die Euphorbien können Wasser speichern und gedeihen in den trockeneren Gebieten des Krügerparks.

Rechts oben: Der elegante Raubadler in erhabener Höhe.

Nicht minder vielfältig präsentiert sich auch die Pflanzenwelt mit beispielsweise 330 verschiedenen Baumarten. Viele der Bäume sind zur leichteren Identifizierung mit Nummern versehen. Der Park läßt sich in mehrere Vegetationszonen einteilen. Das Land südwestlich des Olifant River (»Midline«) ist dicht mit Akazien, Marula und Combretum bewachsen. Zu letzterer Baumfamilie gehört auch die Rote Buschweide mit Blütezeit von September bis Februar. Im Südosten erstreckt sich Savanne mit vereinzelten Dornakazien *(Acacia nigrescens)*, während Mopane-Büsche, erkennbar an ihren schmetterlingsförmigen Blättern, den nordöstlichen Parkabschnitt dominieren. Mittelgroße Mopane-Bäume und Rote Buschweide wachsen vorwiegend am Nordwestrand. Als Kontrast dazu findet man üppige Flußvegetation mit Sykomoren und Mahagonibäumen sowie etlichen anderen Arten. Der Nordteil des Parks entführt den Besucher in ein landschaftliches Kaleidoskop mit einer betörenden Artenfülle. Neun von Afrikas größten Ökosystemen treffen hier zusammen. Die Standorte reichen von Busch- und Feuchtgebieten über hügeliges Grasland, Urwald und Gehölz bis hin zu Steinwüsten und tiefen Schluchten. Hauptfluß im Norden ist der im Schatten von Ebenholz,- Feigen- und Fieberbäumen träge dahinfließende Luvuvhu. Einige Lebensformen sind rein

Lage: Am Nordostzipfel Südafrikas.

Klima: Im Winter (Mai–Oktober) gewöhnlich heiter und warm, nachts kann es jedoch abkühlen. Am heißesten ist es im Dezember und Januar. Die Regenzeit dauert von Oktober–März.

Beste Reisezeit: Der Park ist ganzjährig geöffnet. Beste Wildbeobachtung im Winter und Frühjahr.

Anreise: Zum Süd- und Mittelteil des Parks bis zum Phalaborwa Gate (einschließlich Privatparks) gelangt man über die N2 und R40. Punda Maria im Nordabschnitt ist über Louis Trichardt (R524) oder Tzaneen (R81) zu erreichen. Die R525 führt von der N1 über Tshipise nach Pafuri. Flüge verkehren täglich zwischen Johannesburg und Skukuza bzw. Phalaborwa. Pauschalreisen werden von zahlreichen Veranstaltern angeboten.

Einrichtungen: Rest Camps, private Lodges und Hotels am Parkrand; geführte Pirschfahrten und -wanderungen, Picknickplätze; Geschäfte, Restaurants, Tankstellen, Informationscenter in den größeren Camps; Flughäfen mit Autoverleih (Skukuza und Phalaborwa); Banken und Postamt (Skukuza).

Fauna: Der Krügerpark gilt als artenreichster unter den südafrikanischen Nationalparks; seine Tierwelt ist einzigartig.

Genehmigungen und Reservierungen: Tagesbesucher erhalten eine Zufahrtsgenehmigung am Eingang. Unterkünfte, Buschfahrten und Wilderness-Trails müssen frühzeitig über die South African National Parks (siehe Seite 174) gebucht werden (mindestens ein Jahr im voraus, wenn Ihr Reisetermin mit den Schulferien zusammenfällt).

Hinweis: Malariaprophylaxe.

Der Tsange River während der Regenzeit. Wie viele Wasserläufe im Krügerpark trocknet sein Flußbett in den Wintermonaten aus.

Baden ist für das schwergewichtige Flußpferd nicht nur eine Erfrischung, sondern im wahrsten Sinne des Wortes auch eine Erleichterung.

endemisch. Auch zivilisationshistorisch ist der Nordteil von Interesse: Felsmalereien der Buschmänner sowie die Fundstätten bei Marorini und Thulamela zeugen von einer frühen Existenz des Menschen in dieser reich gesegneten Landschaft.

Die »Big Five«

Elefanten, Nashörner, Büffel, Löwen und Leoparden – diese mächtigen Tiere in freier Wildbahn »live« zu erleben, davon träumt beinahe jeder Besucher des Nationalparks. Ihre Superlative liegen nicht ausschließlich in ihrer Größe und Masse, wobei der Elefant darin schwerlich zu übertreffen ist. Auch gibt es zahllose andere Spezies, die auf ihre Art und Weise genauso beachtenswert sind. Doch die »Big Five« besitzen eine besondere Faszination, weil der Mensch mit ihnen Eigenschaften assoziiert, die ihm imponieren, sei es Kraft, Mut, Intelligenz, Geschmeidigkeit, Schnelligkeit, Ausdauer oder einfach pure Anmut.

Elefanten sind überall im Park anzutreffen. Ihre Zahl wird auf 800 000 geschätzt. Meist halten sie sich in Herden von ca. 30 Tieren auf. Teilweise sind sie bereits so an die Anwesenheit des Menschen gewöhnt, daß sie die Fahrzeuge bis auf wenige Meter an sich herankommen lassen. Seien Sie trotzdem auf der Hut, manche Tiere sind sehr reizbar; vermeiden Sie schnelle Bewegungen und verhalten Sie sich möglichst ruhig. Wendet sich Ihnen ein Elefant mit erhobenem Rüssel und hin und her schlagenden Ohren zu, so fühlt er sich bedroht – ein Signal für Sie, schnellstens den Rückzug anzutreten.

Ein erwachsener Bulle wiegt über 5 t, doch trotz ihrer Körpermasse können diese Dickhäuter erstaunlich schnell rennen; zum Springen sind sie natürlich zu schwer, und auch vor niedrigen Hindernissen machen sie Halt. Aber dafür sind sie hervorragende Schwimmer. Manchmal durchqueren sie sogar einen See oder Fluß »unter Wasser«, wobei sie den Rüssel als Schnorchel verwenden. Auf kurze Entfernung sehen sie relativ gut, besonders ausgebildet sind jedoch Gehör und Geruchssinn. Nahezu rührend menschlich wirkt ihr Sozialverhalten. Verwaiste Elefantenkälber finden im Handumdrehen Adoptiveltern, und um verletzte oder kranke Tiere kümmert sich die ganze Herde.

Das Nashorn galt vor einigen Jahrzehnten bereits als ausgerottet, tauchte jedoch in den 1960er Jahren wieder in den Statistiken auf, als eine Herde von 300 Breitmaulnashörnern von Natal eingebürgert wurde. Seither hat sich sein Gesamtbestand deutlich erholt. Auch das

Spitzmaulnashorn konnte sich auf diese Weise wieder verbreiten. Die beiden Nashornarten sind recht gut voneinander zu unterscheiden: Das Spitzmaulnashorn ist kleiner, es wiegt »nur« 850 kg gegenüber den stolzen 2200 kg des Breitmaulnashorns, und man erkennt es an seiner charakteristischen, fingerförmig zugespitzten Oberlippe – im Gegensatz zu den nahezu quadratischen Lippen des Breitmaulnashorns. Es bevorzugt bewaldete Gebiete, wo es sich von Zweigen und Blättern ernährt, trägt den Kopf höher und ist agiler, unberechenbarer sowie reizbarer als sein grasfressender Artgenosse, der sich lieber in den Savannen aufhält. Das Kalb eines Spitzmaulnashorns trottet seiner Mutter unentwegt hinterher, während das eines Breitmaulnashorns stets voranläuft.

Friedlich, neugierig und der Hauskuh erstaunlich ähnlich wirkt dagegen auf den ersten Blick der Kaffernbüffel. Doch Vorsicht! In die Enge getrieben oder verwundet, können diese listigen und nachtragenden Tiere äußerst gefährlich werden. Jäger nehmen sich vor ihnen besonders in acht. Es ist schon vorgekommen, daß Büffel in ihren eigenen Spuren zurückstapften und ihre Verfolger dann aus dem Hinterhalt angriffen. Werden sie von Raubtieren – insbesondere Löwen – bedroht, bilden die Bullen einen Verteidigungsring (»Laager«) um Kühe und Kälber. Büffel ziehen gewöhnlich in Herden von etwa 200 Tieren umher, manchmal trifft man jedoch auch auf kleinere Trupps oder einzelne Bullen, die z.B. nach einem verlorenen Rivalenkampf von der Herde ausgestoßen wurden; sie sind am gefährlichsten! Meistens bekommt man Büffel frühmorgens oder spätnachmittags beim Grasen zu Gesicht. In der brütenden Tageshitze ruhen sie gerne im Schatten eines dichten Busches. Wie Elefanten und Nashörner halten sich Büffel gerne nahe am oder sogar im Wasser selbst auf.

Im Krügerpark leben ca. 1500 Löwen, die meisten von ihnen in Rudeln von etwa sechs Tieren, wobei auch schon Gruppen von bis zu 40 Löwen gesichtet wurden. Man trifft sie vorwiegend im Mittelteil und Süden des Parks an, wo sie ihre bevorzugte Beute wie Zebras und Gnus finden. Der ausgewachsene männliche Löwe gilt als

Oben: Ein Gaukler während einer Flugpause. Meist sieht man den majestätischen Raubvogel elegant am Himmel kreisen.

Links: Ein Warzenschwein in seiner charakteristischen Kniestellung, während es im Boden nach Nahrung wühlt.

Körperkontakt gehört zur Begrüßungszeremonie zwischen den zwei ausgewachsenen Elefantenbullen im Wildreservat Sabi Sabi.

Vorherige Doppelseite: Ein offensichtlich gesättigtes, entspanntes Löwenrudel beim Spielen.

Rechts: Dieser recht zutraulich wirkende Afrikanische Wildhund (Hyänenhund) ist in Wirklichkeit mit dem domestizierten Haushund nur entfernt verwandt. Das rastlose, in Rudeln umherstreifende Raubtier ist ein exzellenter Jäger.

Herr der Wildnis, ja schlechthin als »König der Tiere«, was seine Lebensweise freilich Lügen straft, liegt doch der hehre Rudelanführer fast den ganzen Tag nur träge herum. Wenn er nicht gerade schläft, dann frißt er; die mühsame Beutejagd überläßt er lieber seinen Löwinnen und – in geringerem Maße – jüngeren männlichen Tieren. Die Löwenjagd ist eine Meisterleistung in Sachen Teamarbeit. Der Auftakt erfolgt durch den ranghöchsten Löwen, der sich der anvisierten Beute – z.B. Antilopen – kurz zeigt, um sie in panikartige Flucht zu treiben. Damit jagt er sie geradewegs in die Fänge der strategisch positionierten Löwinnen. Majestätisches Auftreten kann man dem Löwen nicht absprechen, vor allem wenn es darum geht, das Rudel oder Territorium zu verteidigen. Er ist ungeheuer stark und vermag einer ausgewachsenen Antilope mit einem Prankenhieb das Genick zu brechen. Überraschend behende schleppt er seine Beute fort, selbst wenn sie sein eigenes Gewicht erreicht. Entgegen der weitverbreiteten Meinung kann er auf Bäume klettern und ausgezeichnet schwimmen.

Die Sabie-Star setzt im Winter charmante Farbtupfer.

Die zweite Großkatze im Krügerpark ist der Leopard, ein scheues, nachtaktives, extrem anpassungsfähiges und bildschönes Raubtier. Anders als der Löwe lebt der Leopard als Einzelgänger, wobei es durchaus vorkommt, daß eine Mutter bis zu zwei Jahre bei ihren Jungen bleibt, bis diese gelernt haben, selbst zu jagen. Ein Weibchen wirft in der Regel bis zu drei Junge. Auch im Leoparden steckt eine unglaubliche Kraft. Er ist nicht nur in der Lage, eine Beute wegzuschleppen, die so schwer ist wie er selbst, sondern kann mit ihr sogar über ein 3 m hohes Hindernis setzen. Meist verfrachtet er sie jedoch in eine Baumkrone, außer der Reichweite von Hyänen, Schakalen und sonstigen hungrigen Aasfressern, um sie dort später zu verzehren.

Sein Fell mit den einfarbig dunklen Flecken auf den Gliedmaßen und den charakteristischen »Rosetten« am Rumpf verleiht dem Leoparden eine perfekte Tarnung. Tagsüber versteckt er sich im Gebüsch oder zwischen Felsen. Manchmal sieht man ihn auch, wenn er sich vor seiner Behausung – einer Felsspalte, Höhle oder einem Erdbau – in der frühen Morgensonne aalt.

Großwildparade

Als prominentestes Großwild und begehrtestes Fotomotiv gelten zwar unbestritten die »Big Five«, doch letztlich stellen sie nur einen Bruchteil der Wildtiere im Krügerpark dar. Da gibt es z.B. noch den Gepard, den schnellsten und wohl geschmeidigsten aller Jäger, den vom Aussterben bedrohten Afrikanischen Wildhund, die Tüpfelhyäne und den niedlichen kleinen Schabrackenschakal.

Nicht zu vernachlässigen sind die umfangreichen Herden von Grasfressern – Giraffe, Burchell-Zebra, Wasserbock, Streifengnu, Kudu, Pferde- und Elenantilope. Die Impala ist in der Steppenlandschaft so allgegenwärtig, daß man sie beinahe schon wieder übersieht. Dabei verdient diese mittelgroße, grazile, sanft dreinblickende Antilope weitaus mehr als nur einen flüchtigen Blick. Am auffälligsten ist ihr Verhalten bei Gefahr. Dann vollführt die ganze Herde ein regelrechtes Schauspringen: geradeaus, plötzlich zur Seite, bis zu 3 m hoch, im Kreis herum und in alle Richtungen.

Die meisten Tiere des Krügerparks halten sich im gesamten Areal auf, wobei jede Tierart ihr Lieblingsgebiet hat. Pferde- und Elenantilopen sowie Buntböcke und Elefanten bevorzugen Mopane-Steppen, der Südteil wird gerne von Nashörnern, Streifengnus, Giraffen und Zebras aufgesucht; Buschböcke und die anmutigen Nyalas verstecken sich in den Flußwäldern, während Büffel, Kudus, Impalas, Paviane, Grüne Meerkatzen, Rappen- und Hirschantilopen sich überall zu Hause fühlen.

Kleinere Antilopen wie Greisböckchen, Ducker und Steinböckchen sind äußerst scheu; man sieht sie meist nur blitzschnell davonstieben. Auch Krokodile und Flußpferde haben ihre bevorzugten Standorte, aber im Prinzip sichtet man sie an jedem Wasserlauf oder Damm.

In den vielfältigen Lebensräumen des Krügerparks hat sich eine bunte Vogelwelt – insgesamt über 500 verschiedene Arten – niedergelassen. Besonderes Interesse wecken natürlich die Raubvögel. Doch auch im Verborgenen, an Flüssen und in den Wäldern, wo der scheue, farbenprächtige Helmturako und eine Vielzahl von Papageienarten leben, geht es rege zu. Einen eher schaurigen Anblick bieten die Bengalengeier, wenn sie sich unter lautem Geschrei und Gezänk auf einem Kadaver niederlassen. Zu ihnen gesellen sich stets der seltenere Kapgeier und der Ohrengeier; beide sind

Ein Breitmaulnashorn stillt seelenruhig seinen Durst an einer Wasserstelle im Krügerpark. Die elegante Impala wagt sich dagegen nur zögerlich ans Wasser.

Sicher in der Menge: Bei Gefahr vollführt die flüchtende Herde ein regelrechtes Schauspringen.

Die Riesentrappe zählt zu den schwersten flugfähigen Vögeln der Erde.

Giraffen in der Abenddämmerung. Sie haben unbestritten die beste Fernsicht.

größer als der Bengalengeier und der Marabu. Die Rest Camps eignen sich wegen ihrer Lage in Fluß- oder Dammnähe ideal zur Vogelbeobachtung. Vor allem die nördlichen und südwestlichen Flußgebiete sind ein Paradies für Ornithologen.

Ausflüge im Park

Der Kruger National Park lockt jährlich knapp eine Million Touristen an. Dank seiner Infrastruktur ist er für diesen Ansturm bestens gerüstet. 2600 km Asphalt- und Schotterstraßen, die erstaunlicherweise das Landschaftsbild nicht stören, führen zu über 20 Rest Camps, mannigfaltigen Wasserstellen, Aussichts- und Picknickplätzen. Es gelten strenge Tempolimits – zum Schutz des Menschen wie auch der Tiere, die oft wie aus dem Nichts auf der Straße auftauchen. Außerhalb der Rest Camps dürfen Sie Ihr Fahrzeug nur an Picknickarealen und sonstigen beschilderten Plätzen verlassen; doch auch da steigen Sie auf Ihr eigenes Risiko aus.

Freilich ist eine Fahrt durch den Park selbst in Schrittgeschwindigkeit nicht mit einem kurzen Halt an einer Wasserstelle zu vergleichen, an der vor allem in den Trockenmonaten zahlreiche Tiere zu beobachten sind. Verhalten Sie sich ruhig und warten Sie ein bißchen. Erst wagen sich oft nur kleinere Tiere heraus, doch dann kommen auch größere und seltenere Wildnisbewohner ihren Durst löschen. Zwei der schönsten Beobachtungsplätze liegen am Orpen- und Mlondozi-Damm.

Wer etwas mehr Zeit mitbringt und die afrikanische Wildnis möglichst hautnah erleben möchte, sollte sich

Die berückende Landschaft des Krügerparks bei Sonnenuntergang.

einer Ranger-Fußsafari anschließen. Auf Wildnispfaden geht es durch den Park, was Sie weniger als körperliche Herausforderung, denn als Anregung für Geist und Auge auffassen sollten. Übernachtet wird in einfachen Hütten. Die gemeinsamen Abende am Lagerfeuer mit der Geräuschkulisse im Busch werden Ihnen in unvergeßlicher Erinnerung bleiben. Faszinierend ist auch eine Nachtfahrt, bei der Sie nachtaktive Tiere hören oder gar im Scheinwerferlicht beobachten können. Spezielle Tages-Buschtouren unter der Leitung erfahrener Ranger werden im Rahmen des Naturkundeprogramms der Rest Camps von Skukuza, Berg-en-Dal und Letaba veranstaltet. Auf diesen Fahrten lernen Touristen Parkabschnitte kennen, zu denen sie sonst keinen Zugang hätten. Diese Ausflüge sind stets ausgebucht. Plätze müssen mindestens zwei Monate im voraus reserviert werden.

Unterkunft

Der Krügerpark muß sich des öfteren die ebenso gehässige wie unzutreffende Bezeichnung »Südafrikas größtes Hotel« oder gar »besserer Zoo« gefallen lassen. Sicher, er ist darauf eingerichtet, pro Tag bis zu 5000 Besucher aufzunehmen, wobei die meisten gar nicht übernachten, aber man sollte doch nicht vergessen, daß die für diese Massen erforderliche Infrastruktur mit Rest Camps, Straßen, Picknick- und Beobachtungsplätzen sowie sonstige ausgewiesene Areale nicht einmal 3 % der gesamten Parkfläche ausmacht. Der Rest ist pure afrikanische Wildnis.

Der Kaffernbüffel, der in Größe und Statur dem Hausrind ähnelt, ist friedlich – so lange man ihn in Ruhe läßt.

Die Buschbockkuh. Diese scheue, nachtaktive Antilopenart bekommt man untertags kaum zu Gesicht.

Im Park sind 13 größere und etwa sechs kleinere luxuriöse, für Gruppen reservierte öffentliche Camps vorhanden. Daneben gibt es fünf kleine, komfortable, etwas abgelegene Buschcamps, die sich ideal zur Erholung eignen.

Die größeren Camps sind weitläufig angelegt und von sicheren Schutzzäunen umgeben. Gepflegte Rasenflächen, bunte Blumen und schattenspendende Bäume sorgen für Wohlbefinden. Jedes Camp besitzt ein gemütliches Restaurant mit schönem Ausblick, einen Laden, ein Informationscenter und Campingplätze. Die Bungalows und Hütten verfügen meist über eine Klimaanlage. Manche Camps bieten mehr Abwechslung als andere. Skukuza, die »Metropole« des Krügerparks, ähnelt schon mehr einem geschäftigen Dörfchen mit Supermarkt, Restaurants, Postamt, Bank, Arztpraxis, Kfz-Werkstatt, Bücherei, Kino und einer stark frequentierten Landebahn für Privatflugzeuge.

Verschiedene Unterkunftskategorien stehen zur Auswahl. Die »Guest Houses« sind abgelegene, gut ausgestattete, meist privat betriebene Wohneinheiten für sechs bis neun Personen mit Küche und zwei Bädern. Kleinere Cottages, ebenfalls mit zwei Bädern, sind in fast allen Rest Camps verfügbar.

Ein typisches »Family Cottage« besteht aus zwei Zweibettzimmern, Bad, WC, Küche und Veranda mit Insektenschutzgitter. Ein normales Cottage umfaßt Schlafzimmer, Wohnzimmer und Bad sowie eine einfache Küche. Bungalows haben einen Wohn-/Schlafraum, Bad und Kitchenette (manche teilen sich eine Küche). Für den Anspruchsloseren gibt es auch einfachere Hütten.

Private Wildreservate

An der Westgrenze des Krügerparks liegen mehrere private Wildschutzgebiete. Es gibt keine trennenden Zäune, auch nicht zum Krügerpark, so daß die Tiere sich frei auf dem Territorium bewegen. In jedem dieser Privatparks liegen mehrere Wildfarmen. Manche Farmer haben sich zusammengeschlossen, um mit Luxuslodges, erstklassiger Küche, persönlicher Gästebetreuung und hohen Wildbestandszahlen – die »Big Five« werden quasi garantiert –, den devisenstarken Touristen anzulocken. Einige dieser Lodges wie Londolozi, berühmt für seine Leoparden, Mala Mala, Motswari und M'Bali, Tanda Tula, Sabi Sabi und Ngala sind international bekannt.

Die Gäste der privaten Reservate erwartet Safariluxus pur. Ein warmer Sommertag beginnt um 5.30 Uhr mit Tee oder Kaffee zum Wachwerden, dann geht es in

Sichtlich gemütlich hat es sich dieser Leopard in sicherer Höhe in einer Astgabel gemacht.

Das Bateleur-Buschcamp am Shingwedzi River in den unberührteren nördlichen Gebieten des Krügerparks bietet Übernachtung in Selbstversorgerhütten.

Begleitung eines Wildhüters und Fährtenlesers im Jeep auf Pirschfahrt. Das Frühstück wird im Busch oder bei der Rückkehr im Camp eingenommen. Während der Tageshitze ziehen sich Mensch wie Tier in den Schatten zurück. Die Gäste können sich in der Lounge, am Pool oder im Chalet ausruhen, sich einer leichten geführten Wanderung anschließen oder auf einem bequemen Ansitz die Wildnis genießen. Das Mittagessen wird im kühlen Restaurant oder auf der schattigen Terrasse eingenommen. Nach der Siesta geht es am späten Nachmittag bis kurz vor Sonnenuntergang wieder auf Safari. Zurück im Camp trifft man sich zum Abendessen am Lagerfeuer im »boma«, einem abgesicherten Platz im Freien. Häufig sorgen Folkloredarbietungen für Stimmung, und bald ist eine ausgelassene Party im Gang. Alternativ dazu werden Nachtsafaris angeboten.

Das Timbavati-Reservat ist vor allem wegen seiner »weißen Löwen« bekannt, die hier 1959 erstmals gesichtet wurden. In den 1970er Jahren gingen Bilder von den ersten weißen Löwenbabys um die ganze Welt. Drei wurden hier geboren, eines in Tshokwane im Krügerpark. Seither gab es noch mehrmals »weißen« Nachwuchs, doch alle haben, soweit nachvollziehbar, normale Geschwister. Die weißen Löwen sind also keine neue Spezies, sondern haben ihr ungewöhnliches Fell einem rezessiven Gen zu verdanken.

Geschmeidig und blitzschnell: Der Gepard ist ein exzellenter Jäger, zieht jedoch gegen größere Raubtiere oft den kürzeren.

Hluhluwe-Umfolozi Park

Ein Refugium für das bedrohte Rhinozeros

Die grünen Hügel des alten Zulu-Reiches erheben sich über sanfte, von Frühnebel umflorte Grasebenen. Vor den Augen erstreckt sich eine zauberhafte, von Regen und subtropischer Sonne verwöhnte Landschaft: Grasland, bewaldete Berghänge, Regenwald, dichtes Buschwerk, Savanne, verschlungene Flüsse und vegetationsreiche Flutebenen. Eine einzigartige Tier- und Pflanzenvielfalt verleiht der Gegend zusätzlichen Zauber. Hier jagten einst die Könige – und die königliche Grandeur ist dem Park bis heute geblieben. Die Artenfülle und Unberührtheit der Habitate sind ein ökologisches Wunder. Ursprünglich bestand dieses Gebiet aus zwei Reservaten: Hluhluwe und Umfolozi. Sie stammen von 1895 und zählen zu den ältesten Wildschutzprojekten Südafrikas. Eine Zeitlang erfüllten sie ihren Zweck auch bestens, ihr Wildbestand war enorm. Der Eingriff des Menschen stellte zu Beginn noch keine große Gefahr dar, zumal Farmer und Rancher sich wegen der gefährlichen Tsetsefliege freiwillig fernhielten. Wildtieren kann die winzige Tsetsefliege nichts anhaben – jedoch können die Tiere zum Zwischenwirt werden –, dagegen verursacht sie bei Haustieren die Nagana-seuche und bei Menschen die Schlafkrankheit. In den 1920er Jahren wurden drastische Maßnahmen zur Ausrottung der Tsetsefliege ergriffen. Um den Wirt zu vernichten, ließ die Behörde Tausende von Wildtieren abschießen. Ab 1945 versuchte man es mit den damals neuen chemischen Mitteln, und siehe da: Die Herden stabilisierten sich wieder, die beiden Reservate samt Bewohnern erholten sich verblüffend schnell von diesem massiven Eingriff. Die zu einem Park vereinten Wildschutzgebiete Hluhluwe und Umfolozi beherbergen heute auf ca. 96 000 ha Fläche gesunde Populationen von Grasfressern und ihnen nachstellenden Raubtieren sowie eine reiche Vogelwelt.

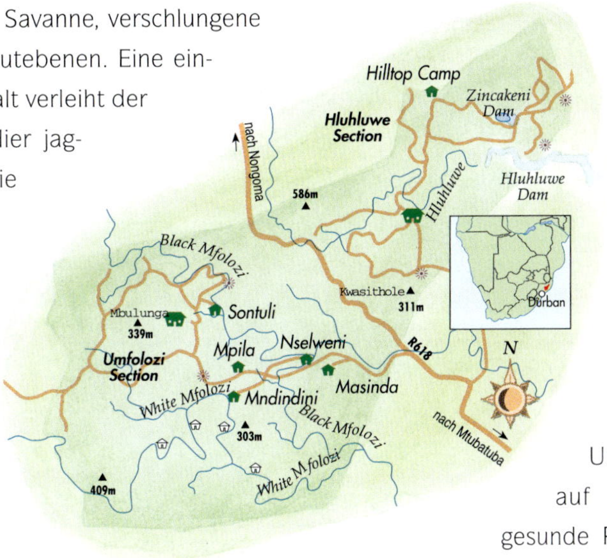

Der Park bildet die Fortsetzung der Bushveld-Ebenen im nördlichen KwaZulu-Natal. Im Nordwesten grenzt er an die Drakensberg-Ausläufer. Das Drakensberg-Massiv, Südafrikas größte Bergkette (siehe Seite 50), spielt für den Hluhluwe-Umfolozi-Park eine zentrale Rolle, da es ihm mit den feuchten Winden vom Indischen Ozean den Regen liefert. Zu den Hauptflüssen des Parks zählen der Hluhluwe River sowie White und Black Mfolozi. Der Name wurde vom Verlauf des Flusses geprägt: Mfolozi bedeutet »Zickzack«. Hluhluwe ist die afrikanische Bezeichnung für die Dornenliane *(Dalbergia armata)*, die in den angrenzenden Wäldern wächst.

Die mannigfaltigen Lebensräume im Hluhluwe-Umfolozi-Park erklären dessen außergewöhnliche Artenfülle. Der Großteil der Landschaft besteht allerdings aus

Links: Spitz- und Breitmaulnashorn bevölkern dank des Engagements der Wildschützer wieder die hügelige Landschaft des Hluhluwe-Umfolozi-Parks.

Rechts oben: Sykomore (Maulbeerfeigenbaum), ein knorriger Riese, den man in den Galeriewäldern vorfindet. Blätter wie Früchte besitzen einen hohen Nährwert.

Lage: Im nördlichen KwaZulu-Natal, 300 km nordöstlich von Durban.

Klima: Heißes Klima im Sommer, mildes bis kühles Klima im Winter mit gelegentlichen Kälteperioden in höheren Lagen.

Beste Reisezeit: Das ganze Jahr über, jedoch beste Wildbeobachtung in den Trockenmonaten.

Anreise: Von Süden über die N2 kommend, geht es gegenüber von Mtubatuba links auf die R618 nach Hlabisa/Nongoma. Von Norden biegt man gegenüber dem Dorf Hluhluwe von der N2 Richtung Memorial Gate ab, oder man fährt über die R618 zum Nyalazi Gate.

Einrichtungen: Information-Center, Buschcamps, Chalets (z.T. mit Zimmerservice); Field Rangers. Picknick- und Wildbeobachtungsplätze, geführte Wanderungen, Pirschfahrten, Wilderness Trails, Wanderrouten (ohne Führer), Auto Trails. Das ausgezeichnete Hilltop Camp (Parkteil Hluhluwe) bietet Restaurant, Bar, Laden und Supermarkt. Benzinverkauf zu festen Zeiten.

Fauna: Eindrucksvolle Artenvielfalt: Spitz- und Breitmaulnashorn, Elefant, Büffel, Löwe, Leopard, Giraffe, zahlreiche Antilopenarten und über 300 Vogelarten. Ansitze an Wasserstellen ermöglichen hautnahe Begegnungen. Kehren Sie stets zur angegebenen Uhrzeit ins Camp zurück.

Aktivitäten: Wild- und Vogelbeobachtung, Wanderungen. Panoramastraßen (bei jedem Wetter befahrbar) mit Blick auf den Indischen Ozean.

Genehmigungen und Reservierungen: Unterkunft ist frühzeitig über den KwaZulu-Natal Nature Conservation Service (siehe Seite 174) zu buchen.

Hinweis: Malariaprophylaxe.

Savanne mit Akazien, satten Grasflächen und ausreichend Wasser. Das Klima ist warm bis heiß. Lediglich in den höher gelegenen Gebieten im Norden kann die Temperatur, wenn überhaupt, als »kühl« bezeichnet werden. Als eines der selteneren Habitate gilt der Mbhombe-Wald mit seinen mächtigen Würgerfeigen, den Lianen und dem Stinkholz, das laut Volksmund gegen bösen Zauber schützt.

Die »Big Six« – und andere

Der Park darf sich zu Recht damit rühmen, den »Big Six«, nämlich Elefant, Büffel, Löwe, Leopard, Spitz- und Breitmaulnashorn, eine sichere Zuflucht zu bieten. Hier wurden erstmals konkrete Maßnahmen zum Schutz der vom Aussterben bedrohten Nashörner ergriffen, während in anderen Teilen Afrikas Wilderer diesen begehrten Tieren weiterhin skrupellos nachstellten. Hier war es auch, wo Wissenschaftler und Wildhüter der Wildparkbehörde von Natal in den 1960er Jahren neue Betäubungs- und Transportmethoden entwickelten mit dem Ziel, die Tiere einzufangen und in anderen, meist weit entfernten Wildschutzgebieten auszusetzen, damit sich dort wieder fortpflanzungsfähige Herden bilden konnten. Heute besitzt der Park mit ca. 1550 Breit- und 420 Spitzmaulnashörnern die größte Nashornpopulation der Welt.

Oben: Das Spitzmaulnashorn ist im Vergleich zum Breitmaulnashorn kleiner und aggressiver.

Rechts: Der Kudu ernährt sich von Blättern und kleinen Zweigen der Bäume und Büsche.

Unten: Die Samen des Boerboon dienen dem Menschen seit Urzeiten als Nahrungsquelle.

Die »Big Six« teilen sich den abwechslungsreichen Lebensraum mit Geparden, Afrikanischen Wildhunden (Hyänenhunde), Tüpfelhyänen, Streifengnus, Giraffen, Zebras, unzähligen Antilopenarten – stattlichen Kudus und anmutigen Nyalas ebenso wie scheuen kleinen Duckern – und einer Vielzahl kleinerer Säuger. An Flüssen halten sich Krokodile, Warane (Leguane) und Flußpferde auf. In den dichten Galeriewäldern springen die hübschen Diademmeerkatzen meist in ganzen Familien ausgelassen in den Bäumen umher.

Ein imposanter Parkbewohner, der ebenfalls nahe am Wasser lebt, ist die Felsenpython. Sie ist mit einer Länge von bis zu 6 m eine der größten Schlangen der Welt. Von der Schwarzen und Grünen Mamba – beide hochgiftig, aber auch extrem scheu – erhascht man nur selten einen Blick.

Im Park spielt sich ein reges Vogelleben ab. Besonders häufig sieht man den Gaukler, einen adlerähnlichen Raubvogel, lautlos durch die Luft gleiten. Hlaza nahe dem Hilltop Camp gilt als bester Beobachtungsplatz für Raubvögel wie Raubadler und Felsenbussard. Etwas flugfauler ist dagegen der Kaffernhornrabe, leicht erkennbar an seinem charakteristischen tiefen Schrei. Der schwere Vogel, der entfernte Ähnlichkeit mit dem Truthahn aufweist, geht lieber am Boden auf Futtersuche. Er bevorzugt kleine Schildkröten, Nager, Schlangen, Frösche und sonstige Tiere, die sich im Ganzen verschlucken lassen. Am Wasser tummeln sich Hammerkopf, Mangrovenreiher, Grau- und Haubenzwergfischer.

Unterkunft

Parkverwaltung sowie Haupteingang befinden sich im relativ neuen Hilltop Camp im Parkteil Hluhluwe. Das pittoreske Camp liegt auf einem Waldhügel und wartet

Im Hluhluwe-Umfolozi-Park sind über 1500 Breitmaulnashörner beheimatet.

mit einem zauberhaften Panorama auf. Gen Osten reicht der Blick bis zum dunstigen Blau der immerhin 50 km entfernten Küste. Den Besucher erwartet ein freundlicher Empfang und ein anschauliches Einführungsprogramm mit Wanderungen, Vorträgen und Videos, das ihn mit der Parkwelt vertraut macht.

Die Unterkünfte im Hilltop Camp reichen von Zweibett-Rundhütten (Rondavels) mit Gemeinschaftsbad und -küche bis hin zu Vierbett-Chalets mit Selbstversorgung. Die Mtwazi Lodge ist auf luxusverwöhnte Touristen ausgerichtet; Muntulu und Munywaneni warten mit hübschen Buschlodges am Flußufer auf.

Auch im Parkteil Umfolozi mangelt es nicht an Übernachtungsmöglichkeiten. Der Besucher hat die Wahl zwischen den relativ großen Rest Camps Mpila und Masinda und den Buschcamps Sontuli und Nselweni. Die Busch-Lodges Gqoyena und Hlathikhulu bestechen durch ihre wildromantische Lage am Black Mfolozi und phantastische Aussicht.

Ein Blick auf die umfangreiche Hörnersammlung im Rest Camp Mpila ist sicher ganz hilfreich, um die dazugehörigen Träger, denen Sie später in freier Wildbahn begegnen werden, auseinanderzuhalten. Hilltop ist das einzige Camp des Parks mit Lebensmittelgeschäft, Restaurant und Bar.

Ausflüge im Park

Tageswanderungen und Nachtfahrten starten an den Camps Hilltop und Mpila. Auf kürzeren Routen läßt sich der Park auch auf eigene Faust erkunden. Suchen Sie sich für die Pirschfahrt die frühen Morgen- oder späten Nachmittagstunden aus. Dann ist es nicht so heiß und die Wahrscheinlichkeit, Wildtiere zu sichten, um so höher.

Unterwegs erfahren Sie viel über Naturkunde und Managementkonzept des Reservats. Halten Sie an einem schattigen Picknickplatz, stellen Sie den Motor ab, öffnen Sie die Fenster. Um sich herum sehen und vernehmen Sie das echte Leben in der afrikanischen

Oben: Die musikalische Rotschnabeldrossel nistet auf Bäumen und sucht sich ihre Nahrung meist am Boden.

Links: Zecken können sowohl auf Haus- als auch auf Wildtiere Krankheiten übertragen. Die Weibchen legen bis zu 20 000 Eier auf einmal.

Ganz rechts: In der dichten Vegetation am Fluß Mansiya im Hluhluwe-Umfolozi-Park findet eine Vielfalt von Vögeln und Kleinsäugern Unterschlupf.

Rechts: Die gesellige Grüne Meerkatze fühlt sich am Boden genauso zu Hause wie in den Bäumen.

Wildnis. Geführte Pirschfahrten bei Tag oder Nacht versprechen besonders eindrucksvolle Erlebnisse – in der Regel begegnet man bei diesen Touren weitaus mehr Tieren, als wenn man auf eigene Faust unterwegs ist. Als die besten Wildbeobachtungsplätze gelten Hidli Vlei, die Gebiete um Munyawaneni und Muntulu sowie die Straße zwischen Seme und Gunjaneni. Steigen Sie jedoch nur an den beschilderten Plätzen, Picknickarealen und Wasserstellen aus. Immerhin befinden Sie sich mitten in der Wildnis. Manche Tiere mögen friedlich oder gar »zahm« wirken. Doch der Schein trügt. Der Löwe, der sich gerade noch so faul am Straßenrand sonnte, kann Sie im nächsten Augenblick anfallen.

Eine Alternative zu den Standardrouten bieten die dreitägigen Umfolozi Wilderness Trails, die von März bis November stattfinden. Auf diesen Wanderungen legt der Führer die Route so, daß sich die Gruppe den Wildtieren entgegen der Windrichtung nähert. Pro Tag werden an die 12 km zurückgelegt, was eine gute körperliche Verfassung voraussetzt, auch wenn sich das Tempo stets nach dem Langsamsten in der Gruppe richtet.

Oben: Die Pantherschildkröte ist die größte südafrikanische Schildkrötenart.

Rechts: Eine Giraffenmutter mit ihrem Jungen. Der gefährlichste Feind dieser grazilen Graslandbewohner ist der Löwe.

Ndumo Game Reserve & Tembe Elephant Park

Ungleiche Zwillinge des tropischen Nordens

Die beiden im äußersten Norden an der Grenze zu Mosambik gelegenen Wildschutzgebiete sind trotz ihrer unmittelbaren Nachbarschaft grundverschieden. Ndumo besteht hauptsächlich aus Sumpf- und Flutgebieten, während im Tembe-Park, knapp 6 km weiter östlich, Dünenwälder dominieren. Entsprechend unterschiedlich ist denn auch ihre Tier- und Pflanzenwelt. Ndumo ist bekannt für seine Vögel, Fische und Bäume; Tembe wurde zum Schutz der letzten frei umherwandernden Elefantenherden im südlichen Afrika eingerichtet.

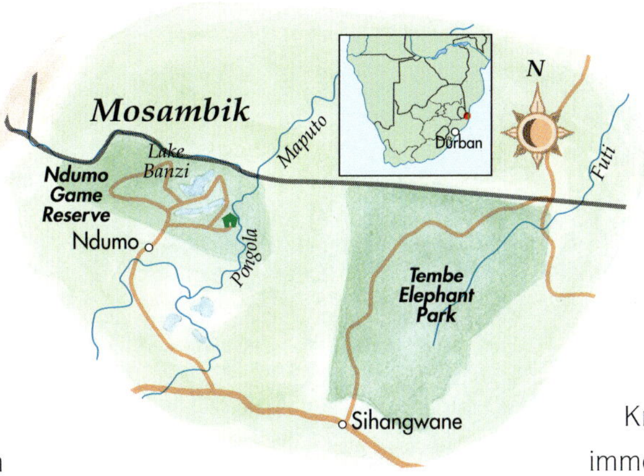

Die Wasserwelt von Ndumo

Mit 10 000 ha Fläche zählt Ndumo zu den kleineren Reservaten. Seine Seen, Flußläufe, Flut-, Sumpf- und Schilfgebiete, gesäumt von den hoch aufragenden, bizarr gebogenen Sykomoren (Feigenbäume), bilden eine reizvolle Landschaft. Am Rande der Salzseen und Kanäle wachsen Fieberbäume. In dichten Reihen säumen sie den knapp 4 km langen Nyamithi Pan. Hier halten sich bevorzugt Krokodile und Flußpferde auf.

Farbenprächtige Seerosen überziehen den größeren Banzi Pan im Nordteil des Reservats. Hier nisten Scharen von Störchen, Wasserläufern, Enten, Reihern, Eisvögeln, Flamingos und anderen Wasservögeln. Unter den Stammgästen befinden sich auch die Afrikanische Fischeule und der Schreiseeadler. Rund 420 Vogelarten wurden insgesamt im Ndumo-Reservat gezählt, beinahe so viele wie im Krüger-Nationalpark, der immerhin nahezu zweihundertmal größer ist.

Dichte Sykomorenhaine prägen den Nordostrand. Seine ökologisch instabile Wildnis ist dem Menschen nur unter strengen Auflagen zugänglich. Trotz der fast undurchdringlichen Vegetation lebt hier das Nyala, eine dem Kudu ähnliche, aber kleinere Antilopenart. Etwas weiter von den Salzseen und Flüssen entfernt bietet die trockenere, mit Akazien, Gras und Unterholz bewachsene Savanne eine Vielfalt von Lebensräumen und Nahrungsquellen für Spitz- und Breitmaulnashörner, Giraffen, Büffel, Impalas, Große Riedböcke und die seltenen Suniböckchen. Letztere, eine scheue, winzige Antilopenart, deren Männchen gerade mal 5 kg wiegen, suchen bevorzugt das dichte Unterholz im ariden Buschland auf und decken ihren Flüssigkeitsbedarf nur durch die Feuchtigkeit im Gras.

Der Ndumo-Park lockt Besucher vorwiegend mit seiner Vogel- und Landschaftsvielfalt, doch ebenso interessant sind die geführten Pirschwanderungen und -fahrten. Sie offenbaren eine überraschend artenreiche

Links: Ein Flußpferd erfrischt sich im klaren Wasser, in dem sich Fieberbäume spiegeln. Über diese dornigen Verwandten der Akazien dachte man einst, sie strömten einen Dunst aus, der Malaria verursache. »Malaria« ist übrigens aus dem Italienischen abgeleitet und bedeutet »schlechte Luft«.

Rechts oben: Die »Hörner« des Bockkäfers sind in Wirklichkeit seine Fühler. Bei den meisten der 800 Käferarten im südlichen Afrika handelt es sich um Holzkäfer.

Lage: An der Nordostgrenze von KwaZulu-Natal.

Klima: Heiß und meist sehr feucht im Sommer. Februar ist der heißeste Monat. Der Winter ist mild, am kältesten wird es im Juli.

Beste Reisezeit: Ganzjährig; jede Jahreszeit hat ihren eigenen Reiz. Beste Wildbeobachtung im Winter.

Anreise: Über die N2 zwischen Pongola und Mkuze. Auf die Straße nach Jozini abbiegen und der Ausschilderung folgen.

Einrichtungen: Rest Camp mit gemeinsamen Sanitär- und Kocheinrichtungen. Sie können sich das Essen auch vom campeigenen Koch holen. Das private Wilderness Camp mit Speisesaal, Bar, Lounge und Swimmingpool bietet vollen Service an. Geführte Pirschfahrten im Geländewagen und Vogelbeobachtungen (Ndumo); einzige Übernachtungsmöglichkeit in Tembe ist ein privates Camp mit einfachem Komfort aber komplettem Service. Das Parkangebot beinhaltet geführte Pirschfahrten. Der Tembe ist nur mit Allradwagen befahrbar.

Fauna: Ndumo ist bekannt für seine bunte Vogelwelt, in beiden Reservaten sind jedoch auch zahlreiche Großwildarten vertreten. Hauptattraktionen im Tembe-Park sind Elefanten und Schmetterlinge.

Genehmigungen und Reservierungen: Unterkunft in den staatlichen Camps ist frühzeitig über den KwaZulu-Natal Nature Conservation Service (siehe Seite 174) zu buchen. Für Übernachtungen im privaten Zeltcamp von Tembe wenden Sie sich an Tembe Safaris (Tel: 031/ 202 9090; Fax 202 8026). Der Tageseinlaß im Park ist auf sechs Wandergruppen beschränkt.

Hinweis: Bilharziose- und Malariagefahr; Malariaprophylaxe vor allem bei nassem Wetter.

Unten: Das an Land unbeholfene Nilkrokodil ist im Wasser ungemein agil.

Unten links: Den Goliathreiher sieht man häufig regungslos im Wasser verharren, bis sich ein Fisch oder Frosch nähert, den er dann mit seinem langen Schnabel schnappt.

Unten Mitte: Der Nimmersatt ist ein Stammgast der nördlichen Feuchtgebiete des Subkontinents.

Unten rechts: Der Seidenreiher, der sich gerne im seichten Wasser nahe der Küste aufhält, unterscheidet sich von den anderen Reihern durch seine schwarzen Beine und gelben Klauen.

Fauna, die man ansonsten in der dichten Vegetation leicht übersieht. Auch Fahrten auf eigene Faust vermitteln faszinierende Naturerlebnisse, besonders an den hervorragenden, eigens dafür eingerichteten Ansitzen.

Der Tembe Elephant Park

Über Jahrhunderte hinweg folgten die Elefanten der Küstenebene Mosambiks den alten Wanderrouten ins Maputaland nördlich von KwaZulu-Natal. Doch Bürgerkrieg, Wilderei und steigende Bevölkerungsdichte brachten die Dickhäuter an den Rand des Aussterbens. So wählte man in den 1980er Jahren von zwei Übeln das kleinere und errichtete entlang der Grenze einen elektrischen Zaun um ein 30 000 ha großes Gebiet, in dem sich die Elefanten heute sicher bewegen können. Erfreulicherweise wächst ihre Population langsam wieder an, das Überleben der Großsäuger scheint gesichert. Hoffentlich wird in nicht allzu ferner Zukunft dieser Zaun wieder überflüssig, denn ihren Wanderdrang haben die Elefanten nicht eingebüßt. Dies belegt eindrucksvoll jener Vorfall 1982 in Simbabwe, als zwei Elefanten in 30 Stunden schwimmend und watend 40 km durch den Lake Kariba zurücklegten. Das vorgeschlagene Entfernen der Zäune im Nordteil des Tembe-Parks könnte Teil eines allgemeinen grenzüberschreitenden Wildschutzprogramms in Südafrika sein mit dem Ziel, allen Tierarten »sichere« Wanderkorridore zu verschaffen. Vor Ort besteht die Hoffnung, daß Tembe und Ndumo eines Tages zusammengelegt werden und vielleicht noch einen 54 000 ha großen Streifen dazu erhalten, der das Gebiet mit der östlich gelegenen Kosi Bay mit ihren vogelreichen Küstenseen verbände. Das gesamte Gebiet würde dann als Biosphärenreservat verwaltet.

Die Fauna des Tembe-Parks beschränkt sich nicht auf Elefanten. So lebt hier die größte Suniböckchen-Population des südlichen Afrika. Auch Spitz- und Breitmaul-

Elefanten besitzen ein ausgeprägtes Sozialverhalten, das sowohl in Gefahrensituationen als auch in Augenblicken stillen, intimen Kontakts zum Ausdruck kommt.

nashörner, Giraffen, Nyalas, Kudus, Impalas, Streifengnus, Wasserböcke, Zebras und eine Vielzahl kleinerer Säuger haben sich dieses Gebiet zur Heimat auserkoren. Zu den Raubtieren zählen Leoparden, Hyänen, Streifenschakale, Busch- und Warzenschweine. Letztere bekommt man öfter zu Gesicht, während das dem Hausschwein ähnliche Buschschwein tagsüber meist versteckt im Dickicht ruht und erst nachts aktiv wird, wenn es sich auf die Suche nach Insekten, Wurzeln und Kleintieren macht, wobei es auch Aas nicht verschmäht. Im Park wimmelt es von herrlichen Vögeln und Schmetterlingen. Hier sind die größten Schmetterlingsarten Südafrikas aus der Gruppe der Echten Schwalbenschwänze zu bewundern.

Ausflüge im Park

Die großenteils sandigen Wege im Tembe-Park sind nur mit Geländewagen befahrbar. Das Parkprogramm umfaßt geführte Wanderungen, Pirschfahrten im Jeep und Vogelbeobachtungen. Auf einigen Straßen kann man sich ohne Begleitung eines Rangers zur Fotosafari aufmachen. Touren durch den Park können auch über private Veranstalter gebucht werden.

Unterkunft

Das private Zeltcamp für maximal zehn Personen bietet einfachen Komfort. Im Rest Camp stehen sieben Dreibetthütten mit gemeinsamen Koch- und Sanitäreinrichtungen zur Verfügung. Luxuriöse Unterkunft mit acht Doppelbettzelten und hautnahe Naturerlebnisse erwarten den Gast im privaten Camp am Banzi Pan.

In dieser Haltung ist die Giraffe am schutzlosesten. Schnelligkeit und bisweilen ein tödlicher Fußtritt sind jedoch ihre wichtigsten Verteidigungswaffen.

Greater St Lucia Wetland Park

Maputalands magische Wasserwelt

Das Küstengebiet des nördlichen KwaZulu-Natal, bekannt als Maputaland, ist eine feuchte, wasserreiche Tiefebene mit einer erstaunlich vielgestaltigen Landschaft, Fauna und Flora. Immergrüne Wälder, Savannen und Dünenwälder wechseln sich ab mit Seen, Lagunen, Sümpfen, wild wachsendem Papyrus, Schilf, Salzpfannen und Überflutungsgebieten. Die sonnige Küste lockt mit herrlichen Korallenriffen und phantastischer Unterwasserwelt.

Diese Vielfalt läßt sich erdgeschichtlich wie auch geographisch begründen. Zum einen lag Maputaland einst unter der Meeresoberfläche, die im Laufe der Zeit absank und eine flache, sandige Ebene zurückließ mit seichten Becken, in denen sich das Süßwasser des Pongola und anderer Flüsse sammelte. Daraus entstand die für die Region heute typische Seenlandschaft. Zum anderen treffen hier Tropen und Subtropen zusammen, was die fünf unterschiedlichen Vegetationszonen und zahllosen Habitate in Maputaland erklärt. Das 260 000 ha umfassende Gebiet wurde gerade noch rechtzeitig zum Greater St Lucia Wetland Park deklariert, bevor wirtschaftliche und kommerzielle Interessen Oberhand gewinnen konnten. Glücklicherweise gilt der Park inzwischen laut Ramsar-Konvention als internationales Feuchtbiotop, und es läuft bereits ein Antrag, ihn zum UNO-Weltkulturerbe zu erklären.

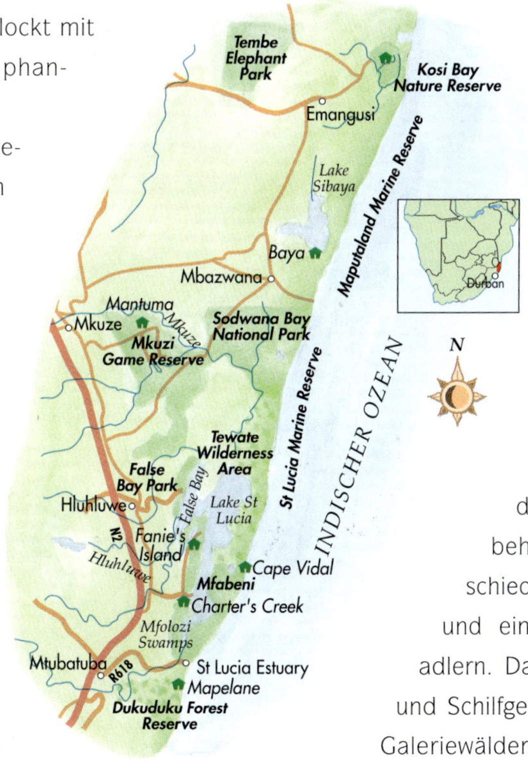

See und Reservat

Hauptanziehungspunkt ist der 36 000 ha große, fast überall nur 1 m tiefe Lake St Lucia. Im Grunde besteht er aus einer Ansammlung von Lagunen, die nur durch einen schmalen, 20 km langen Trichter mit dem Meer verbunden sind. Hier sind ca. 700 Flußpferde, viele Krokodile und unzählige Wasservögel beheimatet, darunter zwölf verschiedene Reiherarten, Rosapelikan und eine Brutkolonie von Schreiseeadlern. Das Ostufer besteht aus Sumpf- und Schilfgebiet, das am Westufer in steile Galeriewälder übergeht. Den See speisen zahlreiche Flüsse wie z.B. Mkuze und Hluhluwe. Sie tragen zum ökologischen Gleichgewicht des Gewässers bei.

Kaum zu überhören oder zu übersehen sind die Flußpferde. Sie gehen nachts auf Grassuche. Ein ausgewachsenes männliches Tier wiegt bis zu 1800 kg. Mit ihm ist nicht zu spaßen. Mit seinen gebogenen, lang vorstehenden Zähnen und kräftigem Kiefer kann es ein Krokodil (oder einen Menschen) mit einem einzigen Biß in zwei Stücke reißen. Machen Sie also um die Flußpfer-

Links: Sykomore im Mkuzi Game Reserve. Die Wurzeln dieses knorrigen Baumriesen verlaufen teilweise oberirdisch.

Rechts oben: Ein Krokodilbaby zwängt sich gerade aus seinem Ei. Bis zu 80 Eier vergraben Krokodile im Boden nahe am Wasser. Die geschlüpften Jungen werden von den Eltern liebevoll umsorgt.

Lage: An der Nordküste von KwaZulu-Natal.

Klima: Im Sommer wird es sehr heiß und schwül. Die Wintermonate sind angenehm mild.

Beste Reisezeit: Zu jeder Jahreszeit, wobei es im Hochsommer (Januar/Februar) sehr heiß sein kann.

Anreise: Nach Mkuzi gelangt man über die N2; Ausfahrt ca. 35 km nördlich von Hluhluwe. Folgen Sie den Schildern. Cape Vidal, Mapelane und St Lucia Estuary sind auch über die N2 zu erreichen; Ausfahrt bei Mtubatuba. Zufahrt zum Lake Sibaya über Sodwana Bay.

Einrichtungen: Hotel- und Privatunterkünfte; Geschäfte (St Lucia Estuary); einige Camps verfügen über Swimmingpool; Bootsverleih; Camp-Läden; Tankstelle; Wanderwege, Wilderness Trails; Bootsausflüge und Seerundfahrten.

Fauna: Unechte Karettschildkröten, ca. 400 Vogelarten, verschiedene Säuger, darunter auch Suniböckchen. Elefanten, Nashörner, Giraffen, Leoparden, Geparden, Antilopen und kleinere Säuger in Mkuzi.

Aktivitäten: Wild- und Vogelbeobachtung; Schildkröten-Touren (Dezember/Januar); Wal- und Delphinbeobachtung in Cape Vidal. Spazier- und Wanderwege zur Erkundung der Umgebung. Boots- und Kanufahrten auf dem See. Angeln; Sporttauchen und Baden nur an den ausgewiesenen Stellen.

Genehmigungen und Reservierungen: Unterkünfte müssen frühzeitig über den KwaZulu-Natal Nature Conservation Service (siehe Seite 174) gebucht werden.

Hinweis: Bilharziose- und Malariagefahr; Malariaprophylaxe wird empfohlen. Vorsicht vor Krokodilen, Flußpferden und der in den Wäldern lebenden, sehr giftigen Gabunviper.

Oben: Dichtes Buschwerk säumt das Ufer in Charter's Creek.

Rechts: Die aparten Blütenzweige des Powder Puff Tree werden bis zu 60 cm lang.

Unten links: Der eindrucksvolle Kiefer des Nilkrokodils gebietet sicheren Abstand.

Unten rechts: Bei Revierkämpfen verwandeln sich die ansonsten recht gutmütigen Flußpferde in blutdürstige Bestien.

de lieber einen großen Bogen und meiden Sie nach Einbruch der Dunkelheit ihre Trampelpfade. Auch zahllose winzige Garnelen fühlen sich in den Gewässern wohl. Ihr im Meer abgelegter Laich wird von der Strömung in den See getragen, wo der Nachwuchs heranreift. Lake St Lucia gilt als Südafrikas größtes Garnelen-Habitat. Angelfreunde wissen außerdem seine Fülle sonstiger Krustentiere und Fischarten zu schätzen.

Der St Lucia Park umschließt das Mündungsgebiet sowie einen etwa 1 km breiten Uferstreifen aus Schilf, Busch- und Grasland. Unterkunft findet man in den Camps von Charter's Creek und Fanie's Island oder auf Campingplätzen. Angler können hier Köder kaufen, ein Boot mieten und vom Creek aus zu einer kleinen Erkundungsfahrt losrudern. Der zweistündige Isikhova Trail sowie der etwas kürzere Umkhumbe Trail, die beide in Charter's Creek starten, führen durch Küstenwald und Uferabschnitte. In den Wäldern leben u.a. Nyalas, Ducker, Große Riedböcke, Stachelschweine sowie Grüne und Diademmeerkatzen. Nachts wagen sich Buschschweine aus ihrem Versteck. Der Ort St Lucia Estuary ist gewissermaßen das Tor zum Ostufer. Die höchsten bewaldeten Sanddünen der Welt ragen über Feucht- und Grasland, das von einer reichen Tier- und Vogelwelt bevölkert ist. St Lucia soll weltweit den größten Bestand an Großen Riedböcken besitzen. Vertreten sind außerdem Büffel, Kudus, Buschböcke und Ducker.

Im Ort stehen Hotels, Pensionen (Guesthouses), Campingplätze, Geschäfte und Restaurants zur Verfügung. Die Luxusbarkasse »Santa Lucia« bietet dreimal täglich Rundfahrten für maximal 80 Passagiere an. Gleich nördlich von St Lucia Estuary vermittelt das Crocodile Centre einen detaillierten Einblick in das Leben der Krokodile und ihren Platz innerhalb der Nahrungskette. Erklärende Tafeln informieren über das gesamte Parksystem.

Südlich erstreckt sich Küstenurwald mit auffallend dicken Bäumen in der Gegend von Mapelane, wo der Mfolozi River, der die Südgrenze des Parks bildet, ins Meer fließt. Man findet hier u.a. mehrere Ficusarten, Wilde Feige, Rotholz, Mlalapalmen, Tamboti, Marula, und Schwarze Mangrove, alle dicht von Farnen und Lianen umschlungen. Übernachten kann man in Selbstversorger-Blockhütten. Die unberührten goldenen Sandstrände, die bis weit in den Norden reichen, locken alljährlich Tausende von Unechten Karettschildkröten, Lederschildkröten, Galapagos-Riesenschildkröten und Meeresschildkröten an, die hier ihre Eier ablegen. Bis aus Kenia kommen sie her, d.h. sie haben 2000 km im Wasser zurückgelegt. Mühsam arbeiten sich die Weibchen den Strand hinauf, wo sie ihre bis zu 150 Eier in selbstgegrabenen Gruben verscharren. Etwa zehn Wochen später schlüpfen die Jungen und machen sich auf die lebensgefährliche Reise zum Meer. Viele von ihnen fallen bereits unterwegs oder spätestens im Wasser hungrigen Räubern zum Opfer.

False Bay Park

Die große westliche Ausbuchtung des Sees ragt in eine Buschebene hinein, die bevorzugt von Nyalas, Suniböckchen, Wasserböcken, Großen Riedböcken, Duckern, Busch-, Warzen- und Stachelschweinen sowie Grünen und Diademmeerkatzen aufgesucht wird.

Oben: Wanderer folgen einem Dünenkamm bei Cape Vidal.

Unten links: Eine »lausige« Angelegenheit? Grooming, die gegenseitige Körperpflege, gehört zum Sozialverhalten der Grünen Meerkatzen

Unten rechts: Der mittelgroße, langbeinige Serval geht meist nachts auf die Jagd. Er ist so geschickt, daß er einen Vogel im Flug fangen kann.

Unten: Der untersetzte Gelbkehlpieper mit seinem auffallend kurzen Schwanz ist ein Verwandter der Stelzen. Er hält sich gern im Grasland nahe des Süßwassers auf.

Ganz unten: Das glatte Wasser der False Bay ist ein beliebter Tummelplatz von Vögeln. Schwärme von bis zu 20 000 Flamingos kommen hier angerauscht.

Dieser Parkabschnitt scheint auch ein beliebter Vogeltreffpunkt zu sein. Wer einmal miterlebt hat, wie plötzlich 20 000 Flamingos durch die Luft heranrauschen und gleichzeitig am Boden aufsetzen, wird diesen Moment nie mehr vergessen. Unüberhörbar ist der Goldschwanzspecht, der gewöhnlich paarweise auftritt. In den Bäumen flattern Glanzhaubenturakos und Schneeballwürger – die Südafrikaner nennen sie auch »sneebal«. Sogar der Schreiseeadler, ein exzellenter Jäger, läßt sich hier blicken.

Hübsche Picknickplätze, der sechsstündige Dugundlovu Trail (8 km) – sehr lohnend für Ornithologen – oder die 10 km lange Rundstrecke, die an einem tosenden Wasserfall vorbeiführt, runden das abwechslungsreiche Programm des False Bay Parks ab.

Mfabeni und Tewate

Auf der anderen Seite der Flußmündung, auf dem schmalen Landstreifen zwischen Meer und See, liegt der Parkteil Mfabeni mit seltenem Dünenwald und Küstengrasland. Dort haben u.a. Leoparden, die bis vor kurzem hier noch als ausgerottet galten, und Große Riedböcke Zuflucht gefunden. Nördlich davon, hinter Cape Vidal, schließt sich die Tewate Wilderness Area (früher Cape Vidal State Forest) an, bekannt für ihre zahlreichen Herden Großer Riedböcke und bis zu 120 m hohen bewaldeten Sanddünen. Dahinter folgt sumpfiges Grasland. Die üppige Dünenvegetation bietet Unterschlupf für Buschböcke, Ducker, Buschschweine, Grüne und Diademmeerkatzen. Auch Spitzmaulnashörner, Büffel und Kudu konnten wieder angesiedelt werden. Tewates schillernde Vogelpracht ist außerdem ein Paradies für Hobbyornithologen.

In Tuchfühlung mit der Natur versetzen Sie die geführten Wilderness Trails, die von März bis Oktober stattfinden. Treffpunkt ist das Basiscamp am Lake Bhangazi bei Cape Vidal. Mit Eseln als Lastträger geht es fünf Tage lang durch pure Wildnis.

Sodwana Bay National Park

Der kleine Park liegt im St Lucia Marine Reserve, das selbst Teil eines größeren Feuchtreservats ist, ziemlich weit nördlich von Cape Vidal. Mit seinen kleinen Seen, Sümpfen, Dünenwäldern und Traumstränden, an die das

Links: Die Mangrovenkrabbe lebt im Schlammwasser der Flußmündungen.

warme Wasser des Indischen Ozeans schwappt, ist er ein beliebtes Urlaubs- und Wochenendausflugsziel. Die meisten Besucher kommen zum Tauchen oder Hochseefischen. Im klaren Wasser tummeln sich bunte Fischarten: Blauer und Schwarzer Marlin, Thunfisch, Königs- und andere Makrelen. Den Gästen stehen Blockhütten, mehrere Campingplätze, ein Supermarkt, Fischwaagen und etwa 200 Tiefkühlfächer zur Verfügung. Die Strände zählen zu den Lieblingsplätzen der Unechten Karettschildkröte. Von Dezember bis Januar kann ihr Eiablageritual auf nächtlichen »Schildkröten-Touren« beobachtet werden. Weitere Freizeitmöglichkeiten wie Strandwanderungen, geführte Wanderungen auf Naturlehrpfaden an Wochenenden und in der Ferienzeit, auf eigene Faust zu erkundende Rundwege sowie der etwa 5 km lange Ngoboseleni Trail, der durch Dünenwald zu einem Küstensee führt, bieten viel Abwechslung und lassen keine Langeweile aufkommen.

Die nördlichen Seen

Hinter Sodwana Bay, durch einen schmalen Gürtel hoch aufragender bewaldeter Sanddünen vom Meer getrennt,

Die Unechte Karettschildkröte legt weite Wege zurück, um an den Stränden des Naturparks ihre Eier zu verscharren.

Sodwana Bay ist berühmt für seine Felsstrände. Vor der Küste liegen die südlichsten Korallenriffe der Welt.

Ein Fischer kontrolliert seinen »kraal« in Kosi Bay.

liegt Lake Sibaya, der größte Süßwassersee des südlichen Afrikas und Heimat von Krokodilen, Flußpferden sowie unzähligen Wasservögeln. Das abgeschiedene, feuchtheiße Gebiet besticht durch seine Ruhe und landschaftliche Harmonie. Wald, Schilf und die strohgedeckten Hütten des Baya Wilderness Camps säumen das Seeufer. Fauna und Flora lassen sich an Vogelbeobachtungsplätzen, auf geführten Wanderungen oder per Boot, das man samt Steuermann leihen kann, erkunden. Noch weiter nördlich, direkt an der Grenze zu Mosambik, gelangt man zur Kosi Bay. Der Name ist etwas irreführend, denn hier handelt es sich weniger um eine Bucht denn um vier hintereinanderliegende Seen, die durch einen breiten, sich zur Kosi-Mündung hin verengenden Meeresarm mit dem Ozean verbunden sind. Im Seengebiet mit seiner reizvollen Tropenlandschaft – glasklares Wasser, Moor, Mangrovensümpfe, Raffiapalmen, Dattelpalmen, hohe Sanddünen an der Küste – haben sich Flußpferde, Krokodile und eine bunte Vogelwelt, darunter Palmgeier, Nacht- und Weißrückenreiher, niedergelassen. Die ergiebigen Fischgründe von Kosi Bay ziehen Hobbyangler ebenso wie die lokalen Fischer an. Letztere bedienen sich immer noch der Methoden ihrer Großväter. Aus Holzpfählen werden sogenannte »kraals« im Wasser errichtet, um die Fische einzuschließen. Über trichterförmige Kanäle werden diese in kleinere Umzäunungen geschwemmt und dort mit Speeren erlegt.

Dem winzigen Painted Reed Frog traut man sein lautstarkes Quaken gar nicht zu.

Mkuzu Game Reserve

Das ca. 40 000 ha große Mkuzi-Reservat liegt nordwestlich vom Lake St Lucia und ist über einen schmalen Landkorridor mit den Feuchtgebieten verbunden. Im Westen grenzt das großenteils relativ flache Areal an die Lebombo-Berge. In seinen mannigfaltigen Lebensräumen mit Grassavannen, Galeriewäldern und Feuchtgebieten tummelt sich eine bunte Vogelwelt. Verschiedenste Wasservögel leben in Gemeinschaft mit Krokodilen und Flußpferden an den seichten Uferbänken des Nsumo Pan, des größten Sumpfes innerhalb des Reservats. Der Sykomorenwald, mit seinen teilweise über 25 m hohen Bäumen *(Ficus gnaphalocarpa)* gilt als der schönste ganz Afrikas; davon scheinen zumindest die Affen überzeugt, die sich genußvoll an seinen Feigenfrüchten laben. Elefanten, von denen einst große Herden hier lebten, wurden 1996 wieder angesiedelt; sie teilen sich das Reservat mit Nashörnern, Giraffen, Kudus, Nyalas, Streifengnus, Impalas und einer Vielzahl kleinerer Antilopenarten. Sogar Leoparden und Geparden lassen sich ab und zu blicken. Einen faszinierenden Einblick in diese Wildnis gewähren die um die verschiedenen Sümpfe herum eingerichteten Ansitze (»hides«) sowie die strategisch günstig gelegenen Picknickplätze. Ein ganzes Netz von Pirschstraßen durchzieht das flache, weit einzusehende Gebiet. Der 77 km lange Auto Trail bietet einen lehrreichen Exkurs in die Tier- und Pflanzenwelt des Mkuzi-Reservats mit seinen interessanten Bäumen. Täglich finden geführte Fußsafaris statt; der 3 km lange Fig Forest Trail beginnt und endet am Parkplatz beim Nsumo Pan. Konditionsstarken Naturfreunden steht eine Vielzahl geführter Wilderness Trails zur Auswahl, Anmeldung erforderlich.

Steppenzebras stillen ihren Durst im Nsumo Pan des Mkuzi-Wildreservats.

Ausflüge im Park

Innerhalb des Greater St Lucia Wetland Park ist jedes Reservat durch ein eigenes Netz von Wanderwegen und Trails erschlossen. Die Wege sind gut markiert und vor allem für Ornithologen sehr erlebnisreich. Besondere Erwähnung verdienen Mkuzi's Fig Forest Trail, der Umvubu Trail in Mfabeni sowie der Mziki Trail und dessen Variationen in der Tewate Wilderness Area. Der KwaZulu-Natal Nature Conservation Service gibt nützliche Broschüren mit den aktuellsten Informationen über die Rundwege heraus. An ausgewiesenen Stellen sind Kanus und Motorboote gestattet. Das elegante Ausflugsschiff »Santa Lucia« besitzt sogar eine Cocktailbar und bietet für maximal 80 Passagiere stilvolle Rundfahrten im südlichen Seeabschnitt an.

Unterkunft

Privatunterkünfte findet man in der Ortschaft St Lucia Estuary. Der KwaZulu-Natal Nature Conservation Service betreibt im Parkareal fünf Hüttencamps und mehrere Campingplätze: in Sodwana Bay mit Blockhütten für acht Personen, »De-luxe«-Campingplatz und ein offenes Hauptcamp für Zelte und Wohnwagen, in der Tewate Wilderness Area mit Blockhütten in Cape Cidal, nördlich von St Lucia Estuary, in Charter's Creek und Fanie's Island am Westufer sowie im False Bay Park. In letzterem beschränken sich die Übernachtungsmöglichkeiten auf das kleine, einfache Camp in Cugundlovu und etwa 20 schattige, gut angelegte Campingstellplätze mit Seeblick.

Am Lake Sibaya kann man im Baya »Wilderness Camp« oder auf dem Campingplatz in Mabibi am Ostufer des Sees übernachten. Das Kosi Bay Nature Reserve besitzt am Seeufer von Nhlange drei sehr ansprechende Lodges aus hiesigem Baumaterial. Für Camping ist ebenfalls vorgesorgt.

Zur Nhlonhlela-Busch-Lodge von Mkuzi gehören gut ausgestattete stroh- und schilfgedeckte Hütten für zwei Personen direkt neben dem malerischen Nhlonhlela Pan, zwei Zeltbuschcamps mit Gemeinschaftseinrichtungen, ein Hüttencamp sowie ein Caravan- und Campingplatz.

Oben: Die Feuchtgebiete des Parks beherbergen mannigfaltige Nachtfalterarten.

Links: Der würdevollen Giraffe ist kein Baum zu hoch. Besonders liebt sie die zarten Triebe im obersten Astwerk.

Itala Game Reserve

Ein Naturschutzgebiet wird reaktiviert

Lage: Im nördlichen KwaZulu-Natal nahe bei Vryheid und Louwsburg.

Klima: Im Sommer wird es meist sehr heiß. Der Winter ist mild, nachts kann es recht abkühlen.

Beste Reisezeit: Das Wildschutzgebiet ist täglich von Sonnenauf- bis Sonnenuntergang geöffnet. Beste Wildbeobachtung Juni–Oktober.

Anreise: Per Pkw fährt man durch die Ortschaft Louwsburg. Der Parkeingang liegt an der R69 zwischen Vryheid und Magudu. Auf der kleinen geteerten Landebahn des Reservats können die meisten Privatflugzeuge landen.

Einrichtungen: Restaurant, Souvenirladen, Supermarkt, Pool, Konferenzzentrum, Landebahn.

Aktivitäten: Die geführten Tages- und Nachtpirschfahrten sind vor allem auf Fly-in-Safaris abgestimmt.

Fauna: Im Itala-Park leben über 70 verschiedene Säugetier- und mehr als 300 Vogelarten.

Landschaft: Teile der Landschaft sind atemberaubend. Das Land fällt steil (fast 1000 m) vom Highveld-Plateau im Süden zum Pongola-Flußbecken ab. Zerklüftete Klippen erheben sich über Akaziendornwüsten, Wälder, Savannen und grasbedeckte Hügel. Zerfurchte Hänge zeugen von Jahrmillionen der Erosion. Viele herrliche Aussichtspunkte.

Genehmigungen und Reservierungen: Unterkunft muß über den KwaZulu-Natal Nature Conservation Service (siehe Seite 174) reserviert werden. Geführte Wanderungen sind am Vortag im Büro der Parkverwaltung zu buchen. Tagesbesucher erhalten eine Wandergenehmigung am Eingang.

Hinweis: Zecken können manchmal lästig werden.

Üppig grüne Täler, hügeliges Grasland und schroffe Bergkämme kennzeichnen das Itala-Schutzgebiet in der Wildnis des Pongola-Tals im nördlichen KwaZulu-Natal. Der Pongola zählt zu den größten, ständig wasserführenden Flüssen Südafrikas. Er fließt entlang der Grenze zwischen den Provinzen KwaZulu-Natal und Mpumalanga und ergießt sich als Maputa River in die Delagoa Bay an der Küste Mosambiks. Seine Nebenflüsse haben sich kurven- und schluchtenreich durch grasige und bewaldete Täler, in denen im Sommer feurig rote Aloen leuchten, ihren eigenen Weg vom Hochplateau nach Westen gegraben. Entlang ihres Laufes haben sich kleine Seen, Stromschnellen und Feuchtwälder gebildet. Die flachen grasbedeckten Ebenen sind durchbrochen von Waldungen und struppigem Gebüsch. Sie bieten ausgezeichnete Voraussetzungen zum Beobachten und Fotografieren der Tierwelt.

Fauna

Der Itala-Park wurde 1972 gegründet. Früher lag hier das Pongolo-Reservat, eines der ersten Wildschutzgebiete in Afrika überhaupt. Doch das Projekt war schon lange aufgegeben und fast alle früher hier ansässigen Tiere galten bereits als ausgestorben. Lediglich einige Großwildarten wie z.B. das Krokodil oder der scheue Leopard vermochten die Jahre der Vernachlässigung und Plünderung durch den Menschen zu überleben. Infolgedessen mußten die Wildschützer in den 1970er Jahren praktisch bei Null anfangen.

Der Erfolg ihrer Maßnahmen übertraf indes alle Erwartungen. Heute leben hier wieder große Herden von Elefanten, Nashörnern, Kaffernbüffeln, Giraffen, Zebras, Kuhantilopen, Buntböcken, Kudus, Impalas, Gnus und in den hügligeren Gebieten der behende, trittsichere Klippspringer. Zu den wieder angesiedelten Raubtieren zählt u.a. die Schabrackenhyäne.

Der wohl markanteste Grasfresser im Itala-Reservat ist das Blaue Gnu, das sich vom Weißschwanzgnu nicht so sehr durch seine graubraune Farbe anstelle von Dunkelbraun, sondern hauptsächlich durch seine aufrechtstehende Nackenmähne und die fast bis zum Boden reichenden Haarquaste am Schwanzende abhebt. Außerdem ist es größer und schwerer, besitzt wulstige Schultern und einen auffällig schrägen Rücken. Daher rührt auch jener eigenartige, »schaukelpferdähnliche« Galopp. Das Blaue Gnu ist ungemein neugierig. Oft bleibt es lange unbeweglich stehen und starrt zum Eindringling herüber, bevor es jäh kehrt macht und davonstürmt.

Links: Das Breitmaulnashorn ist nach dem Elefanten das zweitgrößte lebende Landsäugetier. Im Gegensatz zum aggressiveren Spitzmaulnashorn, das Blätter bevorzugt, gilt es vorwiegend als Grasfresser.

Rechts oben: Diese Pilze sind auf Nashorndung gewachsen.

Die Vogelwelt

In dieser mannigfaltigen Landschaft tummelt sich eine muntere Vogelwelt. Etwa 320 Arten wurden bislang gezählt, darunter auch Kampfadler, Kaffernadler und der gewöhnlich in Bäumen nistende Silberadler. Ebenfalls vertreten sind der Schwarzbrustschlar, der häufig zu sichtende Afrikanische Habichtsadler sowie der Schreiseeadler.

Der Park beherbergt sogar eine große Brutkolonie des bedrohten Glattnackenrapps, der dem domestizierten Truthahn stark ähnelt. Diese stattlichen Vögel mit ihrem dunkelgrün glänzenden Gefieder stolzieren in Gruppen von etwa 20 Tieren durch das Buschland und picken mit ihrem langen roten Schnabel nach Insekten.

Ausflüge im Park

Der Park ist gut auf mit normalem Pkw befahrbaren Schotterstraßen zu erkunden – sei es vom Auto aus oder beim Halt an einem lauschigen Picknick- bzw. Beobachtungsplatz. Aufgrund der flachen, offenen Landschaft kann man viele Tiere leicht entdecken. Sportliche können die Natur auf Tageswanderungen hautnah erleben, allerdings nur in Begleitung eines Führers oder Wildhüters, was daran erinnern soll, daß viele Tiere, so zahm sie vielleicht wirken, wild und gefährlich sind. Länge, Dauer und Route dieser Wanderungen variieren je nach Zusammensetzung und Wünschen der Gruppe.

Unterkunft

Das Ntshondwe Camp besticht durch seine zauberhafte Lage unterhalb der verwitterten, steil abfallenden Klippen im westlichen Parkabschnitt. Trotz seiner Größe mit über 200 Betten integriert es sich harmonisch in die zerklüftete Landschaft. Der Blick über das buschbewachsene Tal ist überwältigend. An seiner von Pfaden und Ansitzen umgebenen Wasserstelle trifft sich eine bunte Gesellschaft von Wildtieren und Vögeln. Die Unterkünfte bestehen aus Chalets für zwei, vier oder sechs Personen, meist mit Selbstversorgung, aber immer mit Zimmerservice, sowie einer Lodge für sechs Perso-

Ganz oben: Der Glattnackenrapp stolziert die meiste Zeit am Boden umher, um nach Insekten und kleinem Getier zu stochern.

Oben: Wie die meisten Akazien, ist der Redthorn von Frühling bis Sommer übersät von flaumigen, kugeligen Blüten.

Rechts: So hoch hinaus wie die Giraffe (5 m!) kann kein anderes Tier der Welt. Dazu ist sie auch noch bemerkenswert schnell. In ihrem wiegenden Galopp erreicht sie über 50 km/h!

nen mit Koch. Des weiteren gibt es ein Restaurant, einen Straßenimbiß und eine Cocktailbar. Das nahegelegene luxuriöse Konferenzzentrum, das fast schon einem Dorf gleicht, besitzt einen großen Vortragssaal sowie zwei kleinere Veranstaltungsräume und etwa 24 Chalets.

Fernab von den Haupttouristenstraßen liegen die kleinen entzückenden Buschcamps Thalu, Mbizo und Mhlanageni mit jeweils eigenem Verwalter und Wildhütern, die Sie auch auf Wanderungen begleiten. Sie alle bieten eine phantastische Aussicht.

Das idyllisch gelegene Ntshondwe Camp im Itala Game Reserve schmiegt sich in die schützende, teils zerklüftete Hügellandschaft.

Normalerweise labt sich die Elenantilope, Afrikas größte Antilopenart, an Zweigen und Blättern von Sträuchern. Bisweilen verschmäht sie jedoch auch Knollen und Wurzeln nicht, die sie mit ihren Vorderhufen ausgräbt.

Die Drakensberge und ihre Ausläufer

Der Gebirgszug im Osten

Das beeindruckende, ebenso anziehende wie abweisende Drakensbergmassiv erstreckt sich als östlicher Teil der Großen Randstufe über mehr als 1000 km vom Ostkap über KwaZulu-Natal und Mpumalanga bis hin zur Nordprovinz. Die gesamte Bergkette, insbesondere die hoch aufragenden Natal-Drakensberge, übt einen nachhaltigen Einfluß auf das Klima aus. Sie zählt zu den ganz wenigen Regionen des südlichen Afrika, in denen die jährliche Niederschlagsmenge die 1400-mm-Marke übersteigt, wobei im Winter die Regenfälle von der Schneeschmelze zusätzlich Unterstützung erhalten. Südafrikas größte, ständig wasserführende Flüsse – Oranje, Vaal, Tugela, Pongola, Usutu, Letaba – haben in den Drakensbergen ihr Quellgebiet.

Nirgends erscheint diese Bergwelt so undurchdringbar wie in den steilen, zerklüfteten Natal-Drakensbergen. Folglich ist die Natur hier auch noch am intaktesten. Schutzgebiete und freie Wildnis gehen quasi nahtlos ineinander über, wobei doch der Großteil dieser Landschaft innerhalb des weitläufigen Drakensbergparks liegt. Mit 3482 m Höhe ist der jenseits der Grenze in Lesotho aufragende Thabantshonyana der höchste Gipfel; bekannter sind jedoch Giant's Castle, Cathedral Peak, Cathkin Peak, Champagne Castle und Mont-aux-Sources. Sie bilden sozusagen das Erkennungsmerkmal des riesigen Naturschutzgebiets, das sich vom Mont-aux-Sources aus entlang der Grenze zu Lesotho südwärts ausdehnt. Zu Fuß oder per Pferd durchziehen Wanderer aus aller Welt das Gebiet, genießen das umwerfende Panorama, saubere, klare Bergluft, schneebedeckte Hänge, glasklare Bäche und die schier unendliche Weite dieser berückenden Naturkulisse.

Bergfauna und -flora

Mit dem Drakensberg Park verbindet man in erster Linie eine grandiose Berglandschaft mit reicher Vogel- und Pflanzenwelt. Doch man begegnet hier auch zahlreichen Wildtieren: Elenantilope, Buschbock, Rehantilope, Bergriedbock, dem winzigen, leichtfüßigen Klippspringer, Pavian, Warzenschwein und Kap-Klippschliefer. Der Vogelreichtum ist überwältigend: Im Naturschutzgebiet Giant's Castle wurden über 140 Spezies und im Reservat Royal Natal 185 Arten erfaßt. Als Hauptattraktion dürfte der Bartgeier (Lämmergeier) gelten, erkennbar an seinem keilförmigen Schwanz und dunklen Bart, wenn er

Links oben: Die erhabene Bergwelt des Drakensberg-massivs.

Links unten: Die Große Randstufe von vorne; im Vordergrund der obere Wasserlauf des Tugela River.

Oben: Ein farbenprächtiger Grashüpfer im Hochland.

Lage: Der Park liegt im Drakensbergmassiv an der östlichen Grenze von KwaZulu-Natal.

Klima: Im Sommer kann es sehr heiß und schwül werden, da die meisten Niederschläge zwischen Dezember und Februar fallen. Der Winter ist mild bis kalt, die Berggipfel sind oft schneebedeckt.

Beste Reisezeit: Jede Jahreszeit besitzt ihren eigenen Reiz. Der Park ist ganzjährig geöffnet.

Anreise: Die Drakensberge und ihre Ausläufer (»Little Berg«) sind über die N3, der Hauptverbindung zwischen Johannesburg und Durban, zu erreichen. Die Ausfahrten sind gut beschildert.

Einrichtungen: Spazier- und Wanderwege; San-Felsmalereien; Vogelbeobachtungsplätze, Picknickareale; Unterkünfte und Läden in einigen Camps; Verleih von Pferden und Angelausrüstung; Hotels und Lodges außerhalb der Wildschutzgebiete.

Wildtiere: Die Drakensberge und ihre zerklüfteten Ausläufer warten mit vielen Vogelarten (u.a. Raubvögel) auf. In den meisten Reservaten leben außerdem mehrere Antilopenarten und sonstige Kleinsäugetiere.

Landschaft: Hochgebirge, tiefe Schluchten, schroffe Berggipfel, Felsvorsprünge, Höhlen, Bergbäche, Grasland, dichte Waldstreifen. Dazu ein umwerfendes Panorama.

Genehmigungen und Reservierungen: Wander- und Angelerlaubnis werden Tagesbesuchern am Eingang der Wildnisparks erteilt. Unterkünfte müssen frühzeitig über den KwaZulu-Natal Nature Conservation Service (siehe Seite 174) gebucht werden.

Hinweis: Behandeln Sie Natur und Umwelt schonend. Klettern Sie bitte nie alleine, gehen Sie möglichst nur mit einem erfahrenen Bergführer.

von seinem unordentlichen Horst hoch oben in den Klippen abhebt. Dieser seltene Greifvogel hat eine besondere Art, Aasknochen zu zerkleinern. Er nimmt die Knochen mit den Krallen auf, schwingt sich damit hoch in die Lüfte und läßt sie zu Boden fallen, wenn er über flachem Fels angelangt ist. Dies wiederholt er so oft, bis er mit seiner Zunge das Mark aus den Knochensplittern holen kann. Schön zu beobachten ist auch der Kaffernadler, der am Himmel elegant seine Kreise zieht. Erblickt er ein Beutetier (Vogel oder kleines Nagetier), schießt er blitzartig herunter und schnappt sich sein zappelndes Opfer. Der Kaffernadler kommt zwar etwas häufiger vor als der Bartgeier, doch auch seine Bestandszahlen gehen zurück.

Die Drakensberge und ihre Ausläufer bieten den Nährboden für 2200 verschiedene Pflanzenspezies, davon etwa 83 Orchideenarten. In viele Flüsse wurden zur Freude der Angler wieder Forellen eingesetzt.

Royal Natal National Park

Der etwa 7400 ha große Park, der sein Attribut »königlich« 1947 nach einem Besuch der britischen Königsfamilie erhielt, ist bekannt für seine einzigartigen Landschaftsformen wie z.B. die riesige, bogenförmige Felswand des Amphitheaters oder die 853 m in die Tiefe donnernden Tugela Falls, den zweithöchsten Wasserfall der Welt. Der östlich zum Indischen Ozean fließende Tugela River entspringt dem Mont-aux-Sources (»Berg der Quellen«). Seine Schlucht ist mit dichtem Gelbholzwald bestanden.

Eine hübsche Straße entlang dem höheren Lauf des Tugela River vermittelt einen wunderbaren Eindruck von der Naturlandschaft, die man auf 31 Wanderwegen entdecken kann, angefangen von dem leichten Spazierweg Otto's Walk bis hin zur anspruchsvollen, 45 km langen Mont-aux-Sources-Route. Unkonventioneller, jedoch überaus intensiv, läßt sich der Royal Natal Park auch zu Pferd erkunden. Pferde können im angrenzenden Rugged Glen Nature Reserve gemietet werden. Unterkunft findet man in den Chalets, Bungalows, Cottages und der Lodge des Tendele-Camps. Der Park besitzt auch ein großes privat betriebenes Hotel, das bald durch ein Rest Camp mit 200 Betten ersetzt werden soll. Campingplätze gibt es unter den schattigen Bäumen von Mahai und Rugged Glen nahe des Parkeingangs.

Giant's Castle

Bis etwa Mitte des 19. Jahrhunderts war das 43 000 ha große Gebiet von Giant's Castle Heimat der San. Ihre

Felsmalereien sind markante Zeugen prähistorischen Kunstschaffens und jahrtausendealter Besiedelung durch den Menschen. Eine Fülle komplexer Darstellungen verzieren Höhlen und Felsüberhänge. 40 % ihres künstlerischen Vermächtnisses haben die Buschmänner des südlichen Afrika allein in den Natal-Drakensbergen hinterlassen. Die Felszeichnungen geben einen aufschlußreichen Einblick in die damalige Kultur. Häufige Motive sind die noch immer hier ansässige Elenantilope, Großer Riedbock, Bleichböckchen, Bleßbock, Kuh- und Rehantilope. Die Vogelwelt im Wildreservat wartet mit beeindruckenden 140 Spezies auf. Hier finden sich u.a. Bartgeier, Reiher, Störche und Paradieskraniche ein. Letztere suchen bevorzugt die Tümpel am Oribi Ridge auf. Auch hier kann man schöne Nahaufnahmen von Geiern machen. Als Highlight der geführten Wanderungen gilt die Übernachtung in den romantischen Sandsteinhöhlen. Auf kürzeren Wanderrouten kann man den Park auch auf eigene Faust erkunden. Das Übernachtungsangebot im Wildpark umfaßt Cottages, Bungalows, eine Lodge und einsame Berghütten.

Kamberg Nature Reserve

Die Ausläufer der Drakensberge, »Little Berg« genannt, bilden eine malerische Kulisse für dieses kleine (7200 ha), jedoch ungemein anziehende Wildschutzgebiet, in dem eine faszinierende Flora sowie zahlreiche Antilopenarten Zuflucht gefunden haben. Die Forellenbäche lassen das Herz eines jeden Anglers höher schlagen. Malerische Wanderwege führen über Hügel, entlang des Mooi Rivers, durch Proteensavanne, Gelbholzwälder und Baumfarne; von dieser Farnart kommen mehrere Unterarten in Südafrika vor. Hier lebt das Weißschwanzgnu, das Wappentier von KwaZulu-Natal. Daneben sieht man Bleichböckchen, Ducker, Elen- und Kuhantilopen, Rehantilopen und Große Riedböcke. Unterwegs stößt man auf weitere sehenswerte Felsmalereien. Der Mooi River Trail mit seiner 4 km langen Hauptroute und mehreren Abstechern ist sogar für Rollstuhlfahrer geeignet. Übernachtungsmöglichkeiten bieten ein kleines Hüttencamp, ein Fünf-Betten-Chalet für Selbstversorger sowie ein großes altes Farmhaus für Reisegruppen bis zu zehn Teilnehmern.

Oben: Am Ursprung des Tugela. Der schmale Wasserstreifen fällt an der Großen Randstufe in glitzernden Kaskaden 850 m in die Tiefe.

Links oben: Der Kapotter, einer der größten Otter, läßt sich gelegentlich am Flußufer blicken.

Links Mitte: Der scheue, unglaublich behende Karakal (Wüstenfuchs) ist ein gefürchteter Jäger.

Links unten: Etwas kleiner und zarter als sein Artverwandter oben ist der Fleckenhalsotter.

Rechts: Der noch junge Tugela River plätschert durch seine großartige Schlucht.

Ganz rechts: Eine grandiose Bergwelt, elegant am Himmel kreisende Raubvögel sowie faszinierende Buschmann-Felsbilder beeindrucken den Besucher des Giants Castle Reserve.

Unten links: Der adrette Kapweber ist nur eine von zahllosen Vogelarten des Drakensbergs.

Unten Mitte: Über 800 Blütenpflanzen, darunter prächtige Lilienarten, kommen in der Bergwelt vor.

Unten rechts: Der Oryxweber bringt Farbe in die Landschaft.

Loteni Nature Reserve

Das Gebiet um Little Berg umschließt auch das entzückende Tal des an Europäischen Forellen reichen Loteni Rivers, eines Nebenflusses des Mkomazi. Der Name Loteni (»Asche«) leitet sich ab von dem verbrannten Aussehen des dunklen Schiefers in den Spalten, die der Fluß durch die busch- und grasbewachsenen Hügel wusch. An den Hängen äsen Große Riedböcke, Reh- und Elenantilopen, Bleichböckchen und Ducker. Zu den gefiederten Bewohnern zählen u.a. Kapgeier und Indien-Großstorch, ein Wintergast aus Europa. Zwischen Antilopen stolzieren Störche im hohen Gras auf der Suche nach Nahrung (Insekten, Frösche, Mäuse) umher. Das Loteni Camp ist Ausgangspunkt für mehrere Trekking-Routen mit herrlichen Aussichtspunkten. Neben der anstrengenderen Eagle-Route (12 km) gibt es leichtere Wanderungen zur Ash Cave am Loteni River sowie zur Yellowwood Cave. Eine zweitägige Wanderung (eigenes Zelt mitnehmen!) führt über den Buttress Pass zum 3341 m hohen Redi Peak. Übernachten kann man im Loteni-Reservat entweder in den Selbstversorger-Bungalows des Hüttencamps oder auf dem Campingplatz.

Südliche Drakensberge

Südlich erstreckt sich die weite, unberührte und abgeschiedene Wildnis von Mkhomazi und Mzimkulu. Hohe Berge, Grasland und üppig grüne Wälder bilden den malerischen Hintergrund für eine vegetationsreiche Gegend, in der man erstaunlich viele Raubvogelarten – Kaffernadler, Kampfadler, Felsen- oder Schakalbussard und Bartgeier – sichtet. Eine staubige Straße schlängelt sich in schwindelerregenden Haarnadelkurven und Serpentinen zum 2477 m hohen Sani Pass hinauf, der die einzige direkte Verbindung zwischen KwaZulu-Natal und Lesotho darstellt. Die Strecke ist nur mit Allradwagen befahrbar. Das überwältigende Panorama ist jedoch die mühsame Fahrt allemal wert.

Unterkunft

Außer den Parkcamps gibt es zahlreiche weitere Übernachtungsmöglichkeiten. Besonders beliebt sind die Resort Hotels am Fuße der Ausläufer der Drakensberge mit zum Teil luxuriöser Ausstattung. Bei den meisten handelt es sich um etablierte, freundliche und komfortable Anlagen.

Golden Gate Highlands National Park

Goldenes Hochland im Osten des Freistaats

Diese traumhafte Landschaft im Tal des Little Caledon im Nordostteil des Freistaats trägt ihren Namen (»goldenes Tor«) zu Recht. Unterhalb der erhabenen Maluti-Berge erzeugen Sandstein und Eisenoxide ein besonders bei Sonnenuntergang warm leuchtendes Farbenspiel. Die Launen von Wind und Regen haben den Sandsteinfelsen, Bergkämmen, Klippen und Felsvorsprüngen bizarre Formen verliehen. Ihre markanten Konturen heben sich in einem Farbspektrum ab, das von goldenen Brauntönen und Gelb über Orange und Ocker bis zu sattem Rot reicht. Das »Tor« selbst wird von zwei massiven, nebeneinander stehenden Felsvorsprüngen (Sentinel) gebildet. Neben anderen skurillen Formationen fallen die in der Tat riesigen Pilzen ähnelnden Mushroom Rocks ins Auge. Die geologische Bezeichnung für diese Gesteinsart lautet Clarens-Sandstein in Anlehnung an den hübschen gleichnamigen Ort in der Nähe des Parks. Er ist nach dem Schweizer Dorf benannt, in dem Transvaals früherer Präsident, Paul Kruger, 1904 im Exil starb. Die zahlreichen Höhlen und Felsvorsprünge erklären, warum das natürliche Baumaterial »Höhlensandstein« genannt wurde.

Die Ufer des Caledon River sind idyllisch von Weidenbäumen gesäumt. Zur Blütezeit von Aronstab und Watsonia verwandelt sich das Grasland in ein Blumenmeer. Die meisten Besucher kommen wegen der Landschaft, ihrer Flora und gesunden Bergluft. Dabei hat der 12 000 ha große Park auch einen ansehnlichen Wildbestand aufzuweisen. Großtiere wie Blaues Gnu, Burchell-Zebra, Elenantilope, Bleßbock, Bleichböckchen und Springbock wurden hier wieder heimisch. Auf den Klippen nisten der Glattnackenrapp und der seltene Bartgeier. Zu ihnen gesellen sich der erhabene Kaffernadler, der Paradieskranich (Südafrikas Nationalvogel), der Schakalbussard sowie der Sekretär.

Ausflüge im Park

Durch den Park führt eine gute Asphaltstraße. Wem fünfstündige Wanderungen nichts ausmachen, kann Wildbeobachtung mit einem zauberhaften Panorama kombinieren. Einer vorherigen Buchung bedarf nur der zweitägige Rhebok Hiking Trail. Daneben werden geführte Ausflüge und Nachtfahrten organisiert. Auch Ausritte sind möglich. Pferde und Sattelzeug können am Westeingang gemietet werden.

Unterkunft

Die Auswahl an Unterkünften reicht von Hotelsuiten, Zimmern und Cottages im Brandwag Rest Camp über Bungalows, Camping- und Caravanplätze in Glen Reenen bis zur Jugendherberge Wilgenhof Hostel mit vier Schlafsälen. Die Nachbarorte Clarens und Bethlehem verfügen ebenfalls über Hotels und Pensionen.

Links: Zahlreiche Bäche speisen den Little Caledon River und waschen verschlungene Wege aus dem golden bis rot leuchtenden Sandstein heraus.

Rechts oben: Der seltene Bartgeier ist in den Bergen zu Hause. Oft sieht man ihn elegant über den Gipfeln kreisen.

Lage: 58 km südöstlich von Bethlehem im Nordostteil des Freistaats.

Klima: Die Sommertemperaturen im Highveld sind angenehm, allerdings kann es nachts abkühlen. Auch mit Gewittern ist zu rechnen. Der Winter ist kalt, höher gelegene Hänge sind oft schneebedeckt.

Beste Reisezeit: Der Park, durch den eine Staatsstraße verläuft (Ost-West-Verbindung R712), ist ganzjährig geöffnet.

Anreise: Vom Westen kommend, folgt man der R26 über Ficksburg und biegt dann auf die R712. Von Harrismith (Osten) aus fährt man entweder über die R712 oder die N5 nach Kestell und folgt dann der ungeteerten, jedoch pittoresken Straße, die direkt zum Park führt. Die kürzeste Strecke von Bethlehem (Norden) aus geht über die R712.

Einrichtungen: Geschäfte, Restaurant, Picknickplätze; natürlicher Pool in Glen Reenan; Wander- und Spazierwege, Ausritte, Pirschstraßen; Bowling-Rasen, Tennisplätze, 9-Loch-Golfplatz. Sehenswürdigkeiten wie das faszinierende Basuto Cultural Village.

Landschaft: Zerklüftete, gold bis rot leuchtende Sandsteinformationen; subtiles Licht- und Schattenspiel, schroffe Bergkulisse. Höhlen und einheimischer Wald.

Wildtiere: Weißschwanzgnu, Burchell-Zebra, Bleichböckchen, Elenantilope, Springbock, Bleßbock. 160 Vogelarten, darunter Kaffernadler, Bartgeier und Glattnackenrapp.

Genehmigungen und Reservierungen: Tagesbesucher erhalten eine Wandererlaubnis am Eingang. Für die kürzeren Strecken ist keine Anmeldung erforderlich. Unterkünfte und Teilnahme am Rhebok Trail sind über die South African National Parks (siehe Seite 174) zu buchen.

Die Wild Coast

Das Land der vielen Flüsse

Das Xhosa-Homeland Transkei, ein während der Apartheid »unabhängiger« Staat, der heute zur Provinz Ost-Kap gehört, zählt zu den schönsten Küstengebieten des südlichen Afrika.

Es erstreckt sich vom Great Kei River nordostwärts bis Mtamvuna, einem 250 km langen Küstenstreifen mit Sandbuchten, Lagunen, Mündungen, schroffen Klippen und vorgelagerten Riffen sowie unzähligen hübschen Holiday Resorts und Ferienorten, die sich meist um Flußmündungen gruppieren. Sage und schreibe 18 Flüsse graben sich vom hügeligen Hinterland durch Gestein und Boden in den Ozean. Ausnahmen bilden der Mfihlelo – ihn zwingt eine harte Gesteinsschicht dazu, hoch oben am Waterfall Bluff den direkten Weg ins Meer zu suchen – und der Mpako; er erreicht das Meer durch einen Felstunnel, der infolge des ständigen Auswaschens durch die Wellen entstanden ist. Diese Felsformation (»Hole-in-the-Wall«) ragt heute als großes, einzelnes Kliff vor der Küste aus dem Wasser. Auf ihrer flachen, grün bewachsenen Kuppe fänden mehrere Fußballfelder Platz. Durch den bogenförmigen Durchlaß brechen die Wellen des Indischen Ozeans mit donnerndem Getöse herein, weshalb die Einheimischen das Kliff *esiKhaleni,* »Ort des Lärmes«, nennen.

So idyllisch dieser Landstrich auch wirkt, Ozean und Küstenufer haben ihre Launen und Tücken. Stürme, Untiefen und Riffe haben über die Jahrhunderte hinweg so manches Schiff zum Kentern gebracht. Dies belegen eindrucksvoll die vielen Wracks auf dem sandigen Meeresgrund.

Sechs Naturreservate

Die Transkei ist ein ländliches, dennoch dicht besiedeltes Gebiet. Jahrzehntelang wurde gedankenlos Raubbau mit ihren Land- und Meeresressourcen getrieben. Doch dank jüngerer Maßnahmen scheint die ökologische Zukunft dieser einmaligen, atemberaubenden Naturlandschaft – zumindest in den Schutzgebieten – fürs erste gesichert.

Das Umtamvuna Nature Reserve an der Nordostspitze der Transkei liegt am Südufer des Mtamvuna River. In seinen hohen Galeriewäldern sind Paviane, sonstige Affen, zahlreiche Antilopenarten wie z.B. Bleichböckchen, aber auch Leoparden beheimatet. Zu den rund 80 lokalen Vogelarten zählen der Schreiseeadler sowie der seltene, bedrohte Kapgeier. Weiter unten an der Küste folgt das Mkambathi Nature Reserve, ein Mikrokosmos

Links: Ihre Namensgebung verdankt die Wild Coast den Stürmen, die unvermutet über die Küste hereinbrechen.

Rechts oben: Die Schale einer Meeresschnecke, auch Seeohr genannt. Diese Schalentiere gelten als Delikatesse.

Lage: Südostküste des Ost-Kaps.

Klima: Der Winter ist mild, gelegentlich kühlt es etwas ab. Im Sommer kann es sehr heiß werden. In dieser Jahreszeit regnet es am häufigsten.

Beste Reisezeit: Die Trockenmonate liegen im Frühjahr und Herbst. Dann ist es auch meist angenehm warm. Die Reservate sind ganzjährig von Sonnenaufgang bis Sonnenuntergang geöffnet.

Anreise: Die Straße zwischen Umtata und Port St Johns (R61) ist asphaltiert. Port St Johns ist auch über die N2, d.h. über Flagstaff und Lusikisiki zu erreichen. Von Idutywa bzw. Viedgeville führt eine Schotterstraße nach Dwesa und Cwebe. Über eine relativ gute Asphaltstraße gelangt man von Viedgeville zur Coffee Bay. Die Zufahrt nach Mkambathi erfolgt über die Schotterstraßen von Lusikisiki, Flagstaff und Bizana.

Einrichtungen: Spazier- und Wanderwege (ohne Führer); Küsten- und Ferienorte bieten zahlreiche Einrichtungen an; an der Küste liegen Lodges und Hotels, darunter das berühmte Wild Coast Sun.

Aktivitäten: Spaziergänge, Wanderungen, Wassersport, Flaschentauchen und Schnorcheln, Angeln; Golf (Wild Coast Sun) u.a.

Fauna: Artenreiche Vogelwelt; mehrere Antilopenarten.

Genehmigungen und Reservierungen: Tagesbesucher erhalten eine Wandererlaubnis am Eingang. Unterkünfte im voraus reservieren.

Hinweis: Vorsicht vor Haien in Küstennähe. Schwimmen Sie nie bei zurückgehender Flut durch eine Flußmündung. Das Gebiet hat mit Sicherheitsproblemen zu kämpfen. Wandern bzw. fahren Sie nie auf eigene Faust durch die Gegend!

Das Wahrzeichen der Wild Coast: »Hole-in-the-Wall«, ein großes, einzelnes Kliff vor der Küste. Durch seinen bogenförmigen Durchlaß brechen die Wellen des Indischen Ozeans mit donnerndem Getöse herein.

Junge Xhosa-Männer bereiten sich auf die Initiation vor.

der Wild Coast mit langen, einsamen Stränden und breiten Flußmündungen, die sich landeinwärts verengen und als Wasserfälle steile Waldschluchten in Kaskaden hinabstürzen. Die seltene Pondo-Kokospalme (»mkambathi«) gedeiht nur an den Ufern des Mtentu und Msikaba. Ihre Früchte ähneln einer Minikokosnuß. Aus den Samen lassen sich kleine Bäumchen züchten. In den Wäldern tummelt sich eine bunte Vogelschar. Durch das Grasland ziehen Zebras, Elenantilopen, Gnus, Kuhantilopen und Bleßböcke. Der Sandstrand an der seichten Mündung des bis zu 35 m breiten Msikaba River ist ein Eldorado für Muschelsucher.

Das Silaka Nature Reserve, gleich südlich von Port St Johns, ist eine zauberhafte Mischung aus zerklüfteter Küste, immergrünen Wäldern und Grasland. Natürliche Felsenbecken laden zur Erkundung ein; Bird Island mit seiner großen Kapkormoran-Kolonie ist nur einen Steinwurf vom Reservat entfernt. Mächtige Bäume säumen die Ufer des Gxwaleni River, der hin und wieder stille, von Seerosen überzogene Tümpel bildet. In den Baumkronen der Wälder schwirren zahlreiche Vogelarten, darunter auch der scheue, farbenprächtige Helmturako.

Die Ebenen und Wälder des Hluleka Nature Reserve, etwa 30 km von Port St Johns entfernt, beheimaten ebenfalls eine üppige Vogelvielfalt. Das felsige Küstenufer lockt vor allem Angler. Der Großteil des Reservats ist durch Wanderwege erschlossen, auf denen man Wildtiere und mit etwas Glück den Schreiseeadler, den Kappapagei, Helmturako, Fischadler, Kaffernhornrabe oder gar den seltenen Erzkuckuck, der an seinem auffallenden gelben Schnabel leicht erkennbar ist, zu Gesicht bekommt. Weder zu übersehen noch zu überhören ist der Burchell's Coucal, auch »rainbird« genannt, dessen fröhlicher Gesang angeblich Regen ankündigt. Im Frühling und Sommer flattern unzählige farbenprächtige Schmetterlinge umher.

Weiter unten an der Wild Coast liegen die Naturschutzgebiete Dwesa und Cwebe, die vor rund 100 Jahren zur Erhaltung der Wälder gegründet worden waren. Hier gedeihen der von Lianen umschlungene

Stinkholzbaum, der Ebenholz- und der Gelbholzbaum. Die beiden Reservate werden vom Mbashe River durchschnitten, der über Afrikas südlichste Mangrovensümpfe seinen Weg ins Meer sucht. Die Mangroven haben sich dem salzigen Lebensraum der Mündungsgebiete und Lagunen angepaßt. Nur wenige Arten wachsen außerhalb der Tropen. Hier trifft man seltene Vögel wie den Mangroveliest sowie den hübschen Zügeltrogon an. Sogar Krokodile lassen sich blicken. Bisweilen kommen Büffel, Elenantilopen, Bleßböcke, Warzenschweine und kleinere Antilopenarten bis an den Strand.

Ausflüge an der Wild Coast

Von der im Landesinneren parallel zur Küste verlaufenden Hauptstraße N2 zweigen diverse, landschaftlich mehr oder weniger interessante Nebenstraßen ab, die sich durch das hügelige Hinterland zur Küste schlängeln. Eine herrlich erholsame Alternative, Landschaften und Wildtiere zu entdecken, bietet eine Kanufahrt auf dem Fluß (Kanuverleih in Mkambathi).

Oben: Der Water Mongoose, eine Mungoart, auf der Suche nach kleinen Nagern, Insekten, Fröschen und Schalentieren.

Rechts: Unter den steilen, zerklüfteten Klippen der Morgan Bay verstecken sich ein idyllischer Badestrand und eine ruhige Lagune.

Oben: Die Strände der Küste sind übersät mit Muschel- und Schneckenschalen, die vom Indischen Ozean an Land gespült werden.

Rechts: Gegen Salz und Wind unempfindliche Pflanzen festigen den sandigen Boden.

Abenteuerlustigen empfiehlt sich der 280 km lange, knapp vier Wochen in Anspruch nehmende Wild Coast Trail, der in fünf variable Abschnitte unterteilt ist. Er beginnt im Norden und verspricht eine vielfältige Fauna und Flora über wie unter Wasser. Zu seinen Attraktionen zählen Hole-in-the-Wall, Brazen Head und Cathedral Rock. An der Küste locken schöne Angelplätze, allerdings ist in Naturreservaten das Sammeln von Ködern verboten. Übernachten kann man unterwegs in einfachen Camps.

Unterkunft

Die Rest Camps in Dwesa-Cwebe im Reservatteil Cwebe, Hluleka und Mkambathi bieten Selbstversorger-Chalets. Außer Brennholz kann man in den Reservaten kaum etwas kaufen, bringen Sie also alles Nötige selbst mit. Camping ist in den Schutzgebieten untersagt. Konventionelle Unterkunft in komfortablen Standard-Urlaubshotels oder Bed-and-Breakfast-Pensionen findet man in Qolora Mouth, Mazeppa Bay, Coffee Bay, Umngazi Mouth und Port St Johns.

Die 1971 gekenterte »Jacaranda« ist nur eines von unzähligen Schiffen, denen das trügerische Gewässer der Wild Coast zum Verhängnis wurde.

Addo Elephant National Park

Auf den Spuren der grauen Riesen

Das undurchdringliche Buschland von Addo bewahrte vor etwa 80 Jahren die großen Elefantenherden des Kaps vor dem Aussterben. Hiesige Farmer hatten sie nahezu ausgerottet, weil die Dickhäuter immer wieder ihre Felder zertrampelten. Sogar Berufsjäger waren angeheuert worden. Nur traurige 15 von insgesamt 135 Elefanten haben dieses Massaker überlebt. Elf davon fanden Zuflucht im Speckbaum-Dickicht der Region. Hier sorgten die günstige Umgebung und eine empörte Öffentlichkeit für ihren Schutz – und hier blieben sie.

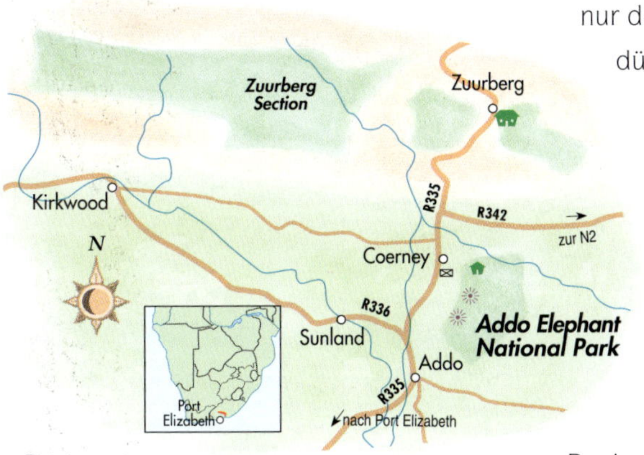

Der Park liegt nicht weit von Port Elizabeth, dem Industriezentrum am Kap. Die idyllische Landschaft aus grünen Hügeln, Tälern und Ebenen bietet Wildtieren ideale Lebensbedingungen. Das Dickicht aus Kletterpflanzen und Bäumen, die nur selten über 3,5 m hinauswachsen, setzt sich vor allem aus dornigen Akazien, Hottentottenbohnen, Guarris und Speckbäumen zusammen. Was auf uns nicht gerade appetitanregend wirkt, ist für den Tierbestand eine wichtige Nahrungsquelle. Immerhin versorgt diese Vegetation knapp drei Elefanten pro Hektar – viermal so viel wie andere ähnlich große Gebiete in Afrika. An den Hängen sowie in einigen Schluchten gedeihen größere Bäume; ansonsten gibt es unzählige bodennahe Pflanzen, insbesondere Sträucher und Sukkulenten. Die wieder auf über 280 Tiere angewachsene Elefantenpopulation lebt auf einer ca. 12 000 ha großen, umzäunten Parkfläche. Sie haben sich schon so an Besucher und Fahrzeuge gewöhnt, daß sie gelassen deren Anwesenheit dulden. Der Waldelefant unterscheidet sich genetisch nicht, wie ursprünglich vermutet, vom Steppenelefanten, mit Ausnahme unbedeutender Abweichungen: So besitzt z.B. nur der Bulle Stoßzähne; diese sind dünn und parallel nach unten gerichtet. Natürliche Wasserquellen finden sich im Addo-Park nur wenig, so daß man für die Tiere künstliche Wasserlöcher bohrte. Auch einige ausgezeichnete Beobachtungsplätze wurden angelegt. Zu Beginn lockte man die Elefanten mit Zitrusfrüchten in das Schutzgebiet, ohne zu ahnen, daß sie danach süchtig und dadurch aggressiv würden. Aus dieser Erfahrung hat man gelernt: Heute ist es Besuchern zur eigenen Sicherheit strengstens untersagt, Zitrusfrüchte mit in den Park zu nehmen.

Durch das damalige Abschlachten waren zahlreiche einheimische Tierarten völlig von der Bildfläche verschwunden. Glücklicherweise werden heute viele Arten schrittweise wieder eingebürgert. So begegnet man im Park Spitzmaulnashörnern, Kudus, Elenantilopen und kleineren Antilopenarten sowie Warzenschweinen, Schakalen, Wüstenluchsen (Karakal) und Kaffernbüffeln. Letztere wurden zusammen mit den Elefanten umgesiedelt. Zu ihnen gesellen sich über 180 Vogelarten.

Im Parkabschnitt Zuurberg, nordwestlich des Elefantengebiets, erwartet Sie eine zauberhafte, an Pflanzen reiche Hügellandschaft. Dem Botaniker werden vor allem der seltene Zuurberg Cushion Bush und die Zuurberg Cycad auffallen, die nur in dieser Region vor-

Rechts oben: Elefant im Addo-Nationalpark. Wie alle seine Artgenossen bewirft er sich zum Schutz gegen Sonne und stechende Insekten mit Schlamm.

Lage: 80 km nordöstlich von Port Elizabeth in der Ostkap-Provinz.

Klima: Die Regenfälle verteilen sich aufs ganze Jahr, am häufigsten regnet es jedoch im Sommer.

Beste Reisezeit: Der Park ist täglich 7–19 Uhr geöffnet. Im Hochsommer herrscht der größte Betrieb. Elefanten begegnet man an warmen Tagen oft frühmorgens, an den Wasserstellen auch in der Mittagshitze.

Anreise: Über die N2/R335, 10 km nordwestlich von Port Elizabeth Abzweigung nach Addo. Von Grahamstown kommend, von der N2 rechts auf die N10 abbiegen, nach 5 km geht es links nach Addo ab.

Einrichtungen: Restaurant (à la carte), Laden (für den nötigsten Bedarf), Vogelansitz (neben Damm nahe am Camp), Wildansitz (am Wasserloch). Picknick- und Grillplätze (mit WC), Swimmingpool für Übernachtungsgäste, Wildbeobachtungen aus dem Auto, organisierte Nachtpirschfahrten, Vogel- und Wildbeobachtungsplätze.

Fauna: Hauptattraktion sind natürlich die Elefanten, im Park leben aber auch Spitzmaulnashörner, Büffel, Antilopen, kleinere Raubtiere und etwa 185 Vogelarten.

Genehmigungen und Reservierungen: Genehmigungen für Tagesbesucher sind am Parkeingang erhältlich. Sie sind auch für die Rundwege im Parkteil Zuurberg sowie für den Spekboom Trail erforderlich. Unterkunft sollte über die South African National Parks (siehe Seite 174) mindestens ein Jahr im voraus gebucht werden.

Hinweis: Nehmen Sie auf keinen Fall Zitrusfrüchte in den Park mit.

Oben: Elefantenherde vor der dichten, filzartigen, jedoch für die Tiere sehr nahrhaften Addo-Vegetation.

Rechts: Kuhantilope mit Kalb. Die Antilopenkühe sondern sich gewöhnlich von der Herde ab, um ihr Junges an einem abgeschiedenen Plätzchen zur Welt zu bringen.

kommen. In den schattigeren Schluchten überlebten kleine immergrüne Waldbestände. Auch hier wird die einheimische Tierwelt langsam wieder aufgebaut. Neben den »alten« Bewohnern sichtet man nun Buschböcke, Bergriedböcke, Rehantilopen, Blauducker sowie Bergzebras, die bereits kurz vor dem Aussterben standen.

Wanderungen und Unterkunft

Den Park durchziehen 43 km gut zu befahrende, klar ausgeschilderte Straßen zur Wildbeobachtung. Nachtpirschfahrten können arrangiert werden. Nach heftigen Regenfällen sind manche Straßen allerdings gesperrt.

Neben dem Eingang zum Parkteil Zuurberg stehen zwei Rundwege zur Auswahl, für die man zwischen einer und vier Stunden benötigt. Der pittoreske, 6 km lange Spekboom Trail dauert je nach Kondition zwei bis vier Stunden, windet sich durch ein gegen größere Tiere ab-

Oben links: Im Addo-Park ist auch der größte Vogel der Welt, der flugunfähige Strauß, beheimatet.

Oben Mitte: Aufrecht stehend wärmen sich Erdmännchen in der Morgensonne.

Oben rechts: Eine Schwalbenschwanzart.

Unten: Die Addo-Elefanten besitzen relativ kurze Stoßzähne, die bei den Kühen meist ganz fehlen.

gesichertes Pflanzenschutzgebiet innerhalb des Addo-Parks und entführt Sie in eine unberührte Landschaft mit fantastischen Ausblicken sowie zahlreichen Aussichtspunkten zur Wild- und Vogelbeobachtung. Unterkünfte findet man in der umliegenden Gegend und natürlich in Port Elizabeth. Der Nationalpark selbst verfügt über Cottages für sechs Personen, Chalets für vier Personen, Zweibetthütten und Campingplätze. Im Parkteil Zuurberg ist keine Übernachtung möglich, dafür gibt es nahe am Eingang ein Hotel.

Mountain Zebra National Park

Eine Erfolgsstory des Wildschutzes

Der Park liegt im zerklüfteten Hinterland des Ostkaps auf den Hochplateaus der Großen Karoo. Vegetationsarme Hügel steigen zu dunstig blauen Bergzacken an. Höchster Gipfel ist der Spitskop (1957 m) des Bankbergs. Die Luft ist frisch, insbesondere im Winter, wenn die Hänge unter einer Schneedecke liegen und die brütende Sommerhitze der Vergangenheit angehört.

In diesem Hochland gelang es den Naturschützern, eines der seltensten Säugetiere der Welt, das Kap-Bergzebra *(Equus zebra zebra)*, vor dem Aussterben zu bewahren. Als der Mountain Zebra National Park 1937 in dieser bizarr geformten Landschaft des Bankbergs nahe bei Cradock gegründet wurde, stellte man fest, daß nur noch etwa ein Dutzend dieser Zebras auf verstreut liegenden Farmen lebten und von besorgten Landbesitzern wie ihr Augapfel gehütet wurden. Heute grasen im Nationalpark wieder rund 200 dieser kleinen, hübschen Huftiere – viel mehr könnte das Gebiet gar nicht aufnehmen –, und viele weitere wurden an andere Reservate abgegeben. Eine echte Erfolgsstory des Wildschutzes.

Die Bergzebras sind kleiner und leichter als die Burchell-Zebras *(Equus quagga burchelli)*. Auffallend sind ihre schlanken Fesseln und die am Bauch endende Streifenzeichnung. Mit dem Streifenmuster der Zebras verhält es sich wie mit den Fingerabdrücken des Menschen: Es kann nie zwei völlig identische geben.

Sicher vor Jägern und Raubtieren, haben die Bergzebras keine Scheu, sich frei zu bewegen. Vor allem morgens, wenn es noch kühl ist, wandern sie zu den Osthängen, um sich dort in der Sonne zu wärmen. Ein Herdenverband besteht im Durchschnitt aus fünf bis sechs Tieren. Bergzebras bringen im Hochsommer ein Fohlen zur Welt. Neben den Zebras fühlen sich noch viele andere Wildtiere im Park wohl wie z.B. Elenantilopen (größte Antilopen Südafrikas), Kudus, Kuhantilopen, Weißschwanzgnus und Bleßböcke. Insgesamt wurden 58 Säugetierspezies gezählt. Größtes Raubtier ist der adrette Karakal oder Wüstenluchs. Beeindruckend auch die Vogelwelt mit ihren 200 verschiedenen Arten.

Ausflüge und Wanderungen im Park

Auf der 40 km langen Straße durch den Park ergeben sich viele herrliche Gelegenheiten zur Wildbeobachtung. Eine Alternative bieten die einstündigen Ausritte. Für die kurzen Bergwanderungen ist ebenfalls eine Stunde einzuplanen. Der dreitägige, 26 km lange Mountain Zebra Trail entführt Sie in eine grandiose Bergwelt.

Unterkunft

Das Parkangebot umfaßt Selbstversorger-Cottages für vier Personen, ein Cottage für sechs Personen sowie Caravan- und Campingplätze. Auf dem Mountain Zebra Trail kann in zwei Berghütten übernachtet werden. Hotels und Privatunterkünfte finden Sie in Cradock.

Links oben und rechts oben: Das Bergzebra, eines der seltensten Säugetiere der Welt.

Ganz links unten: Häufig trifft man im Park auf die markante *Aloe broomii,* eine von 130 Aloenarten im südlichen Afrika.

Links unten Mitte: Kuhantilope.

Links unten: Ein Steppenbussard hält Ausschau nach Beute.

Lage: Ostkap-Provinz, 25 km westlich von Cradock.

Klima: Im Sommer ist es brütend heiß, im Winter frostig. In höheren Lagen fällt Schnee.

Beste Reisezeit: Das ganze Jahr über, wobei sich vor allem die Herbst- und Frühlingsmonate empfehlen.

Anreise: Cradock liegt an der N10 zwischen Port Elizabeth und Middleburg. In Cradock nimmt man die N10 nach Norden und biegt nach der Ortsgrenze links auf die R61 nach Graaf-Reinet ab. Nach 6 km geht es links auf die 12 km lange Schotterstraße zum Park. Von Osten ist Cradock über Queenstown und Tarkastad (R61), von Westen über Graaf-Reinet (N9/R61) zu erreichen.

Einrichtungen: Unterkunft inkl. Campingplätze; Restaurant, Geschäft, Konferenzräume, Picknickplätze, Swimmingpool; dreitägige Bergtour sowie kürzere Wanderungen; Pferdeverleih.

Aktivitäten: Da es im Park keine Raubtiere gibt, bietet der Park auch Ausritte an, auf denen sich die Wildnis einmal auf andere Art erkunden läßt. Wanderungen variieren von einstündigen Routen bis hin zu Tagestouren. Etwa 37 km Wildbeobachtungsstraßen erwarten die Besucher.

Fauna: Vor allem auf dem Rooiplaat Plateau lassen sich ausgezeichnet Wildtiere beobachten. Neben dem Kap-Bergzebra leben hier große und kleine Antilopen, aber keine großen Raubtiere oder sonstige für den Menschen gefährliche Tiere.

Genehmigungen und Reservierungen: Tagesbesucher erhalten eine Genehmigung am Parkeingang. Unterkünfte, Pferde und Sattelzeug müssen sehr frühzeitig reserviert werden.

Tsitsikamma National Park

Der »Ursprung der Wasser«

Das südliche Küstengebirge ragt hoch über eine schmale Ebene. Seine Gipfel verschwinden in den Regenwolken, die der Wind vom Indischen Ozean hereinbläst. Der wohl schönste Abschnitt ist das Tsitsikamma-Gebirge, dessen Name auf ein Khoisan-Wort mit der Bedeutung »Ursprung der Wasser« zurückgeht. Üppige Regenfälle und zahlreiche Wasserläufe sorgten für fruchtbare, wald- und farnreiche Hänge, die zu den steilen Klippen der Küste hin auslaufen.

Die reißenden Bäche des Tsitsikamma-Gebirges haben auf ihrem kurzen, steilen Weg in den Ozean tiefe Schluchten ausgewaschen, über die teilweise schwindelerregende Brücken führen. Meer, Küste und Wald kennzeichnen den schmalen, 80 km langen Küstengürtel, der eines der schönsten Ökosysteme Südafrikas darstellt.

Der Mensch hat durch Abholzung den natürlichen Waldbestand empfindlich dezimiert. Doch heute stehen die Wälder unter Naturschutz und bieten eine sichere Zuflucht für eine überraschend vielfältige, allerdings scheue Tierwelt. Insgesamt gedeihen über 80 verschiedene, meist hoch aufragende Baumarten. Die kleineren Arten bestechen durch hübsches Laubwerk und duftende Blüten, bei anderen ist das Blätterdach oft mit blütentragenden Kletterpflanzen behangen, die sich zuerst auf den jungen Bäumen ansetzen und mit diesen im Laufe der Zeit nach oben wachsen. Der feuchte Waldboden ist von Farnen und Onderbos, einem der Zaubernuß ähnlichen, bodennahen Strauchwerk, überzogen. Der feuchtwarme, schattige Standort bietet ideale Bedingungen für eine Fülle von wilden Orchideen, Lilien und Pilzen.

Der Küstenpark ist ein Schnorchler- und Taucherparadies. In den vielen Felsenpools nahe am Ufer tummelt sich eine bunte Unterwasserwelt; Südliche Glattwale und Delphine lassen sich oft nahe an der Küste blicken.

Wanderungen

Der Otter Trail, eine 45 km lange Fünftageswanderung, beginnt am Storms River Mouth, dem Verwaltungssitz der Parkbehörde, und führt an der Küste entlang nach Nature's Valley. Er war die erste organisierte Wandertour Südafrikas und zählt nach wie vor zu den Favoriten. Unterwegs geht es über die Küstenhochebene, durch dichte Wälder, Flüsse und Bäche. Wem nur wenig Zeit bleibt, der kann sich zumindest auf kürzeren Wanderwegen einen Eindruck von dieser traumhaften, stillen Naturlandschaft verschaffen. Das maritime Reservat läßt sich über den Underwater Trail erkunden.

Unterkunft

Hinter den Felsenstränden am Storms River Mouth gibt es Cottages und Campingplätze. Der Parkteil De Vasselot am Westrand verfügt über Hütten für zwei Personen und Campingplätze. In der Region findet man diverse Hotels und andere Übernachtungsmöglichkeiten.

Links oben: Der Nationalpark mit dem malerischen Dörfchen Nature's Valley liegt am Fuße des Tsitsikamma-Gebirges.

Ganz links unten: Der Stream Frog scheint gebannt auf die Linse zu starren.

Links unten: Gemächlich dahinplätschernder Bach am Ostrand des Parks.

Rechts oben: Ein Kapotter nach erfolgreicher Beutejagd.

Lage: An der Südküste, etwa auf halbem Weg zwischen Knysna und Humansdorp.

Klima: Im Sommer ist es warm bis heiß. Der Winter ist oft erstaunlich mild, in der Nacht kühlt es empfindlich ab.

Beste Reisezeit: Ganzjährig. Der Park ist täglich 5.30–21.30 Uhr geöffnet.

Anreise: Über die N2; 9 km westlich der Paul Sauer Bridge hinter dem Schild links abbiegen.

Einrichtungen: Unterkünfte, Geschäft, Restaurant und Swimmingpool am Storms River Mouth. Beim Camp mehrere kürzere Spazier- und Wanderrundwege.

Aktivitäten: Vogelbeobachtung; Erkundung von Flora und Fauna (Gezeitentümpel); Angeln am ausgewiesenen Strandabschnitt. Otter Trail (48 km) für Wanderer; Underwater Trail für Schnorchler.

Fauna: Vielfältige, aber nicht sehr zahlreiche Tierwelt: Buschschweine, Paviane, Grüne Meerkatzen, kleinere Antilopenarten, Wüstenluchse, Leoparden, Kapotter. Vor der Küste Wale und Delphine. Helmturako, Zügeltrogone und andere Vogelarten.

Landschaft: Überwältigender Blick auf Küste und Schluchten von der Hängebrücke an der Storms-River-Mündung. Großartiges Panorama auch unterwegs auf den Wanderungen.

Genehmigungen und Reservierungen: Genehmigungen für Tagesbesucher am Eingang. Unterkunft ist frühzeitig über die South African National Parks (siehe Seite 174) zu buchen.

Hinweis: Der Otter Trail eignet sich nur für konditionsstarke, schwindelfreie Schwimmer.

Wilderness und Knysna

Eine einzigartige Seenlandschaft

»Das schönste Land des Universums«, so rühmte ein Botaniker bereits 1782 diese ruhige, sonnenüberflutete Seenidylle. Dem kann man heute, mehr als zwei Jahrhunderte später, nur beipflichten.

Die Naturkulisse ist eine wahre Wohltat für Auge und Geist: Lange, weiße Sandstrände und vereinzelte hohe, buschbewachsene Dünen trennen das Meer von den Seen. Dahinter erstrecken sich die Waldhänge der Outeniqua-Berge. Bäche und Flüsse plätschern friedlich die Hügel hinunter, einige wie z.B. Goukamma und Kaaimans River fließen direkt ins Meer, andere suchen sich ihren Weg über die glasklaren Lagunen.

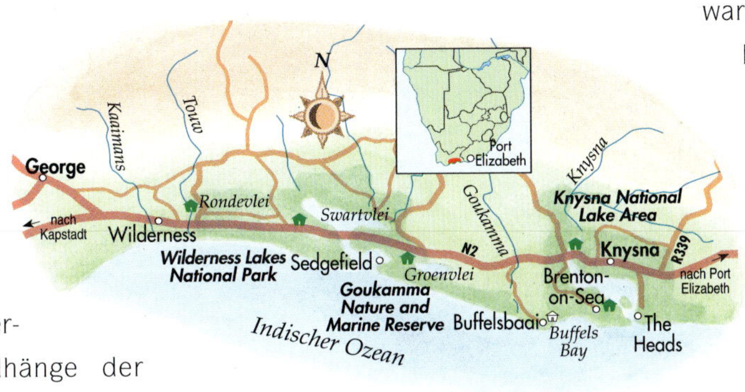

Wilderness und Umgebung

Der insgesamt sieben Seen umschließende Seenbezirk beginnt im Westen in Wilderness. Hier bildet der Touw River eine langgezogene Lagune, die eine schmale, windungsreiche Wasserstraße, »Serpentine« genannt, mit dem Island Lake verbindet. Dann folgen die Seen Upper Langvlei, Rondevlei und der große, unruhige Swartvlei, an dem eine bei Touristen überaus beliebte pittoreske Schmalspurbahn, die von einer schnaubenden Dampflok gezogen wird, entlangführt. Hinter der Swartvlei-Mündung und dem hübschen Ferienort Sedgefield liegt der dunkelgrüne Groenvlei, auch als Lake Pleasant bekannt. Er ist der einzige reine Süßwassersee. Weiter östlich bahnt sich der Goukamma River durch struppige Dünen einen kurvenreichen Weg in den warmen Indischen Ozean. Dahinter fällt der Blick auf den schmalen Durchlaß von der Knysna-Lagune zum Meer. Zwei mächtige Felsen aus Sandstein, genannt The Heads, flankieren die zu einer Lagune erweiterte Mündung des Knysna River.

Dies alles erwartet Sie also in dem nur 48 km langen Seenbezirk Südafrikas, dem unbestrittenen landschaftlichen Höhepunkt auf der berühmten Garden Route.

Drei Naturschutzgebiete

Die Seen, die vor allem den Erholungssuchenden anlocken – die Region ist touristisch ausgezeichnet erschlossen –, stehen im Mittelpunkt eines Naturschutzprojekts, zu dem Wilderness Lakes National Park, Goukamma Nature and Marine Reserve sowie Knysna National Lake Area gehören. Den Kern bildet ein filigranes Netz aus Seen, Flüssen und Sümpfen inmitten einer Landschaft, die von blühenden heidekrautartigen Küstenfynbos nach und nach in Wassergräser, Schilf, blütetragende Pflanzen und Seggen übergeht. Die Schluchten sind dicht mit uralten Eisenholz-, Stinkholz- und Gelbholz-Bäumen bestanden. Das hübsche weiße Milkwood (eine *Polygalaceae*), eine geschützte Pflanzenart, wächst auf den Dünen und sogar an manchen Stränden.

Links oben: Beschauliche Kanufahrt im glasklaren Wasser des Touw River und seiner Lagune.

Links unten: Der Zugang zur Knysna-Lagune, flankiert von zwei mächtigen Sandsteinfelsen, bekannt als The Heads.

Rechts oben: Der Helmturako, einer der farbenprächtigsten Bewohner der dichten, immergrünen Wälder in der Region.

Lage: An der Südküste (Garden Route) des Westkaps, 415 km östlich von Kapstadt, 315 km westlich von Port Elizabeth.

Klima: Gemäßigt; Regen fällt das ganze Jahr über, am ergiebigsten jedoch im September und Oktober.

Beste Reisezeit: Jede Jahreszeit hat ihren eigenen Reiz. Das Büro der Parkverwaltung auf dem Camp-Gelände ist 8–15 Uhr geöffnet.

Anreise: Der Eingang liegt nahe an der N2, 15 km östlich von George. Durch das Gebiet verlaufen zahlreiche Staatsstraßen.

Einrichtungen: Breites Angebot an Unterkünften und Dienstleistungen in der weiteren Umgebung. Wanderwege und Bootsverleih.

Aktivitäten: An der Knysna-Lagune und am Island Lake (Lower Langvlei) gibt es Jachtklubs. Alle Arten von Bootsfahrten: von Tretbooten und Kanus in Wilderness bis hin zu Hausbooten in Knysna. Süßwasserangeln am Groenvlei (Angellizenz erforderlich), Wassersport in der Knysna-Lagune, im Touw River und Swartvlei. Walbeobachtung von Juni–Dezember. Herrliche Fahrten wie z.B. über die Passes Route (alte Hauptstraße zwischen George und Knysna).

Fauna: Zu den Hauptattraktionen zählt die artenreiche Vogelwelt.

Landschaft: Traumhafte, (trotz intensiver Erschließung) weitgehend unberührte und in Südafrika wohl einzigartige Seenlandschaft.

Genehmigungen und Reservierungen: Unterkünfte im Wilderness National Park sind mindestens ein Jahr im voraus über die South African National Parks (siehe Seite 176) zu buchen.

Die Knysna-Lagune (Länge ca. 17 km) ist ein beliebter Treffpunkt von Seglern, Wasserskifahrern und Anglern.

Baumfarne gedeihen zwischen den hoch aufragenden Bäumen der Knysna-Wälder.

Die Feuchtgebiete von Wilderness genießen weltweit Ruhm aufgrund ihrer großartigen Vogelwelt. Die vielen Seen und die Fülle der darin lebenden Organismen, das dichte Schilf und die üppige Vegetation schaffen ideale Voraussetzungen für die rund 200 heimischen Vogelarten (80 davon sind Wasservögel). Fünf der zehn Eisvogelarten des südlichen Afrika sind hier vertreten, und mit etwas Glück flattert Ihnen im Wald der farbenprächtige Helmturako vor die Fotolinse. Am Upper Langvlei und Rondevlei wurden eigens Vogelansitze errichtet.

Zum Goukamma Nature and Marine Reserve gehört die Goukamma-Mündung wie auch der algenreiche, von Anglern wegen seinem Schwarzbarsch-Bestand sehr geschätzte Süßwassersee Groenvlei. Auf den Dünen wachsen stellenweise verschiedene Milkwood-, Cherrywood- (auch Kershout genannt) und Gelbholzarten, die weitere Lebensräume für unzählige Vogelarten bieten. Die einst bedrohten Südlichen Glattwale kommen während der Paarungszeit zwischen Juli und November bis in die Buchten, wo sie auch ihre Jungen zur Welt bringen. In diesem Zeitraum kann man sie hervorragend vom Ufer aus beobachten.

Die zauberhafte, 17 km lange, von Bergen und Wäldern umrahmte Knysna-Lagune ist ein populäres, gut erschlossenes Erholungsgebiet. Der hübsche Ort

Knysna liegt direkt an der Küste, die gesamte Gegend ist freilich ziemlich bebaut. In die Kategorie »Wildnis« läßt sie sich dadurch schwerlich einordnen, dafür wurde ihre einzigartige Tier- und Pflanzenwelt sorgfältig in verschiedene Schutzzonen unterteilt. Die Lagune selbst ist ein Naturparadies mit unzähligen Vögeln, Fischen, Krabben, Garnelen und exquisiten Austern. Auch das seltene Knysna-Seepferdchen *(Hippocampus capensis)* ist hier anzutreffen. Es hält sich zwar die meiste Zeit mit dem Schwanz an Tidenpflanzen fest, gehört aber zu den Fischen.

Die Gelbschnabelente, ein prominenter Bewohner des Seenbezirks.

Ausflüge

Alle sehenswerten Gebiete der Region sind auf der N2 gut ausgeschildert. In landschaftlich besonders schönen Teilabschnitten wurden etliche Rastplätze eingerichtet. Die Passes Road diente einst als Hauptverbindung zwischen George und Knysna; sie verläuft landeinwärts entlang der Seen, überquert mehrere Flüsse auf dem Weg durch Buschland und Wald und bietet zauberhafte Blicke auf die wundervolle Seenlandschaft. Drei Wanderwege bieten sich für Streifzüge im Touw-River-Gebiet des Wilderness-Nationalparks an. Sie sind alle nach Eisvogelarten (»Kingfisher«) benannt, ihre Länge variiert zwischen 3 km und 12 km. Ein vierter Weg, der Brown-hooded Kingfisher Trail, folgt dem Duiwe River ab der Lakes Road. Die fünfte Route, der Cape Dune Molerat Trail (6 km), beginnt im Vogelschutzgebiet des Rondevlei.

Unterkunft

Wilderness, George, Sedgefield, Knysna und weitere Orte sind recht gut mit Hotels, Pensionen und sonstigen komfortablen Unterkünften bestückt. Der Wilderness Lakes National Park bietet am Touw River zwei Rest Camps mit Familien-Cottages, Bungalows, Hütten und Campingplätzen.

Island Lake, einer der großen, kristallklaren Seen von Wilderness.

De Hoop Nature Reserve

Pflanzenvielfalt am Kap

Die Dünenlandschaft dieses 33 000 ha großen, botanisch bedeutsamen Naturschutzgebietes an der Kap-Südküste fällt sanft zum Indischen Ozean ab. Sie ist überzogen von dichtem Küstenfynbos (Oberbegriff für die Kap-Flora, auch Kap-Macchia genannt), einem heidekrautähnlichen, blühenden Hartlaubgestrüpp.

Insgesamt wachsen hier etwa 1500 verschiedene Pflanzen; 70 davon sind bedrohte Arten und 50 sind endemisch. Die meisten Pflanzen blühen im Frühling, jedoch behält die De-Hoop-Flora das ganze Jahr über ihre Faszination. Bei den meisten Fynbos-Arten, zu denen auch Protea und Erika zählen, handelt es sich um genügsame immergrüne Hartlaubgewächse mit holzigen Stielen und verdickten Wurzeln.

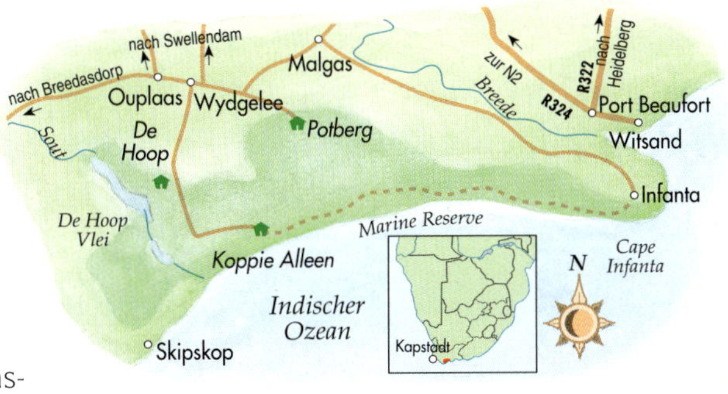

Etwa 3 km vom Meer entfernt wurde der durch das Naturschutzgebiet verlaufende Salt River von einem Gürtel von Wanderdünen aufgehalten, wodurch er sich zu einem flachen See, dem De Hoop Vlei, ausweitete. Auch das Meer, d.h. ein mehrere Kilometer langer Abschnitt davon, wurde zum Wasserschutzgebiet erklärt. Das salzreiche Wasser sowie das dichte Schilfufer des knapp 800 ha großen Vlei locken eine bunte Vogelwelt an. Flamingos, drei Kormoranarten, Lappentaucher und Reiher, vier verschiedene Entenarten sowie unzählige Stelz- und Schlangenhalsvögel geben sich hier ein Stelldichein. Potberg im Norden besitzt Afrikas südlichst gelegene Brutkolonie des gefährdeten Kapgeier. Der einzige einheimische Fisch, der in einem derart salzhaltigen See zu leben vermag, ist der Cape Kurper. Auffällig an ihm sind die zusätzlichen Atmungsorgane, wodurch er auch außerhalb des Wassers atmen kann.

Unter den 71 Säugetieren im De Hoop Nature Reserve sind etwa der Buntbock (Bontebok) und das Bergzebra zu nennen. Beide standen kurz vor dem Aussterben, konnten jedoch wieder nachgezüchtet werden. Anzutreffen sind auch die Elenantilope, die größte afrikanische Antilopenart, zahlreiche kleinere Antilopenarten sowie der Kapotter. Eine riesige Fledermauskolonie haust in der Windhoek Cave. Feucht und dunkel liebt es auch der kuriose Peripatus, ein uraltes, einer Samtraupe ähnelndes Lebewesen, das zu den Stummelfüßern oder Peripatiden gehört. Zwischen Juni und Dezember kann man an den langen weißen Stränden oder auf den hohen Klippen aus allernächster Nähe Südliche Glattwale beobachten. Diese Meeresgiganten kommen während ihrer Paarungs- und Kalbzeit bis in die Buchten hereingeschwommen. Sie galten schon nahezu als ausgerottet, doch dank des Einsatzes internationaler Tierschützer konnte dem Gemetzel der Walfänger rechtzeitig Einhalt geboten werden. Manchmal tummeln sich vor der Küste über ein Dutzend verschiedener Meeressäuger, und in vielen Felsenpools lebt eine mannigfaltige Unterwasserwelt.

Links: Auf den weißen Sanddünen des De Hoop Nature Reserve in der Kapregion, eines der an Pflanzenarten reichsten Gebiete der Erde, bilden Proteen, Erika und andere Hartlaubgewächse die sogenannte Fynbos-Vegetation.

Oben: Der anmutige Buntbock stand bereits kurz vor dem Aussterben.

Lage: An der Südküste des Westkaps, ca. 60 km östlich von Bredasdorp und 193 km von Kapstadt.

Klima: De Hoop liegt in einer gemäßigten Winterregenzone.

Beste Reisezeit: De Hoop ist das ganze Jahr über täglich 7–18 Uhr geöffnet. Wildblumenblüte im Frühjahr.

Anreise: Von Kapstadt aus auf dem Highway N2 Richtung Caledon auf die R316 nach Napier und Bredasdorp abbiegen.

Einrichtungen: Unterkünfte, Wanderwege, Panoramastraßen, Picknick- und Grillplätze.

Aktivitäten: Mountainbiking, Wandern, Vogel-, Wal- und Delphinbeobachtung (Juni–November).

Fauna: Reiche Artenvielfalt: Die Wasserwelt reicht von Schalentieren und winzigen Sandhoppers über mehr als 250 verschiedene Fischarten bis hin zu den imposanten Glattwalen. Zu den Landbewohnern zählen knapp 60 verschiedene Säuger, darunter auch der einst bedrohte Buntbock, der hier seinen größten Bestand in ganz Afrika verzeichnet. Auf der Vogelliste stehen 260 verschiedene Arten, darunter eine Vielzahl von Wasservögeln.

Landschaft: Dünen, Strände und ein großer, seichter See.

Genehmigungen und Reservierungen: Tagesbesucher erhalten eine Genehmigung am Parkeingang. Unterkünfte wie auch die Mountainbike-Tour sind im voraus zu buchen. Reservierungen unter folgender Adresse: The-Officer-in-Charge, Private Bag X16, Bredasdorp 7280.

Oben: Am seichten De Hoop Vlei tummelt sich eine muntere Vogelwelt.

Rechts: Die Elenantilope, Afrikas größte Antilopenart, besaß schon bei den frühen San-Jägern einen hohen Stellenwert, wovon die zahlreichen Felsbilder zeugen.

Unten: Die Schwanzflosse eines Südlichen Glattwals im maritimen Schutzgebiet.

Ausflüge im Park

Das De-Hoop-Naturschutzgebiet ist von einem 20 km langen Panoramastraßennetz durchzogen. Spazier- und Wanderwege entlang des Seen- und Küstenufers sowie über die Fynbos-Hügel laden zu Erkundungsausflügen ein. Wanderer erwarten 5–10 km lange Strecken, Mountainbiker bis zu 30 km lange Touren.

Unterkunft

Im Park selbst stehen ein komfortables, umgebautes Ferienhaus mit zehn Betten und überwältigendem Blick aufs Meer, komplett eingerichtete Chalets für bis zu fünf Personen, Campingplätze sowie Cottages für Schülergruppen zur Verfügung. Drei davon sind vollständig ausgerüstet, die übrigen nur mit dem Nötigsten. Bettzeug, Lebensmittel und Kochutensilien sind mitzubringen. In Bredasdorp im Westen und in Swellendam im Norden, findet man auch Hotels und Pensionen.

Cape Peninsula National Park

»Das schönste Kap auf dem Erdenrund«

Der jüngste südafrikanische Nationalpark umfaßt die höheren und entlegeneren Gebiete der Kap-Halbinsel, einer ansonsten dicht bebauten Landzunge, die in die oft stürmischen Gewässer der beiden südlichen Ozeane hineinragt.

Die Kap-Halbinsel reicht von der Tafelbucht bis zur knapp 60 km entfernten Steilküste von Cape Point an der Südspitze. Die Westküste liegt am Atlantischen Ozean, der in Westrichtung erst wieder in Südamerika auf Land trifft. Die Ostküste wird hauptsächlich von der False Bay eingenommen. Zwischen False Bay und Tafelbucht erstrecken sich die Cape Flats, eine sandig-flache Senke, die – nach geologischer Uhr gemessen – vor nicht allzu langer Zeit noch unter dem Meer lag. Heute befinden sich hier Straßen, Wohnsiedlungen, Geschäfte, Fabriken sowie der lebhafte internationale Flughafen von Kapstadt.

Dahinter erhebt sich als krönender Abschluß die imposante Tafelbergkulisse. Dieser breite Gebirgsstock mit Hochplateau wird auf der Linken vom Devil's Peak und auf der Rechten vom Lion's Head flankiert. Über drei Jahrhunderte expansive Urbanisierung haben ihn relativ unversehrt gelassen. Teile des Hochwalds wurden abgeholzt, einheimische Pflanzen durch subtropische Vegetationsformen verdrängt und zahlreiche lokale Tierarten ausgerottet. Trotz alledem blieb die grandiose Aura des Tafelbergs erhalten. An manchen Stellen stürzen seine zerklüfteten Hänge jäh zum Meer ab, an anderen überrascht er mit sanften Hügelketten, in die sich Vororte, Parklandschaften und bewaldete Täler schmiegen. Zur Südspitze hin wird das Land von einem breiten Hochplateau durchbrochen, über das die stürmischen Winde des Ozeans ungehindert hinwegfegen. Im Sommer, wenn der feuchte Passatwind aus dem Südosten weht, ist der Berg häufig in Wolken gehüllt, ein Zustand, den die Kapstädter scherzhaft als »Tischtuch« bezeichnen.

Der Tafelberg – eine unzerstörbare Feste

Das langgezogene Massiv des Tafelbergs, eines der markantesten Naturwahrzeichen der Welt, erhebt sich über der Tafelbucht und dem Zentrum von Kapstadt. Sein höchster Gipfel ist Maclear's Beacon (1113 m). Der gerade Kamm mißt ca. 3 km. An

Rechts oben: Bärenpavian-Mutter mit ihrem Jungen im Cape of Good Hope Nature Reserve.

Lage: Der Nationalpark grenzt teilweise an die Vororte Kapstadts an.

Status: Antrag auf Erklärung zum Weltkulturerbe (World Heritage Site) läuft.

Klima: Winterregenzone. Die Sommerhitze wird durch den Südostpassat gemildert; der Winter ist feuchtkühl, manchmal auch kalt.

Beste Reisezeit: Der Park und seine Umgebung sind zu jeder Jahreszeit einen Besuch wert.

Anreise: Kapstadt ist ein beliebtes Urlaubsziel. Anreise über den internationalen Flughafen, per Bahn, Auto oder Schiff.

Einrichtungen: Aussichtspunkte, Picknick- und Grillplätze, Spazier- und Wanderwege, Badestrände, Gezeitentümpel. Alle Unterkunftskategorien gleich außerhalb des Parks.

Fauna: Überraschende Vielfalt an Säugetieren (u.a. Paviane und Leoparden), Reptilien und Vögeln im Gebirge. Ungewöhnliche, faszinierende Fauna. Großwild im Cape of Good Hope Nature Reserve.

Landschaft: Weltberühmt ist der Tafelberg, der jedoch nur einen relativ kleinen Teil des Nationalparks ausmacht. Die anderen Gebiete sind auf ihre Weise genauso beeindruckend.

Genehmigungen und Reservierungen: Die Naturschutzgebiete Cape of Good Hope und Silvermine verlangen eine Eintrittsgebühr. South African National Parks (siehe Seite 174) bietet auch Jahressaisonkarten an.

Hinweis: In den höheren Lagen ist das Wetter oft trügerisch. Besteigen Sie den Tafelberg nicht allein – professionelle Bergführer stehen zur Verfügung – es sei denn, Sie kennen sich in dem Gebiet aus.

Blick südlich vom Tafelberg auf die Twelve Apostles, eine Reihe schroffer Felsvorsprünge hoch über der Küste.

einem klaren Tag kann man diese typische Bergsilhouette bis zu 100 km weit vom Meer aus erkennen.

Der Tafelberg besitzt vier unterschiedlich ausgeprägte Flanken. Das steile Nordkliff mit den beiden flankierenden Felshängen fällt direkt zur Stadt ab. Die Westseite kennzeichnen schroffe Felsvorsprünge und Gipfel, bekannt als die Twelve Apostles. Die bewaldete Südwestflanke erhebt sich über dem hübschen Hafendorf Hout Bay, während die Ostwand auf Kapstadts ältere (und teilweise schönste) Vororte blickt. Das Gebirge bestimmt auch die lokale Niederschlagsmenge: Während die westlichen Gebiete im Jahresdurchschnitt mit 460 mm auskommen müssen, werden in den nur wenige Kilometer entfernten östlichen Regionen bis zu 1300 mm gemessen. Der Gipfel selbst ist ein ergiebiges Einzugsgebiet für die fünf Hochlanddämme.

Zum Tafelberg führen über 500 Wege hinauf. Am schnellsten und bequemsten geht es natürlich mit der geräumigen Panoramaseilbahn, die sich während der vierminütigen Fahrt von Tafelberg Road bis zum Gipfel fast unmerklich dreht. Die Aufstiege zu Fuß reichen von relativ leichten Wanderwegen bis hin zu anspruchsvollen Felskletterungen. Oben erwartet den Besucher eine unvergeßliche Aussicht. Der Blick reicht bis zur glitzernden Stadt, zum Hafen und Robben Island, zur Halbinsel selbst, bis zum Cape Point und sogar bis zur nördlich gelegenen, immerhin 90 km entfernten Saldanha Bay. Am Gipfel gibt es ein Restaurant, einen Getränkekiosk und einen Souvenirladen. Zur Verfügung stehen außerdem Teleskope, damit sich die Besucher richtig orientieren können. Informationstafeln beschreiben Höhenwanderwege samt ihrer faszinierenden, artenreichen Fauna.

Ein Blumenparadies

Die Halbinsel liegt in einer botanisch hochinteressanten, kleinen Region, genannt Cape Floral Kingdom, in der Winterregenzone, die die Gebiete an der Südwest- und Südküste umspannt. Dieses winzige Fleckchen auf der Erdkugel birgt einen ähnlichen Artenreichtum wie das größte der Pflanzenreiche, nämlich das holarktische, das Nordamerika sowie den Großteil Europas und Asiens umfaßt. Von seinen 8600 verschiedenen Pflanzenarten sind allein 2600 auf der Halbinsel anzutreffen. Sie wachsen fast alle auf den Hängen des Tafelbergs und seinem stets gut bewässerten Hochplateau.

Die Kapflora ist auch unter dem Oberbegriff Fynbos (»zarter Strauch«) bekannt. Zu ihr gehören bodennahe, an die Trockenheit angepaßte immergrüne, kleinblättrige Hartlaubgewächse. Typisch sind außerdem Pflanzengat-

tungen wie Protea, (ca. 370 verschiedene Arten), Erika (600 Arten), *Brunia, Penaea* und Weinraute. Die Proteen treten in besonders vielen Formen auf. Benannt wurden sie nach dem altgriechischen Gott Proteus, in Anspielung auf dessen mythologische Fähigkeit, beliebig seine Gestalt zu wechseln. Einen herrlichen Anblick bieten die Königsprotea, Südafrikas Nationalblume, der Zuckerbusch und der Silver Tree *(Leucadendron argenteum)*, der größte Vertreter dieser Pflanzengattung. Er wird bis über 10 m hoch. Wenn die sanfte Kapbrise seine von silbrigen Fäden durchzogenen Blättern streichelt, wird die Luft in ein verführerisches Glitzern getaucht. Eine prominente Vertreterin der Orchideen ist *Disa uniflora*, auch »Stolz des Tafelbergs« genannt. Sie wächst an schattigen Bächen und Wasserfällen.

Die reiche Kapflora und noch viele weitere Pflanzen, die in der größeren Umgebung vorkommen, können in den Kirstenbosch National Botanical Gardens an der Ostflanke des Tafelberges bewundert werden. Der einladende, in eine wunderschöne Landschaft eingebettete Botanische Garten ist sehr beliebt bei Botanikern, Gärtnern, Ästheten und solchen, die sich mit den stilleren Musen beschäftigen wollen. Besonders interessant sind seine thematischen Teilgärten wie z.B. das Zykadeen-Amphitheater, der Proteengarten und der Mathews-Steingarten mit seiner Vielfalt an Sukkulenten. Rundwege sind ausgeschildert, die Hauptwege gepflastert. Als Besonderheit besitzt Kirstenbosch behindertengerechte Wege und für blinde Besucher einen in Blindenschrift ausgeschilderten Pfad (»Braille Trail«)

Auf der Halbinsel sind ungefähr 2600 Pflanzenarten beheimatet, darunter Watsonia (links), Leucospermum (Mitte; Bild aus dem Botanischen Garten von Kirstenbosch; in freier Natur wächst es weiter östlich) und die prächtige Königsprotea, Südafrikas Nationalblume (rechts).

Robben Island mit dem Tafelberg im Hintergrund. Die Insel, früher Standort des berüchtigten Hochsicherheitsgefängnisses für »politische« Gefangene, fungiert inzwischen als Naturschutzgebiet wie auch als Denkmal für den Freiheitskampf in Südafrika.

seinen über 200 000 Pflanzenarten, ein Informationscenter, ein Laden sowie ein Café. Oft besucht wird auch Rhodes Memorial, ein imposantes, tempelähnliches Granitdenkmal, ein paar Kilometer nördlich von Kirstenbosch. Es soll an die bekannteren (und auch umstrittenen) Figuren aus der Kolonialzeit erinnern. Auch hier lädt ein Café zum Verweilen ein. Zum Osten hin bietet sich dem Besucher eine umwerfende Aussicht. Zutrauliches Damwild äst im Schatten der Bäume, und der nahegelegene Newlands Forest lockt Jogger, Picknick-Freunde und Spaziergänger an.

Oben: Am Boulder's Beach an der Ostküste der Halbinsel tummeln sich reizende Brillenpinguine.

Unten: Der Botanische Garten Kirstenbosch an den Hängen des Tafelberges.

sowie einen Duftgarten. Stets blühen irgendwelche Pflanzen. Die meisten Proteen- und Erika-Arten haben ihre Blütezeit im Winter, während Margeriten und einjährige Wildblumen ihre Farbenpracht im Frühling und Frühsommer entfalten. Zum Botanischen Garten gehört auch das berühmte Compton Herbarium mit

Naturschutzgebiete an der Südspitze

Das stürmische, inzwischen dem Nationalpark eingegliederte Cape of Good Hope Nature Reserve wurde vor 60 Jahren zum Schutz der Fynbos-Vegetation am Cape Point eingerichtet. Das Kap diente jahrhundertelang als wichtigster Markstein auf der langen Seeroute zwischen Europa und Ostindien. Die flache, felsige Halbinsel ist übrigens nicht, wie viele irrtümlich anneh-

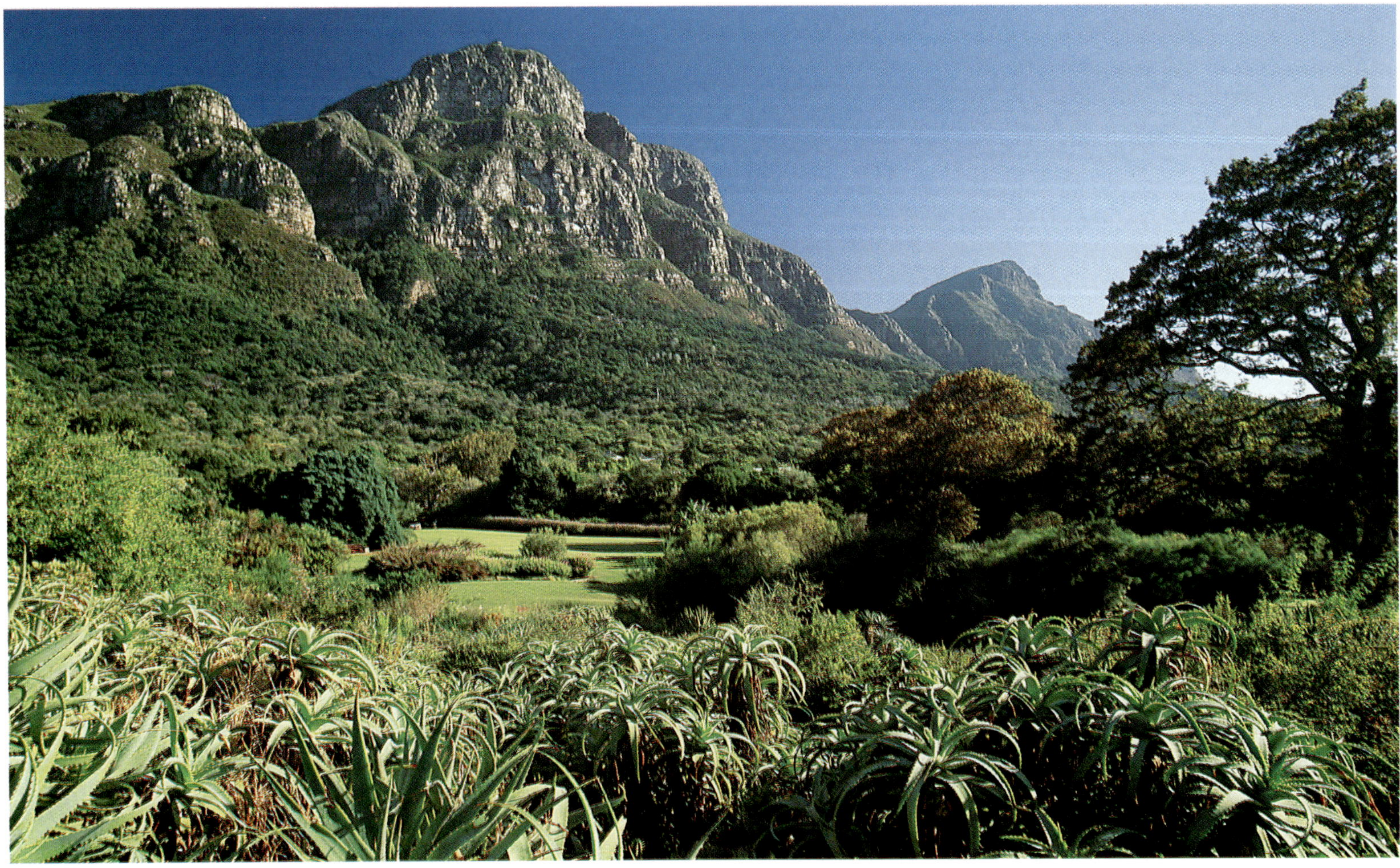

Blühende Sträucher setzen dezente Farbakzente im Hochland des Silvermine-Reservats. Im Vordergrund: *Syncarpha vestita.*

men, die südlichste Stelle Afrikas und damit Scheidepunkt zwischen dem kalten Atlantik und dem warmen Indischen Ozean – diese Auszeichnung gebührt dem Kap Agulhas, 145 km weiter östlich. Um das Cape Point rankt auch die berühmte Legende des »Fliegenden Holländers«, jenes Geisterschiffs, das vergebens versucht, das »Kap der Stürme« zu umrunden.

Erstaunlich an diesem Naturschutzgebiet ist die Fynbos-Vegetation. Etwa 1200 verschiedene Arten gedeihen hier. Im Frühjahr überziehen sie den Boden mit einem bunten Blütenteppich. Doch auch Tiere leben hier, allen voran Paviane, die durch das viele (unerlaubte) Füttern recht aufdringlich werden können. Desweiteren trifft man auf Elen- und Kuhantilopen, Buntböcke und einige kleinere Antilopenarten, jedoch nicht in bedeutender Zahl.

In diesem Vegetationsmix aus Fynbos, Proteen und Milkwood hat sich eine mannigfaltige Vogelwelt niedergelassen. Über 150 Vogelarten wurden bislang nachweislich gesichtet, darunter auch der Fischadler und der Gleitaar. Ein ganzer Strandabschnitt wurde als Brutplatz für den stark gefährdeten Afrikanischen Austernfischer

Unten links: Das Kap-Greisböckchen, ein scheuer Bewohner des Cape of Good Hope Nature Reserve.

Unten rechts: Einst am Rande des Aussterbens, ist das Kap-Bergzebra heute wieder in der Bergwelt des Nationalparks ansässig.

Die Innenstadt von Kapstadt schmiegt sich in ein natürliches, vom Tafelberg und seinen flankierenden Bergen gebildetes Amphitheater.

ausgewiesen. Einen ungewöhnlichen Anblick bieten die Strauße am Strand von Maclear. Gleich außerhalb des Reservats, in Boulders bei Simon's Town, lebt eine Kolonie von Brillenpinguinen in friedlicher Gemeinschaft mit Strandläufern. Etwa auf halber Länge der Kap-Halbinsel erstreckt sich das Hochplateau von Silvermine, eine naturbelassene Wald- und Heidelandschaft mit hübschen Wegen, herrlichen Ausblicken auf West- und Ostküste sowie einer faszinierenden Vogelwelt, u.a. Nektarvögel und Proteavögel (Honigfresser).

Das Umland

Das zentrale, gut zugängliche Hochland lohnt einen Abstecher. In Constantia Nek, wo die M63 (Rhodes Drive) auf eine T-Kreuzung trifft, zweigt eine Vielzahl kurzer Spazier- und Wanderwege ab. Die Straße führt links ins hübsche Hout-Bay-Tal hinunter, rechts geht es in das bewaldete, fast noch schönere Constantia Valley. Dort wird auf den teilweise über 300 Jahre alten Farmen immer noch exzellenter Wein produziert.

Halbinsel und Hinterland beherbergen mehrere Vogelschutzgebiete. Besonders interessant ist World of Birds in Hout Bay. In den begehbaren Aviarien leben 3000 Vögel, die rund 400 verschiedenen heimischen und exotischen Arten angehören. Die meisten von ihnen lassen sich aus nächster Nähe betrachten und fotografieren. Weniger zutraulich sind dagegen die 220 Vogelarten, darunter auch europäische Zugvögel, im Rondevlei Bird Sanctuary, einem Sumpfgebiet an der False Bay. Zwischen Februar und Mai kommen die Zugvögel besonders zahlreich, doch Vogelliebhaber werden hier zu jeder Jahreszeit ein faszinierendes Schauspiel erleben. Flußpferde, Steinböcke, Greisböckchen, Warzenschweine und Mungos runden die Tierwelt von Rondevlei ab.

Ein absolutes Muß für Naturfreunde ist das Two Oceans Aquarium, eine phantastische Ausstellung der Unterwasserwelt der Kap-Halbinsel. Es liegt an der geschäftigen Victoria and Alfred Waterfront, nordwestlich vom Stadtzentrum.

Ausflüge

Den Cape Peninsula Park durchqueren zauberhafte Panoramastraßen. Malerisch ist die M64 (Ou Kaapse Weg – Alte Kapstraße), die über den hohen Steenberg zum Silvermine-Reservat hinaufführt. Der Blick auf die Küstenebene im Osten und das Fish-Hoek-Tal im Süden ist umwerfend. Auf andere Weise aufregend ist die lange kurvenreiche Fahrt an der Westküste von Sea Point bis zum Dörfchen Scarborough und dann landeinwärts zum Cape Point. Die Strecke führt über den abenteuerlichen Chapman's Peak Drive. Bis zu 600 m tief stürzen die Felswände in das blaue Wasser der Bucht ab.

Zur Erkundung der Halbinsel und des Nationalparks stehen dem Besucher Panoramastraßen, Spazier- und Wanderwege, geführte Bustouren, Schiffsausflüge und

Der Kap-Klippschliefer, ein nagetierähnlicher Säuger, ist an das Leben in den steilen Berghängen besonders gut angepaßt.

Rundflüge per Leichtflugzeug oder Hubschrauber zur Verfügung. Zwischen Stadtzentrum und Talstation der Tafelberg-Seilbahn verkehren Busse. Wer den Tafelberg oder andere Berge besteigen möchte, sollte sich ein gutes Tourenbuch besorgen und unbedingt die Hinweistafeln beachten. Das gut bestückte Informations-Center des Kapstadter Fremdenverkehrsamtes, Cape Town Tourism, in der Lower Adderley Street informiert über Wanderungen, Ausflüge, öffentliche Verkehrsmittel und sonstiges Wissenswertes.

Unterkunft

Als moderne Metropole bietet Kapstadt sämtliche Unterkunftskategorien, von Pensionen und Ferienwohnungen bis hin zu Luxushotels an der Waterfront und der Westküste zwischen Sea Point und Camps Bay.

Küste hinter Cape Point. Die kleinen, abgeschiedenen Buchten locken vor allem Sonnenanbeter, Schnorchler und Sporttaucher.

West Coast National Park

Ein Blumenmeer im Frühjahr

Die windstille Langebaan-Lagune, ein seichter, 19 km langer, schmaler Küstensee, bildet das Herzstück eines idyllischen Feuchtgebiets mit einer mannigfaltigen Vogelwelt.

Langebaan liegt geschützt hinter der hohen Landspitze, die das Südende der Saldanha Bay, eines der schönsten und tiefsten Naturhäfen Südafrikas, bildet. Trockenheit und Trinkwassermangel bewahrten die zauberhafte Gegend lange Zeit vor dem zerstörerischen Eingriff des Menschen. Heute ist die Stadt Saldanha am Nordende der Bucht jedoch Zentrum der Fischerei und einer der größten Umschlaghäfen des Landes. Zahlreiche neue Industrien haben sich angesiedelt, darunter auch ein riesiges Stahlwerk. Glücklicherweise haben sich diese Veränderungen bislang nur wenig auf die faszinierende Naturlandschaft ausgewirkt, was hoffentlich auch so bleiben wird.

Lagune, Salz- und Brackwassersümpfe, Sandbänke sowie die Felsküsten und Inseln der Bucht bieten ideale Lebensräume für Vögel und gelten zu Recht als ein ornithologisches Kleinod des südlichen Afrika. In den warmen Sommermonaten tummeln sich hier Flamingos, Reiher, Strandläufer, Regenpfeifer, Steinwälzer, Heiliger Ibis, Kaptölpel, Kormorane und Pinguine. Die meisten von ihnen sind Wintergäste, die bis aus Grönland und Sibirien hierherkommen. In der geschützten Lagune finden sie Unterschlupf und mehr als reichlich Nahrung – Meeresalgen, Weich- und Schalentiere sowie sonstige Organismen –, die ihnen das Schilfufer und der Gezeitenschlamm liefern. Laut Schätzungen der Experten verspeist die Langebaan-Vogelpopulation jährlich weit über 100 t dieser Lebewesen.

Das Land der Blumen

Der West Coast National Park umfaßt die Lagune, die Inseln vor der Küste sowie eine mehr als 30 000 ha große öde, staubtrockene Ebene, die sich im Frühling in ein Blütenmeer verwandelt. Hier trifft das Sandveld mit dem Swartland zusammen. Der erste Name verweist auf den sandigen Boden der Küstenregion, der letztere auf die dunkle, dichte Laubvegetation des Hinterlands.

Swartland ist das wichtigste Weizenanbaugebiet des Landes; sein ursprünglicher Charakter ist heute nur noch auf kleinen Fleckchen erkennbar. Zur Wildblumenblüte im Frühjahr wird das Sandveld alljährlich von einem far-

Links oben und rechts oben: Gazania – der Stolz der Westküste; unübersehbar sind sie im Blütenteppich, der den sandigen Boden für ein paar Wochen im Frühjahr überzieht.

Links unten: Scharen von Kaptölpeln versammeln sich auf den Klippen und Inseln vor der Küste.

Lage: Saldanha Bay und Langebaan liegen an der Westküste des Kaps, 100 km nördlich von Kapstadt.

Klima: Gemäßigt, die meisten Niederschläge fallen von Mai–August.

Beste Reisezeit: Frühling; unbedingt früh aufbrechen, da nur eine begrenzte Besucherzahl in den Parkteil Postberg eingelassen wird.

Anreise: Über die R27 (West Coast Road) nördlich von Kapstadt. Entfernung ca. 100 km. Der Parkeingang liegt westlich der Straße.

Einrichtungen: Spazier- und Wanderwege; Picknickplätze und sonstige Einrichtungen in Postberg (nur im Frühling offen). Café und Restaurant im restaurierten Gehöft Geelbek. Geschäfte und Tankstellen in Langebaan und Saldanha.

Aktivitäten: Wassersport; Vogelbeobachtung; Naturwanderungen.

Fauna: An der Lagune tummelt sich eine bunte Vogelwelt, auf der Postberg-Halbinsel (nur im Frühling offen) sind Zebras, Antilopenarten und kleinere Raubtiere zu Hause. Faszinierende Meeres- und Wasserwelt.

Landschaft: Die ziemlich flache Landschaft bietet einen weiten Blick über das Meer, die Lagune und die blühende Savanne.

Genehmigungen und Reservierungen: Der Parkteil Postberg ist nur während der Wildblumenblüte offen (Eintrittsticket am Eingang). Die Teilnahme am Sandveld Educational Trail ist im voraus zu buchen. Das Fangen von kleinen Langusten und Meeresschnecken im Park ist strengstens verboten.

Hinweis: Vorsicht vor den starken, wechselnden Strömungen bei Schaapen Island, wo die Lagune in die Bucht mündet.

benprächtigen Blütenteppich überzogen. Die Flora ist eine Mischung aus den für die semiariden nördlichen Regionen typischen Sukkulenten und der blaugrünen Fynbos- oder Macchia-Vegetation.

Auf der Postberg-Halbinsel ist diese Pflanzenwelt am schönsten und zugänglichsten. Jedes Jahr folgen Tausende von Besuchern der Wildblumenroute, um dieses wogende Meer von Pigs' Root, Dew Flower, Cape Dandelion, Kalkoentjie, Sorrel und Arum mit eigenen Augen zu sehen. Im Spätsommer bringt das kräftige Rot der Candelabra Plant Farbe in die sandige Ebene an der Küste. Die Postberg-Halbinsel bietet auch Zuflucht für Großwildtiere wie Zebra, Elenantilope, Kudu, Buntbock und mehrere andere große Antilopenarten, die vor dem Hintergrund des blauen Ozeans und des Sandstrands ein ungewöhnliches und faszinierendes Bild abgeben.

Die Wiege der Menschheit?

Die Region ist vermutlich die Wiege des neuzeitlichen Menschen. Zu dieser Erkenntnis gelangte man 1998, als Archäologen versteinerte Fußabdrücke im Sand freilegten, die auf 117 000 Jahre geschätzt werden. Dies ist bislang der älteste derartige Fund. Man schließt daraus, daß die Entwicklung zum Homo sapiens möglicherweise hier erfolgte und die neue genetische Form, sozusagen »Evas Nachkommenschaft«, sich schrittweise nach Norden ausdehnte, um schließlich die weltweit verbreitete Subspezies der Gattung Mensch zu werden. Um die Fußabdrücke gegen Witterungseinflüsse und Neugierige zu schützen, schaffte man sie ins African Museum in Kapstadt. Bei Redaktionsschluß (1999) bestanden Pläne, Nachbildungen dieser Versteinerungen an der Fundstelle anzubringen.

Andere Funde gehen noch weiter in die Vorzeit zurück. An der Langebaan Road, etwa 25 km nordöstlich vom Park, stießen Steinbrucharbeiter auf ein Sammelsurium fossiler Lebensformen – Meereslebewesen wie auch eine Vielzahl inzwischen ausgestorbener Säugetiere –, die etwa eine Million Jahre alt sind. Die Langebaan-Lagune selbst muß einst eine sehr große Austernpopulation besessen haben, die irgendwann,

Oben: Der Kapkormoran, ein Stammgast der Küste. Im Flug formieren sich diese Vögel häufig zu langen Reihen (»treks«).

Mitte: Diese großen, weißen Muscheln findet man überall an den Stränden.

Rechts: Der Park endet im Osten an einer wilden Felsküste am Atlantik.

vermutlich aufgrund abrupter Wassertemperaturänderungen, abstarb. Darauf verweisen die 30 Millionen Tonnen Austernschalen, die den Boden der Lagune heute noch bedecken.

Ausflüge

Der Park fungiert sowohl als Erholungsgebiet als auch als ein bedeutsames Naturschutzreservat. Dazu ist er in verschiedene Bereiche unterteilt. Ein Abschnitt ist für den Wassersport reserviert, ein anderer steht für fast alle Freizeitaktivitäten offen, außer Motorbootfahren und Angeln, ein dritter ist geschützte, der Öffentlichkeit nicht zugängliche Wildnis, usw.

Die meisten Straßen sind asphaltiert. Im Parkteil Postberg haben die Straßen teilweise nur Schotterbelag, sind jedoch gut befahrbar. Der Postberg Trail (nur im August und September offen) verläuft durch das Wildgebiet, bietet dem Wanderer jedoch auch eine atemberaubende Flora. Außerdem gibt es einen Blumenlehrpfad. Der zweitägige Sandveld Educational Trail führt durch einen Teil des Sixteen-Mile Beach auf der Atlantikseite der Halbinsel.

Alternativ läßt sich der Park bei einem Schiffsausflug oder einer Kanufahrt auf der Lagune erkunden. Die als Vogelschutzgebiete ausgewiesenen Inseln sind für die Öffentlichkeit gesperrt. Jedoch ergeben sich viele Gelegenheiten, die Seevögel vom Ufer aus zu beobachten. Bei Geelbek, einem hübschen, ansprechend restaurierten Gehöft, wurden eigens Vogelansitze errichtet.

Unterkunft

Klassische Unterkünfte wie Hotels oder Pensionen findet man sowohl in Langebaan als auch in Saldanha. Wem etwas Unkonventionelleres vorschwebt, kann sich auch ein Hausboot für sechs Personen mieten. Anlegestellen für private Bootsbesitzer sind ebenfalls vorhanden. Im Dorf Langebaan stehen Caravanplätze und Bungalows zur Verfügung. Im Park selbst ist Camping nicht gestattet. Das Gehöft Geelbek bietet Schlafgelegenheiten für Reisegruppen.

Die idyllische Bucht der Langebaan-Lagune. Ein beliebter Treffpunkt von Wat- und einer Vielzahl anderer Wasservögel. Die meisten sind Wintergäste aus den öden Gegenden der Arktis.

Die Schnabelbrustschildkröte mit ihrem wunderschön gezeichneten Panzer kommt nur am Südzipfel Afrikas vor.

Cederberg Wilderness Area

Das Land der Schneeprotea

Die wildromantische Bergwelt liegt etwa zwei Fahrstunden nördlich von Kapstadt. Bizarr leuchtende rote Felsformationen, glasklare, eiskalte Bergbäche, Wasserfälle, Schluchten und Berggipfel – der höchste, Sneeuberg, liegt auf 2026 m –, Höhlen, Felsvorsprünge und überwältigende Aussichten machen sie zu einem landschaftlichen Höhepunkt. Oberhalb der Schneegrenze wachsen die seltene, wunderschöne Schneeprotea und die Clanwilliam-Zeder. Die tiefer gelegenen Täler versinken im Frühling in einem farbenprächtigen Blütenmeer.

Die knorrigen, auf 1000 Jahre datierten Zedern sind die letzten Vertreter der heute fast ausgestorbenen Clanwilliam-Zeder *(Widdringtonia cedarbergensis)*, der das Bergmassiv seinen Namen verdankt. Nach außen hin ähneln sie eher der Familie der Zypressen als den klassischen Libanonzedern. Einst standen hier ganze Zedernwälder, doch Klimaveränderungen, Brandrodung und Abholzung haben ihren Bestand über die Jahrhunderte hinweg drastisch reduziert. Die wenigen Überlebenden wachsen heute nur noch an unzugänglichen Steilhängen.

Das Leben hier ist rauh: Im Sommer wird es unerträglich heiß, im Winter grimmig kalt. Der Cederberg besitzt seine eigene, reiche Fynbos-Vegetation. Ihr wohl prominentester Vertreter ist die Schneeprotea. Der Stamm dieser bezaubernden kleinwüchsigen Pflanze wächst im schützenden Boden, so daß der Eindruck entsteht, Blätter und Blüten sprießen direkt aus dem Boden heraus. Diese Proteenart gedeiht ausschließlich in den hohen Lagen, während die Cederberg oder Rocket Protea auch an den tiefer gelegenen Hängen anzutreffen ist. Eine weitere ursprünglich wildwachsende, inzwischen zu kommerziellen Zwecken eigens angebaute Pflanze des Cederbergs ist der Rooisbos oder Rotbusch. Aus seinen nadelförmigen Blättern wird ein vitaminreicher Heiltee gewonnen. Der Buchu, ebenfalls eine endemische Heilpflanze, besitzt hübsche weiße Blüten mit fünf weit geöffneten Blütenblättern und verströmt einen ganz typischen Duft. Buchu-Sammler, deren Familien teilweise seit Generationen in den Bergen die Blätter pflücken, müssen heute weit hinaufsteigen, um zu den entlegenen und versteckten Buchu-Standorten zu gelangen.

Elritzen und Elefanten

Von den größeren Säugern sichtet man am Cederberg vornehmlich Bärenpaviane (»Tschakmas«), die allerdings Distanz halten, da sie nicht an Fütterung gewöhnt sind. Ihr Erzfeind, der Leopard, findet ebenfalls Unterschlupf in den Bergen, von ihm erhascht man jedoch nur höchst selten einen Blick.

Zu den kleineren Säugetieren zählen Karakal, Wildkatze, der putzige kleine Löffelhund, Schabrackenschakal und der Kapotter. Steinböckchen, Ducker, Greis-

Links: Diese bizarre, 20 m hohe Felsformation des Cederbergs trägt den passenden Namen Maltese Cross.

Rechts oben: Diese Felsmalereien an den Wänden der Klippen und Höhlen im Hochland sind ein Vermächtnis der Buschmänner.

Lage: Im Bezirk Clanwilliam am Westkap.

Klima: Der Winter ist kalt; die meisten Niederschläge fallen, auch als Schnee, von Mai–September. Im Sommer wird es warm bis heiß.

Beste Reisezeit: Ganzjährig; die Staatsstraßen sind rund um die Uhr offen; Bergsteiger bevorzugen den Zeitraum März–September.

Anreise: Von Kapstadt aus fährt man über die N7 Richtung Norden; 27 km nördlich von Citrusdal geht es rechts ab, oder man fährt bis nach Clanwilliam weiter. Auf der Cederberg-Paßstraße geht es östlich bis nach Algeria weiter.

Einrichtungen: Picknickplätze; Baden (im Fluß) in Algeria; dort gibt es Caravan- und Campingplätze. Wanderrouten mit Übernachtungsmöglichkeiten in Berghütten. Die jährliche Wildblumenausstellung in Clanwilliam ist einen Besuch wert.

Fauna: Die zerklüftete Landschaft bietet eine farbenprächtige Flora. An Wildtieren hat die Bergwelt wenig aufzuweisen, doch immerhin leben hier 30 verschiedene Säugetiere, darunter Paviane, Leoparden, Karakal und mehrere Antilopenarten. Speikobra, Gewöhnliche Puffotter und Bergpuffotter sind ebenfalls anzutreffen. Daneben gibt es eine Fülle von Protea- und Nektarvögeln. Auch Raubvögel kann man beobachten, darunter Felsenbussarde und Kaffernadler.

Genehmigungen und Reservierungen: Buchungen von Privatunterkünften über die Clanwilliam Tourism Association, Main Street, Clanwilliam (Tel.: 027/482 2024).

Hinweis: Auf Bergtouren stets genügend Wasser mitnehmen. Die Routen einhalten (Kartenmaterial sichten). Stellen Sie sich auf plötzliche Schauer oder Abkühlung ein.

Ein farbenprächtiger Moosteppich überzieht die Sumpfgebiete im Hochland des Cederbergs.

Die kleine Plated Lizard beobachtet die Außenwelt von ihrer Felsspalte aus.

und Rehböckchen und vor allem der agile, trittsichere Klippspringer sind in den Felshängen zu Hause. Eine bunte Vogelwelt hat sich am Cederberg niedergelassen. Raubvögel wie z.B. Kaffernadler und Felsenbussard kreisen elegant am Himmel. Zwischen den Proteen der höher gelegenen Hänge flattern kleine Kaphonigfresser und Nektarvögel, die mit ihren nach unten gebogenen Schnäbeln den Nektar aus den Blüten holen.

Der Cederberg mit seiner 71 000 ha großen Fläche ist ein wichtiges Abflußgebiet für den Olifants River, den größten Fluß dieser Region. In den klaren, schlammfreien Bergbächen leben seltene Arten wie z.B. die Twee Rivier Redfin Minnow, ein außerordentlich hübscher kleiner Fisch mit leuchtendroter Zeichnung an den Flossen. Etwas größer ist der Clanwilliam Yellowfish, der ebenfalls ausschließlich im Olifants River und seinen Wasserläufen vorkommt. Diese beiden Fische gehören zu insgesamt acht endemischen Fischarten des Cederbergs.

Felsformationen und Felsmalereien

Über die Jahrtausende hinweg haben sich unter Einwirkung von Wind, Regen und Wasser bizarre Felsformationen im Sandsteingebirge gebildet. Sie tragen passende Namen wie Wolfberg Arch, Wolfberg Crack, Tafelberg, Spout und Maltese Cross.

Sandsteinhöhlen boten viele Jahrhunderte lang Mensch und Tier Unterschlupf. Frühe Künstler hinterließen hier faszinierende Vermächtnisse. Buschmann-Höhlenbilder findet man in der gesamten Bergregion vor. Am berühmtesten sind die der Stadsaal-Höhlen, in denen Elefanten mit kurios bekleideten Figuren abgebildet sind.

Die Elefanten sind in dieser Gegend natürlich längst ausgestorben, doch einst gehörten auch sie zu den Bergbewohnern. Daher der Name Olifants River. Ein holländischer Forschungsreisender, der um 1700 an diesem Fluß auf eine Herde von mindestens 300 Dickhäutern gestoßen war, hatte den Fluß nach ihnen benannt. Der Clanwilliam Dam bietet hervorragende Wassersport- und Angelmöglichkeiten.

Ausflüge

Der Cederberg ist ein beliebtes Ausflugsziel von Bergsteigern, Wanderern und Naturfreunden. Auf 250 km gut ausgeschilderter Wege kann man kreuz und quer durch die Bergwildnis streifen. Gut befahrbare Schotterstraßen führen von Clanwilliam nach Stadsaal im Süden und über den Pakhuis Pass zum pittoresken Dorf Wuppertal im Osten. Die spektakulärsten Sandsteinformationen sind in Tageswanderungen zu erreichen. Das Panorama vom Gipfel des Sneeuberg läßt alle Mühen des Aufstiegs vergessen; die höher gelegenen Hänge eignen sich jedoch nur für erfahrene Bergsteiger.

Unterkunft

Übernachtung unterschiedlichen Komforts bieten private Farmen; Cape Nature Conservation besitzt Caravan- und Campingplätze vor allem bei der Forststation von Algeria; in Kliphuis gibt es Campingplätze, in Waenhuis und Uitkyk Hütten. Hotels findet man in Clanwilliam und Citrusdal. Bergsteiger können in einfachen Berghütten übernachten.

Die Orchidee *Disa uniflora*, eine der vielen prachtvollen Blumen des Cederbergs, wird zu Recht »Der Stolz des Tafelberges« genannt.

Der Wolfberg Arch – eine einzigartige Sandsteinformation.

Namaqualand und Richtersveld

Im Wunderland der Wildblumen

Der westliche Küstenstreifen im Süden des Orange River ist ein karger, ausgedörrter Landstrich. Die gelbbraune Erde ist staubtrocken, die Sonne brennt erbarmungslos von einem stets tiefblauen Himmel herab. Spärliche Viehherden müssen weit umherziehen, um vereinzelte Grasbüschel zu finden. Dem Besucher mag diese Wüstenlandschaft als eine der trostlosesten überhaupt vorkommen – bis er sie im Frühjahr sieht, wenn der erste Regen die Region für kurze Zeit in ein farbenprächtiges Blütenmeer verwandelt.

Das ist Namaqualand, eine Sandveld-Region in der West- und Nordkapprovinz. Sie führt vom Atlantik aus etwa 50 km landeinwärts durch das wellige, aride Hardeveld und weiter in das verödete, semiaride Buschmann-Land. Je weiter man nach Süden vorstößt, um so üppiger wird die Vegetation. Über den Olifant River gelangt man schließlich nach Clanwilliam, Citrusdal und in das grandiose Hochland des Cederbergs (siehe Seite 89).

Die größte Stadt ist Springbok an der N7, 550 km nördlich von Kapstadt. Sie eignet sich ideal für Ausflüge in die Umgebung. Nur wenige Kilometer von Springbok liegen die Kupferbergbauzentren Nababeep und Okiep.

Ganz links: Zauberhafte Flora im Namaqualand: Lachenalia (oben) und Bulbinella oder Cat's tail (Mitte); auch die Schnabelbrustschildkröte (unten) scheint sich darin wohl zu fühlen.

Links: Die skurrilen »Halbmenschbäume«, eine recht verbreitete Sukkulente im Richtersveld-Park.

Rechts oben: Leuchtende Margeriten verwandeln den ausgedörrten Boden für kurze Zeit in ein Blumenmeer.

Die Gegend zog Ende des 17. Jahrhunderts das Interesse der Holländer auf sich, als Reisende vom Kupferschmuck des lokalen Nama-Stammes berichteten. Es sollte allerdings noch knapp 200 Jahre dauern, bis die erste Mine in Betrieb genommen wurde. In den 1920er Jahren stieß man im westlichen Sandveld erstmals auf Diamanten, was zur Erschließung einiger der ergiebigsten alluvialen Diamantenfelder der Welt führte. Das Zentrum der Diamantenförderung bilden die Küstenstädte Port Nolloth und Alexander Bay.

Überleben in einem regenarmen Land

Regen ist im Namaqualand ein seltener Gast. Weniger als 250 mm, teilweise nicht einmal 50 mm fallen im Jahresdurchschnitt. Überall versickert das Wasser sofort im ausgetrockneten Boden. Trotz der unwirtlichen Bedingungen – Trockenheit, Hitze, karge Böden – hat sich hier mit rund 4000 Arten eine erstaunliche Pflanzenvielfalt angesiedelt.

Wie an der Skeleton Coast im Norden (siehe Seite 117), so deckt die Flora des Küsten-Sandvelds ihren Flüssigkeitsbedarf über den feuchten Nebel, der nachts vom kalten Atlantik hereinzieht. Die tatsächliche Wasseraufnahme ist dabei minimal, doch die perfekt angepaßte Vegetation kann selbst jahrelang andauernde Dürreperioden überstehen. Sie besteht vorwiegend aus Sukkulenten, mehrjährigen Pflanzen, die das Wasser in

Lage: Springbok liegt 550 km nördlich von Kapstadt.

Klima: Heiß und trocken, im Winter nachts jedoch kalt. Nachts und frühmorgens Nebel, der vom Atlantik hereinzieht.

Beste Reisezeit: Die Blumen entfalten ihre volle Pracht im September.

Anreise: Von Kapstadt: N7 Richtung Norden; von Gauteng: N14 über Upington und Pofadder. Die gängigste Strecke zum Richtersveld-Park führt über Steinkopf, Port Nolloth, Alexander Bay und Reuning.

Einrichtungen: Alle Unterkunftskategorien in den Hauptzentren von Namaqualand. Begrenzte Übernachtungsmöglichkeiten im Richtersveld-Park; Panoramastraßen (nur mit Allradantrieb); zwischen 1. April und 30. September geführte ein- bis viertägige Touren.

Landschaft: Der Reiz dieses Nationalparks liegt auch in seiner schroffen Naturlandschaft.

Genehmigungen und Reservierungen: Nur im Richtersveld-Park erforderlich. Eintritts- und Übernachtungserlaubnis erteilt die Parkverwaltung in Reuning. Für die Touren und Cottages empfiehlt sich frühzeitige Anmeldung über South African National Parks (siehe Seite 174). Die Zufahrt zu den Privatstraßen wird während der Wildblumenblüte gewöhnlich vor Ort genehmigt. Allgemeine Auskünfte erteilt das Tourist Information Office in Springbok sowie das Tourism Gateway Centre in Kapstadt, Lower Adderley Street. Aktuelle Informationen zur Wildblumenblüte gibt die Flowerline: 021-418 3705.

Hinweis: Bei Ausflügen in den Richtersveld-Park sind genügend Trinkwasser, Reservekraftstoff und sonstige wichtige Ausrüstung mitzunehmen.

Rechts: Die grandiose, schroffe Landschaft des Richtersveld. Trotz extremer Hitze und Trockenheit gedeiht hier eine Fülle seltener, zauberhafter Pflanzen.

ihren Stämmen und Blättern speichern. Mit ihren tiefen Spaltöffnungen, den verdickten Blättern und wachsartigen oder behaarten Außenschichten beschränken sie die Verdunstung auf ein Minimum. Geophyten überdauern den heißen Sommer ohne Niederschläge unterirdisch – als Knollen oder Zwiebeln. Blätter, die flach auf dem Boden ausgebreitet sind, schaffen ein eigenes Mikroklima, indem sie die Wasserverdunstung am Boden drosseln. Büsche mit großen Blättern werfen diese im Sommer ab, um zu hohen Wasserverlust zu vermeiden.

Am augenfälligsten sind freilich die einjährigen Wildblumen, die mit dem ersten lauen Frühlingsregen erstaunlich schnell ihre orangefarbene, gelbe und weiße Blütenpracht entfalten. Das Land versinkt für kurze Zeit in ein farbenfrohes Blumenmeer, das nach ein paar Wochen wieder abstirbt, um im Jahr darauf erneut zum Leben zu erwachen.

Wildblumenblüte

Im Frühjahr, auf der Fahrt von Kapstadt nach Norden über die Autobahn N7 oder die Küstenstraße R27, springen als erstes die mehrjährigen Pflanzen ins Auge: Vygies oder Sour Figs, Vertreter der großen, artenreichen Gattung der *Mesembryanthemum*. Einige wachsen als Sträucher, andere kriechen als Bodendecker über die Sanddünen. Ihre schimmernden Farben vermitteln einen Vorgeschmack auf den üppigen Blütenteppich, der das Namaqualand alljährlich überzieht – wenngleich, je nach Regen und Wind, nicht immer in der gleichen Intensität.

Das eigentliche Namaqualand beginnt hinter Klawer und Vredendal am Olifants River. Die beiden Orte lassen sich in die Rundfahrt über Clanwilliam, Litzville und den hübschen kleinen Fischereihafen Lambert's Bay mit einschließen. Die Strecke führt durch faszinierendes Sandveld-Gebiet mit Pale Yellow Grielum und Flachs. Von Clanwilliam aus bieten sich herrliche Ausflüge in die Blütenpracht des Cederberg-Hochlands und des malerischen Biedouw Valley an. Vanrhynsdorp und Calvinia sind bekannt für ihre großartigen Blumenschauen und die mannigfaltigen endemischen Lithops-Arten, die sogenannten »Lebenden Steine«.

Weiter nördlich trifft man auf größere, kuriose Spezies wie z.B. die Halfmens, »Halbmenschbäume« *(Pachypodium namaquanum)*, eine hochwüchsige Pflanze mit Blätterkrone, die aus größerer Entfernung tatsächlich einer menschlichen Gestalt zum Verwechseln ähnelt. Auch der Köcherbaum wächst hier. Seine Rinde

Die Felsenratte gehört zur Familie der Felsmäuse. Sie haust in den Felsspalten der ariden Regionen Südafrikas.

Über 355 Wildblumenarten komponieren die traumhafte Blütensinfonie im Skilpad Wildflower Reserve bei Kamieskroon.

wurde von den Buschmännern (San) früher zur Herstellung von Köchern für ihre berüchtigten Giftpfeile benutzt.

Weiter nördlich folgt im Landesinneren die hügelige Ebene von Knersvlakte, die zum Hardeveld gehört. Der rote, mit weißen Kieselsteinen übersäte Sandboden und die dichte Vygies-Vegetation geben eine außerordentlich reizvolle Mischung ab. Ebenfalls Teil des Hardeveld ist das felsige Klipkoppe, dem in den höheren Lagen immerhin 400 mm Regen im Jahr beschert wird. Hier ist der Boden teilweise von einer immergrünen Fynbos-Vegetation bedeckt. Besonders auffallend ist der Kapokbos, ein weißblühender Strauch aus der artenreichen Familie der *Asteraceae,* zu der auch die berühmten Namaqualand Daisies gehören. Die sternförmigen Blüten dieser niedrigen Pflanzen leuchten in den Farben Gelb, Weiß oder Orange.

Verblüffend ist nicht nur die Menge, sondern auch die Vielfalt der Pflanzen, wobei die schier endlosen Blumenteppiche im wesentlichen meist nur aus ein paar wenigen Arten bestehen: gelbblühenden *Dorotheanthus oculatus,* purpurfarbene *Drosanthemum hispidum* und gelbem Grielum. An manchen Stellen dominiert das kräftige Orange der Double Namaqualand Daisy, *Arctotis fastuosa,* an anderen wiederum erstrecken sich vor einem alle nur erdenklichen Blau-, Weiß- oder sonstigen Farbschattierungen. Selbst an den kargen Felsen ranken sich Blumengirlanden hoch – kaum vorstellbar, wo sie ihre Wurzeln schlagen und nahrhaften Boden finden. Seine volle Pracht entfaltet der Blütenteppich auf den weiten Feldern.

Allerdings ist es gar nicht immer so einfach, das Blumenmeer in seinem ganzen Farbenspektrum zu erleben. Manche Blüten öffnen sich erst im warmen, hellen Mittagslicht und schließen sich bereits wieder lange vor Sonnenuntergang. Wenn Sie außerdem gegen die Sonne fahren, kommen die Farben auch nicht voll zur Geltung. Legen Sie also unterwegs öfter einen Halt ein, sehen Sie sich um und genießen Sie die Landschaft im richtigen Licht.

Richtersveld National Park

Die wilde Einöde liegt ganz im Norden, eingebettet in die große Schleife des Orange River. Hier betritt man den unwirtlichsten Fleck im Namaqualand. In den nördlichen Abschnitten herrscht staubtrockene Sandebene vor, die hin und wieder von niedrigen Gebirgszügen mit skurrilen Felsformationen unterbrochen wird. Im Süden erstreckt sich Grasland mit Strauchvegetation. In dieser Gegend regnet es praktisch nie, und im Sommer klettert das Thermometer manchmal auf über 50 °C. Im Winter können die Nächte allerdings stark abkühlen. Pflanzen, Säugetiere, Insekten, Vögel und Reptilien überleben hier dank der Feuchtigkeit, die nachts vom Atlantik hereinzieht.

Der Richtersveld-Park ist ein »Contractual Park«, d.h. er beruht auf einem Vertrag mit den ansässigen Nama-Bewohnern, die vorwiegend als Schaf- und Ziegenhirten leben und denen eine Reihe von Rechten wie z.B. Wohn- und Weiderecht sowie Mitspracherecht bei der Verwaltung des Parks eingeräumt wird.

Kaum zu glauben, doch in dieser unwirtlichen Landschaft hat sich eine mannigfaltige Fauna und Flora, hauptsächlich Sukkulenten, angesiedelt. Hier gedeiht sage und schreibe ein Drittel aller Mesembryanthemum-Arten der Welt. Besonders auffällig sind die Köcherbäume und die bizarren Halbmenschbäume. Die Vogelwelt rühmt sich 180 verschiedener Arten, die sich den Park mit Bergzebras, Antilopen, Pavianen, Grünen Meerkatzen, Leoparden und Wüstenluchsen teilen. Selbst einige Reptilien sind hier anzutreffen.

Die unerschlossene Gebirgswüste ist nichts für Komforturlauber. Die Staubpisten sind zwar teilweise mit normalem Pkw mit entsprechend hohem Bodenabstand zu befahren, doch werden Pkws gar nicht erst in den Park gelassen. Allradantrieb und Fahren im Konvoi ist mehr oder weniger Pflicht.

Ausflüge

Fast alle Straßen der Wildblumenroute, auch die privaten, sind mit einem normalen Pkw befahrbar. Ausgesprochen schön ist die Strecke über Leliefontein in den Bergen oberhalb von Garies sowie über den Spektakel Pass, Komaggas, das Gebiet westlich von Kamieskroon und den Kamiesberg Pass. Einen Abstecher lohnt auch der Hester Malan Wildflower Garden im Goegap Nature Reserve gleich hinter Springbok. Für den Richtersveld-Park ist Allradantrieb erforderlich.

Die beste Reisezeit für die Wildblumenroute liegt zwischen August und September. Um Enttäuschungen zu vermeiden, erkundigen Sie sich am besten vorher telefonisch nach den schönsten Plätzen (Flowerline: Tel. 0800 00 1704, gebührenfrei; Flower Hotline in Kapstadt, Tel: 021-418 3705) oder fragen Sie im Kapstadter Fremdenverkehrsbüro in der Lower Adderley Street beim Bahnhof nach.

Unterkunft

Hotels und Pensionen findet man in Springbok und anderen Ortschaften. Übernachtung mit Vollpension bieten auch viele Gästefarmen an. Dort kann man Ihnen dazu noch Tips geben, wo und wann die schönsten Blumenteppiche zu sehen sind. Im Richtersveld National Park stehen Cottages mit zehn, acht oder vier Schlafgelegenheiten sowie komplett eingerichteter Küche zur Verfügung; Bettzeug und Handtücher werden gestellt. Daneben gibt es mehrere kleinere Campingplätze.

Malachit-Nektarvogel auf *Leucospermum reflexum*. Der zierliche Vogel gilt als einer der verbreitetsten Bewohner des Subkontinents.

Unten links: Vertreter der *Pedaliaceae:* Die Menschen schätzen die Heilkraft ihrer Wurzelknollen, verhängnisvoll sind dagegen die stacheligen Früchte für Pflanzenfresser.

Unten: Der am Boden nistende Kapfrankolin legt Wert auf Familie: Bis zu zehn Eier legt das Weibchen ins Nest.

Kalahari Gemsbok National Park

Das Leben in der großen Wüste

Der Nossob River und sein Nebenfluß Auob frästen auf ihrem Weg nach Süden breite Täler durch die hohen roten Sanddünen der Kalahari-Wüste. Doch nur selten strömt in den Flußbetten Wasser. Trotzdem wachsen am Ufer Gräser und Sträucher sowie knorrige Kameldornbäume, die sich die zum Überleben notwendige Feuchtigkeit tief aus dem Boden saugen. Diese Flußbetten sind so zuverlässig trocken – der Auob führt alle zehn Jahre, der Nossob alle 100 Jahre Wasser –, daß sie als Straßen durch die ausgetrocknete, öde, an manchen Stellen auch unerwartet schöne Landschaft benutzt werden.

Der sandige, poröse Boden, die geringen Niederschlagsmengen sowie die fehlende Bildung von Wasseransammlungen an der Oberfläche rechtfertigen zwar die Bezeichnung Wüste. Doch im riesigen, meist staubtrockenen Land mit zahlreichen Dünen im Süden und ausgedehnten, vereinzelt mit Süßgräsern bestandenen Ebenen im Norden findet eine Vielzahl von Wild- und Raubtieren Unterschlupf. Wenn der seltene Regen irgendwann zwischen Dezember und April fällt, verwandelt sich die karge Region buchstäblich über Nacht in einen üppig grünenden Park, wenn auch leider nur für eine knappe Woche.

Auf der Landkarte bildet der von den beiden Flüssen eingeschlossene Park einen Keil südöstlich der namibischen Grenze. Auf der anderen Seite des Nossob liegt Botswana mit seinem eigenen Gemsbok National Park (siehe Seite 151). Zusammen bedecken beide Parks eine riesige Fläche von insgesamt über 3,6 Mio. ha, auf der die Tiere frei umherwandern können, es gibt keine Zäune. Mitunter nehmen diese Tierwanderungen beeindruckene Ausmaße an. Die beiden Schutzgebiete sollen demnächst zum staatenübergreifenden »Peace Park« vereinigt werden, einzigartig im südlichen Afrika. Während der langen Dürrezeit löschen Wildtiere und Vögel ihren Durst an den künstlichen Wasserlöchern im Flußbett, die teilweise noch von 1914 stammen, als die südafrikanische Armee von hier aus in die damals deutsche Kolonie Südwestafrika einfiel. Die Region lockte seither nicht nur Reisende an, sondern auch Jäger, die den Tieren skrupellos nachstellten, bis schließlich 1931 der Nationalpark eingerichtet wurde.

Wildtiere

In der Kalahari-Wüste leben Spießböcke (Oryxantilopen), die je nach Weidebedingungen in kleineren oder größeren Herden anzutreffen sind. Diese hübsche, kräftige Antilope erkennt man sofort an den geraden, in V-Form spitz zulaufenden Hörnern. Das Tier hat sich an die extremen Wüstenbedingungen perfekt angepaßt. Es kommt praktisch ohne Trinken aus, seinen Flüssigkeits-

Links oben: Eine fast gespenstische Silhouette: Kameldornbaum inmitten der heißen Kalahari-Wüste.

Ganz links unten: Ein Kapfuchs-Welpe äugt neugierig aus seinem Bau, in dem er die meiste Zeit schlafend verbringt.

Links unten: Zwei hungrige Fuchsmangusten wühlen im Boden nach Insekten.

Rechts oben: Gruppenfoto: Die stets wachsamen Erdmännchen lassen ihre Umgebung nie aus dem Auge.

Lage: Am Nordwestrand der Nordkap-Provinz (Grenzgebiet zwischen Namibia und Botswana), 260 km von Upington und 900 km von Johannesburg.

Klima: Heiß (im Sommer über 40°C) und trocken. Frostige Winternächte.

Beste Reisezeit: Beste Wildbeobachtung April–Mai, wenn es tagsüber nicht mehr so heiß wird. Der Park ist von Sonnenauf- bis -untergang geöffnet. Größter Betrieb herrscht während der südafrikanischen Schulferien.

Anreise: Am besten über die R360, die zwischen Upington und Namibia von der N10 abgeht. Twee Rivieren verfügt auch über eine kleine Landebahn.

Einrichtungen: Informationscenter, Restaurant, Swimmingpool in Twee Rivieren. Jedes Camp hat sein eigenes Geschäft, in dem Benzin, Brennholz und Lebensmittel verkauft werden (Frischwaren nur in Twee Rivieren).

Fauna: Oryxantilopen (Spießböcke), Elenantilopen, Springböcke, Kuhantilopen, Blaue Gnus; an Raubtieren sind zu sichten: Kalahari-Löwe, Leopard, Gepard, Karakal, Tüpfel- und Schabrackenhyäne, Schabrackenschakal. Überraschende Vogelvielfalt, besonders imposant die Greifvögel.

Genehmigungen und Reservierungen: Frühzeitige Buchungen über South African National Parks (siehe Seite 174).

Hinweis: Malariaprophylaxe wird empfohlen. Tragen Sie zum Schutz vor Skorpionen stets Schuhe (auch nachts).

Oben: Der Leopard, ein kraftvoller, geschickter Jäger, der selbst eine doppelt so große und schwere Antilope zu schlagen vermag, frißt sogar Mäuse.

Unten: Tagsüber ein seltener Anblick: Das Schuppentier scheint gerade Gefahr zu wittern.

Unten rechts: Ihr Biß ist tödlich, doch im Grunde ist die Kapkobra ein scheues Geschöpf, das Konfrontationen lieber aus dem Weg geht.

bedarf deckt es über die wasserhaltigen Tsamma-Melonen und Wurzeln der Sukkulenten. Seine Physiologie ist so angelegt, daß keine Feuchtigkeit über die Haut ausgedünstet werden muß. Ein Mechanismus regelt die Temperatur des zum Gehirn strömenden Blutes und macht damit das Überleben in dieser unwirtlichen, heißen Gegend möglich.

An die Trockenheit ebenso angepaßt sind die Kuhantilope, das Blaue Gnu, die Elenantilope und der Springbock, Südafrikas Nationaltier. Letzterer ernährt sich sowohl von Blättern und kleinen Zweigen als auch von Gras (selbst Knollen und Wurzeln verschmäht er nicht). Er gilt als das schnellste und wendigste Säugetier Afrikas. Auf der Flucht erreicht er Geschwindigkeiten bis zu 90 km/h; mit bis zu 15 m hohen Sprüngen versucht er den Feind abzuschütteln. Charakteristisch ist seine eigenartige Sprunghaltung, gestreckte Beine und gekrümmter Rücken, für die man noch keine schlüssige Erklärung gefunden hat. Frühe Forschungsreisende berichteten von riesigen Herden wandernder Springböcke, die bei einer Breite von 1 km den Beobachter in einem zwei Stunden langen Zug passierten. Die Umwandlung der Landschaft in Ackerbaugebiet sowie die Errichtung von Zäunen auf dem umliegenden Weideland machen es heute eher unwahrscheinlich, eine ziehende Springbockherde außerhalb der Kalahari anzutreffen, und selbst dort sind diese Tierwanderungen selten und die Herden kleiner geworden.

Raubtiere

Der prominenteste Bewohner des Kalahari-Nationalparks ist der Löwe. Der Kalahari-Löwe unterscheidet sich von seinen Artgenossen des übrigen Subkontinents durch seine auffällige schwarze Mähne. Wie alle anderen Tiere, so war auch er gezwungen, sich an die harten Lebensbedingungen der Wüste anzupassen. An größeren Beutetieren herrscht Mangel, zudem hilft die spärlich bewachsene Landschaft eher dem Gejagten denn dem Jäger. Um zu überleben, muß der Löwe auch mit kleineren Beutetieren vorlieb nehmen. Der Kalahari-Löwe muß im Jahr etwa 50 Tiere schlagen, um seinen Hunger einigermaßen zu stillen, dreimal so viel wie beispielsweise seine Artgenossen im Krügerpark. Die Hälfte seiner Beute sind Kleinsäuger, die auf dem Speiseplan des Krüger-Löwen gerade mal 1 % ausmachen.

Besser scheint es die Tüpfelhyäne zu haben. In vielen Sagen wird sie als niedriger Aasfresser verachtet, der von den Eßresten mutiger Raubtiere lebt. In Wirklichkeit ist sie ein bemerkenswertes Geschöpf: ausdauernd, unabhängig und schlau. Natürlich ernährt sie sich von Aas, aber sie ist auch ein taktisch geschickter Jäger, der in einem lockeren, matriarchalisch geführten Rudelverband die Beute hetzt. Zu den weiteren Raubtieren des Kalahari-Nationalparks gehören Leopard, Karakal, Schabrackenhyäne, Schabrackenschakal, insektenfressender Löffelhund und nicht zu vergessen der unerhört schnelle Gepard.

In den Flußbetten des Nossob und Auob, in denen sich auch eine große Springbockpopulation niedergelassen hat, findet der Gepard günstige Lebensbedingungen. Wegen der spärlichen Vegetation kann man

Oben Mitte: Die weißen Augenringe der Löwin reflektieren und verstärken das Restlicht und machen sie zu einem gefürchteten Nachtjäger.

Oben rechts: Der grazile, blitzschnelle Gepard jagt lieber am Tag. Die tropfenförmigen schwarzen Tupfen im Gesicht absorbieren das grelle Tageslicht, so daß das Tier nicht geblendet wird.

Links: Oryxantilopen-Bullen proben für den Ernstfall.

sie hier hervorragend beobachten, zumal sich die ansonsten scheuen Tiere weder von den Menschen noch von den Fahrzeugen stören lassen.

Kleiner, jedoch nicht minder faszinierend in ihrem Verhalten sind Honigdachse, auch Ratel genannt, das seltene Erdferkel (»aardvark« auf Afrikaan), der Erdwolf sowie die drolligen Erdhörnchen und Erdmännchen.

Oben: Freudensprung oder physiognomische Eigenheit? Für diese merkwürdige Sprunghaltung des Springbocks hält die Wissenschaft bislang noch keine plausible Erklärung bereit.

Rechts: Barking Geckos verstehen es, über den roten Wüstenboden zu huschen, ohne daß ihr Körper mit dem heißen Sand in Berührung kommt. Charakteristisch für sie ist das »Bellen«, das sie anstelle des für Eidechsen typischen Zischlautes von sich geben.

Die Vogelwelt im Kalahari-Park

Insgesamt wurden im Park rund 200 Vogelarten erfaßt, schätzungsweise ein Fünftel davon sind Greife wie z.B. Kampf- und Raubadler. Auch der Ohrengeier ist mit von der Partie; er ernährt sich zwar in erster Linie von Aas, jagt aber auch Kleinsäuger und Jungvögel. Er erreicht eine Flügelspannweite von über zweieinhalb Metern und genießt es, sich von der Thermik durch die Luft tragen zu lassen.

Ausflüge

Zwei problemlos mit Pkw befahrbare Schotterstraßen folgen den Flußbetten des Nossob und Auob. Sie sind durch zwei Sandpisten miteinander verbunden. Eine verläuft durch die Picknickareale Kamkwa und Dikbaardskolk, die andere durch die Areale Auchterlonie und Kij Kij. Ein privater Safari-Veranstalter ist über die Parkverwaltung erreichbar und bietet amüsante Dünenfahrten im Geländewagen an.

Weichen Sie bitte unter keinen Umständen von den Straßen ab, im weichen Sand bleibt man unweigerlich stecken. Einige Streckenabschnitte sind in der Regenzeit manchmal kaum passierbar. Rufen Sie also vorher lieber bei der Camp-Verwaltung an. Die einzelnen Camps stehen miteinander in Funkverbindung und können Ihnen die aktuellsten Informationen über Straßenzustand und Wildbeobachtung geben.

Unterkunft

Das Hauptcamp des Parks und die Verwaltung liegen in Twee Rivieren an der Südgrenze. Daneben gibt es zwei kleinere: Nossob am gleichnamigen Fluß und Mata Mata am Auob. Alle drei Camps bieten angenehme Unterkünfte in Sechs-, Vier- und Dreibetthütten, in Twee Rivieren sogar mit Klimaanlage. In jedem Camp sind Caravan- und Zeltplätze vorhanden (ohne eigenen Stromanschluß). Twee Rivieren wartet außerdem mit Restaurant und Swimmingpool auf. Alle Camps haben einen Laden.

Der majestätische Gaukler ist ein wahrer Flugkünstler. Im Flug ist er an seinen roten Klauen zu erkennen, die hinter seinem kurzen Schwanz vorstehen.

Auf der Suche nach frischem Gras und Trinkwasser legen Streifengnus oft weite Strecken zurück.

AUGRABIES FALLS NATIONAL PARK

Schlucht und Wasserfall

Oukurubi, »Ort des großen Lärms«, nannten die Buschmänner den tosenden Wasserfall. Der Orange River, der vom Hochland Lesothos bis zum Atlantik fließt und dabei 2188 km zurücklegt, stürzt hier mit großem Getöse in eine gewaltige, sich über 18 km ausdehnende Granitschlucht, die an manchen Stellen nahezu 100 m tief ist

Wenn der Fluß nach starken Regenfällen ansteigt, bilden sich bis zu 19 verschiedene Kaskaden. Dann donnern pro Minute über 400 000 m³ Wasser über die Granitstufe des Hauptfalls hinunter. In der vor Sprühregen glitzernden Luft schimmern aparte Regenbögen. Das Wasser stürzt fast 90 m tief in ein kraterähnliches Becken. Angeblich sollen unten Unmengen von Diamanten liegen, die der Fluß über die Jahrhunderte hinweg angeschwemmt hat. Andere behaupten, die sagenhaften Kruger-Millionen seien hier versteckt, doch der mächtige Fluß und ein vage beschriebenes »Flußmonster« wachen eifersüchtig über diese Geheimnisse. Dieses Monster soll ganze Viehherden verschlungen haben, die während einer Dürrezeit in den 1930er Jahren am Flußbett entlangzogen. Wissenschaftlern zufolge ist jedoch das einzige unheimliche Wesen eine riesige Barbe, alles andere entstammt der Legende.

Der Wasserfall bildet das Kernstück eines 23 000 ha großen Nationalparks. Der markante Moon Rock ist eine passende Beschreibung für die in der Tat wie eine Mondlandschaft anmutende Gegend. Von diesem Granitdom aus bietet sich ein herrlicher Blick über den zerklüfteten Landstrich nördlich und südlich der Flußufer. Die Parkverwaltung hat sich auf Klaas Island eingerichtet.

Die Vegetation ist spärlich; am Flußufer spenden Köcherbäume *(Aloe dichotoma)* und Kameldornbäume etwas Schatten. Bei den meisten kleineren Pflanzen handelt es sich um Sukkulenten wie z.B. Aloen, die in ihren ausgezeichnet angepaßten Blättern und Stämmen das Wasser speichern. Zu den Vertretern der Säugetiere zählen Springbock und Klippspringer, Oryxantilope, Giraffe, Leopard, Pavian, Grüne Meerkatze und sogar das bedrohte Spitzmaulnashorn. Außerdem ist im Schutzgebiet eine Vielzahl von Reptilien zu Hause.

Ausflüge

Unvergeßliche Höhepunkte garantieren die organisierten Parktouren. Auf der eintägigen Black Rhino Adventure Tour setzt man zunächst per Schlauchboot ans Nordufer über, von dort aus geht es mit Landrover, Rancher und Fährtenleser auf die Suche nach Spitzmaulnashörnern. Sie kommen hier in der an die ariden Lebensverhältnisse angepaßten Unterart *Diceros bicornis bicornis* vor. Das gefährdete Tier ist hier vor Wilderern relativ sicher.

Rechts oben: Mit seinen stumpfen, gummiartigen Hufen springt der grazile Klippspringer sicher zwischen den hohen Felsklippen umher.

Lage: 110 km westlich Upingtons in der semiariden Nordkap-Region.

Klima: Ganzjährig warm bis heiß. Im Winter kühlt es nachts stark ab. Regen fällt Januar–April, allerdings örtlich kaum mehr als 200 mm im Jahresdurchschnitt.

Beste Reisezeit: Das angenehmste Klima herrscht zwischen März und Oktober. Von Oktober bis Januar führt der Fluß viel Wasser. Der Park schließt um 22 Uhr.

Anreise: Von Upington: Über die N14 Richtung Westen (ca. 110 km); 8 km hinter Kakamas rechts abbiegen. Von Kapstadt: Über die N7 nach Springbok, dann auf der N14 in nordöstlicher Richtung weiter. Upington ist von Johannesburg und Pretoria über die N14 zu erreichen. Die Stadt wird außerdem von der nationalen Fluglinie angeflogen.

Einrichtungen: Unterkünfte, Restaurant, Geschäft, Swimmingpools. Mountainbike- und Kanu-Verleih. Wildsafaris. Die wichtigsten Aussichtspunkte am Wasserfall sind mit Zäunen gesichert.

Fauna: Am Nordufer wurden Spitzmaulnashörner, Giraffen, Zebras und mehrere große Antilopenarten angesiedelt. Sie sind alle auf der Black Rhino Adventure Tour zu sichten. Vögel, Reptilien und Insekten vervollständigen die Parkfauna.

Landschaft: Hauptattraktion ist natürlich der Wasserfall, doch die aride Landschaft und ihre Tierwelt verdienen ebenfalls Beachtung.

Genehmigungen und Reservierungen: Unterkunft und Teilnahme am Klipspringer Hiking Trail sind im voraus zu buchen. Tagesbesucher erhalten eine Genehmigung am Parkeingang.

Hinweis: Bleiben Sie stets innerhalb der Schutzzäune. Die glatte Klippenkante ist rutschig und gefährlich!

Oben: Der mächtige Orange River stürzt donnernd und schäumend in die tiefe Augrabies-Schlucht.

Ganz oben rechts: Anders als sein grasfressender Cousin ernährt sich das Spitzmaulnashorn von Zweigen und Blättern.

Oben rechts: Der nächste Verwandte des putzigen kleinen Klippschliefers, der sich gerne in der Sonne tummelt, ist der Elefant!

Konditionell anspruchsvoller gestaltet sich die auf drei Etappen verteilte Tour, die eine Kanufahrt auf dem Orange River, eine Trekkingwanderung sowie eine 11 km langen Mountainbike-Fahrt zurück zum Basis-Camp beinhaltet. Betrachten Sie diesen Ausflug eher als persönliche Herausforderung denn als beschauliche Begegnung mit der Natur. Aber sich aus eigener Kraft durch den Park zu bewegen ist eine phantastische Art, ihn kennenzulernen. Die gesamte Ausrüstung wird gestellt, einschließlich Schwimmwesten und Kartenmaterial.

Daneben gibt es mehrere einstündige Wanderungen. Als schönste Route gilt der dreitägige, 26 km lange Klipspringer Trail am Südufer, bei dem man auch Moon Rock und Ararat passiert. Von hier bieten sich grandiose Blicke auf die Schlucht. Bequemer läßt sich die Parknatur im eigenen Auto über die gut befahrbaren Schotterstraßen genießen.

Unterkunft

Im Park stehen komplett ausgestattete, klimatisierte Vierbett-Chalets zur Verfügung. Zwei Dreibett-Chalets sind behindertengerecht eingerichtet. Auf den Caravan- und Campingplätzen sind individuelle Stromanschlüsse vorhanden.

Der tosende Orange River in der Augrabies-Schlucht läßt den Menschen winzig und unbedeutend erscheinen.

Ein abgestorbener Köcherbaum in der bizarren Mondlandschaft des Augrabies Falls National Park. Aus seiner Rinde schnitzten die Buschmänner früher Köcher für ihre giftigen Pfeile.

NAMIBIA

Die junge Republik Namibia – sie wurde erst 1990 proklamiert – erstreckt sich über eine rund 823 000 km² große, dünnbesiedelte, sandige, vorwiegend karge Landschaft zwischen Südafrika und Angola im ariden westlichen Quadranten des Subkontinents. Das »Land, das Gott im Zorn erschuf« – so beschrieb man es häufig, und in der Tat scheinen sich die Naturgewalten hier besonders heftig ausgetobt zu haben: gefährliche Riffe und Strömungen an der Skelettküste, schroffe Hochländer im Innern und eine lebensfeindliche Wüste, die Namib. Doch es existiert Leben, selbst in den ödesten Winkeln.

Der ohnehin rare Regen fällt nur im Sommer, wenn die Temperaturen in einigen Gebieten, z.B. im Tal des Oranje, bis auf 48 °C klettern. Ein angenehm gemäßigtes Klima genießt demgegenüber die Hauptstadt Windhoek im zentralen Binnenhochland. Noch frischer ist es an der Küste, wo die Luft von einer kalten Meeresströmung aus den Polargebieten abgekühlt wird. Die an die extremen Wüstenbedingungen angepaßte Flora besteht großenteils aus bizarr wachsenden Sukkulenten. In den trockenen Küstengebieten trifft man fast nur Flechten an. Ihre Standorte reichen von der nebelverhangenen Küste und den langen, einsamen Stränden bis hin zu den Sanddünen und Felsebenen im Landesinneren.

Der Nordzipfel wird mit großzügigeren Regenfällen bedacht. Seine Flüsse speisen die Etosha-Pfanne und die vegetationsreichen Wildschutzgebiete im Caprivi. Überraschend artenreich zeigt sich die Tierwelt in- und außerhalb der offiziellen Schutzgebiete. Teilweise trifft man sie an völlig unvermuteten Orten: Elefanten in der Wüste oder Schakale an den Stränden. Viele der kleineren Arten, insbesondere Reptilien und Insekten, haben sich im Laufe der Evolution perfekt an die widrigen Lebensbedingungen angepaßt.

Reisen nach und in Namibia ist relativ problemlos. Es gibt zahlreiche Flugverbindungen; eine gut ausgebaute Autobahn durchquert das Land von Süden nach Norden über das zentrale Hochland und die Haupstadt Windhoek. Fast alle Sehenswürdigkeiten sind über Asphaltstraßen zu erreichen, abseits der Häuptstrecken ist Allradantrieb erforderlich.

Links: In den kargen, verlassenen, an vielen Stellen jedoch atemberaubenden Landschaften Namibias ist eine überraschend artenreiche Tier- und Pflanzenwelt beheimatet.

Oben: Das Wüstenchamäleon zählt zu den größeren Vertretern seiner Gattung.

Fish River Canyon

Eine zerklüftete Mondlandschaft

Als sei die Erde in der Backofenhitze des Südens Namibias einfach auseinandergebrochen –diesen archaischen Eindruck vermittelt die zerklüftete, 160 km lange, teilweise bis zu 550 m tiefe Schlucht des Fish River, die zu Recht zu den großartigsten Naturdenkmälern des Kontinents zählt. Tektonische Bewegungen verursachten einen Riß im felsigen Hochplateau, der vor Millionen von Jahren durch Gletscher und Fluß ausgewaschen wurde. Bis zu 2,5 Milliarden Jahre alte Gesteinsschichten lassen sich an den zerfurchten Wänden der Schlucht nachweisen.

Heute plätschert der Fish River die meiste Zeit nur noch als Bächlein dahin. Zwischendrin lassen ihn jedoch heftige Regenfälle anschwellen. Dann donnern tosende Wassermassen durch den Canyon. Am Südrand schießt die kochendheiße Fontäne einer Thermalquelle hoch.

Der Fish River entspringt beim Naukluftgebirge. Zwischen Februar und März, wenn Regenfälle das Rinnsal wieder in einen Strom verwandeln, fließt er 800 km weit Richtung Süden, wo er sich mit dem Oranje, der die Landesgrenze zwischen Namibia und Südafrika markiert, vereint.

Ungefähr zwei Drittel seines Weges stürzt er kaskadenartig von einer Felswand auf die nächste, bis er schließlich in seine Schlucht eintritt.

Am Aussichtspunkt oberhalb von Hell Bend, nahe am gähnenden Abgrund des Canyons, eröffnet sich ein atemberaubendes Panorama: Die zerklüftete, teilweise bis zu 27 km breite Schlucht liegt in einer fast gespenstischen, von einem endlosen Spaltenlabyrinth durchzogenen Mondlandschaft. Hier hat man das Gefühl, daß die Erschaffung der Erde erst gestern stattfand. Diese abenteuerliche Naturkulisse ist bei Sonnenaufgang oder -untergang, wenn das schnell wechselnde Licht die kahlen Felsen und Steilwände in ein subtiles Farbenmeer taucht, besonders eindrucksvoll.

An einem Abschnitt handelt es sich in Wirklichkeit um zwei ineinander liegende Canyons. Den größeren, älteren hatten Wasser und Erosion in das weiche Schichtgestein gegraben. Der jüngere wurde durch den infolge tektonischer Verwerfungen schneller fließenden Strom tief in das Flußbett des ersten gesägt, woraus im Lauf der Zeitalter die heutige Form der Schlucht entstand.

Die großartige Schluchtwanderung

An den hohen Aussichtspunkten sieht man bisweilen in der Ferne winzige Gestalten, so klein wie Ameisen, die Schlucht hinabsteigen. Es sind Wandergruppen, die

Links: Die weite, fast gespenstisch anmutende Landschaft des Fish River Canyon bildete sich über die Jahrtausende durch Einwirkung von Wind und Wasser. Manche Gesteinsschichten sind über 2 Milliarden Jahre alt.

Oben rechts: Der Köcherbaum, eine Aloenart, wird ca. 5 m hoch. Sein wissenschaftlicher Name lautet *Aloe dichotoma* und verweist auf die Astgabelungen.

Lage: Am Südrand Namibias, westlich der B1. Der Canyon ist Teil des Ai-Ais Hot Springs Game Park.

Klima: Heiß bis sehr heiß, trocken, nachts kann es teilweise stark abkühlen (vor allem im Winter).

Beste Reisezeit: Das Thermalbad Ai-Ais ist November–Mitte März wegen Hitze und Überflutungsgefahr geschlossen. Die Schluchtwanderung ist nur Mai–September möglich.

Anreise: Über die B1; etwa 37 km nördlich von Vioolsdrif geht es auf die D316 nach Ai-Ais Hot Springs. Vom Norden kommend, biegt man 33 km hinter Grunau westlich auf die R97 ab.

Einrichtungen: In Ai-Ais gibt es Geschäfte, Restaurant, Bar, Benzin, Swimmingpool, Tennisplatz und sonstige Einrichtungen, jedoch keine Bank.

Ausrüstung: Bei Übernachtung in Ai-Ais ist eigenes Geschirr und Besteck mitzubringen. Komplette Campingausrüstung, einschließlich warmer Kleidung und Schlafsack, evtl. Angelzeug, Sonnenhut und Sonnencreme ist erforderlich.

Fauna: Hauptsächlich sichtet man Vögel. Andere Schluchtbewohner lassen sich nur ungern blicken.

Landschaft: Die grandiose Landschaft des Canyons ist sowohl von oben als auch von unten ein Erlebnis. Sonnenaufgang und -untergang liefern ein unvergeßliches Naturschauspiel.

Genehmigungen und Reservierungen: Anmeldung für den Fish River Canyon Trail über Namibian Directorate of Tourism and Resorts (siehe Seite 174). Vorzulegen ist ein gültiges, maximal 40 Tage altes ärztliches Attest.

Der Klippspringer weist zwar eine gewisse Ähnlichkeit mit dem gewöhnlichen Ducker auf, ist aber deutlich an seiner aufrechten, fast »stolzen« Haltung zu erkennen. Zerklüftete Felshänge sind sein Lebensraum.

Die Graufischer treten meist als Pärchen auf. Sie ernähren sich von winzigen Schalentieren, Fischen und Insekten.

gerade eine der anspruchsvollsten Trekkingtouren des Subkontinents unternehmen.

Nicht die zu überwindende Strecke von immerhin 86 km macht diese Schluchtwanderung so anstrengend: Was stark an den Kräften zehrt, sind vielmehr die unbarmherzige, sengende Tageshitze und die wechselnde Beschaffenheit des Bodens. Die Tour beginnt am Hauptaussichtspunkt 10 km südlich von Hobas. In etwa einer Stunde erreicht man den Boden der Schlucht, dann geht es tagelang nur noch am windungsreichen Flußbett entlang. Weiche Sandböschungen sowie Geröllfelder machen die Beine zusätzlich müde, und spätestens um elf Uhr zwingt die Hitze zur ausgedehnten Rast im Schatten, wo immer er auch zu finden ist. Ratsam ist es, erst am späten Nachmittag wieder aufzubrechen, wenn die Sonne tiefer steht und sich allmählich die kühlere Abendluft einstellt. Übernachten kann man überall in freier Natur. Einen schönen Campingplatz gibt es jedoch auch an den Schwefelquellen, 16 km vom Schluchteingang entfernt. Hier spenden üppige Dattelpalmen angenehmen Schatten. Angeblich wurden sie 1916 von geflohenen deutschen Kriegsgefangenen gepflanzt, die sich in dieser verlassenen Gegend versteckt hielten. Ansonsten ist die Vegetation spärlich; abgesehen vom Schilf direkt an den Tümpeln findet man nur Gras und Gestrüpp sowie Sukkulenten und ein paar kleinere Bäume. Dafür ist die Vogelwelt um so bunter, vor allem an den kleinen Tümpeln. Hier haben sich die geselligen Webervögel ihre riesigen Gemeinschaftsnester in die Akazien- und Köcherbäume gebaut. Schreiseeadler, Nilgans sowie Graufischer zählen zu den weiteren gefiederten Stammgästen der Schlucht. Im seichten Wasser tummeln sich Karpfen und andere Fische. Sogar Steppenzebras, Klippspringer, Bärenpaviane und Klippschliefer leben hier.

Die Trekkingtour und die Schlucht selbst enden am Kurbad Ai-Ais, das etwa 32 km vom Zusammenfluß von Fish River und Oranje entfernt liegt. Hier wird das weiche Schichtgestein von hartem Granitfels abgelöst, so daß die »Schleifarbeit« durch das Wasser wesentlich langsamer vonstatten ging.

Thermalquellen mitten in der Wüste

»Ai-Ais«, etwa: »heiß wie Feuer« nannten die Nama sinnigerweise den Ort. Daß das Wasser selbst tief im Boden noch derart heiß ist (etwa 66 °C!), nimmt angesichts der

Über dem Canyon eröffnet sich ein überwältigendes Panorama.

sengenden Sonne im Canyon nicht wunder. Der hohe Gehalt an Natriumchlorid (Kochsalz) und Natriumsulfat sowie die leichte Radioaktivität machen das heiße Wasser zu einer echten Thermalquelle.

Doch erst in den 1960er Jahren entwickelte sich Ai-Ais zu einem Kurbad für Rheuma- und Arthritisbeschwerden. Der Fish River ist mit der Quelle nicht verbunden, wässert dafür die Bäume, Rasen- und Schilfflächen des kleinen Orts, der dem Gast klimatisierte Apartments, ein Restaurant und ein Kurbad bietet.

Ausflüge

Der Canyon liegt innerhalb des größeren Ai-Ais Hot Springs Game Park. Die Schotterstraße zum Hauptaussichtspunkt sowie nach Ai-Ais enthält teilweise tiefe Furchen und waghalsige Haarnadelkurven, insbesondere nach Ai-Ais hinunter. Die Trekkingtour durch den Fish River Canyon dauert fünf Tage. Einmal unterwegs, gibt es kein Zurück mehr.

Unterkunft

Das Camp Hobas, 10 km vom Ausgangspunkt des Fish River Canyon Hiking Trail entfernt, ist hauptsächlich für Trekkinggruppen gedacht, die am nächsten Tag in die Schlucht aufbrechen. Es verfügt über einen Caravan- und Campingplatz mit Sanitäranlagen und Kochgelegenheit, ein Geschäft sowie einen Swimmingpool. Apartments, Chalets, Campingplätze, Geschäft, Restaurant, Pool und Tennisplätze findet man in Ai-Ais vor. Strohgedeckte Bungalows bietet die private Cañon Lodge.

Oben: Der stachelig wirkende Milkbush ist einer von den spärlichen Pflanzen, die in diesem extremen Wüstenklima gedeihen können.

Rechts: Wie fast alle Aloen wächst der Köcherbaum an trockenen, steinigen Standorten, die nur alle zwei bis drei Jahre Regen erhalten.

Namib-Naukluft Park

Ein wanderndes Dünenmeer

50 000 km² Wüstenlandschaft empfangen den Besucher des Parks im südlichen Teil der Namib. Die älteste Wüste der Erde erstreckt sich entlang der gesamten Küste Namibias von Swakopmund bis hinunter zur Oranje-Mündung. Die Küste ist etwas eintönig, dagegen dehnt sich landeinwärts ein riesiges Sandmeer mit großen Wanderdünen aus.

Die Dünenlandschaft wird durch das ausgetrocknete Kuiseb-Flußbett von den dicht bewachsenen Hochebenen im Norden getrennt. Am Ostrand des Parks, etwa 150 km von der Küste entfernt, ragt das schroffe Naukluftgebirge empor. Hier entspringen zahlreiche Wasserläufe, die jedoch nur als Rinnsale den Sand erreichen und sofort darin versickern. Zwischen den Dünen liegt ab und zu eine Schlammzone, die von gelegentlichen, aber vergeblichen Versuchen eines Flusses zeugen, bis zum Meer vorzudringen. An diesen Tümpeln labt sich eine kleine, aber faszinierende Tierwelt.

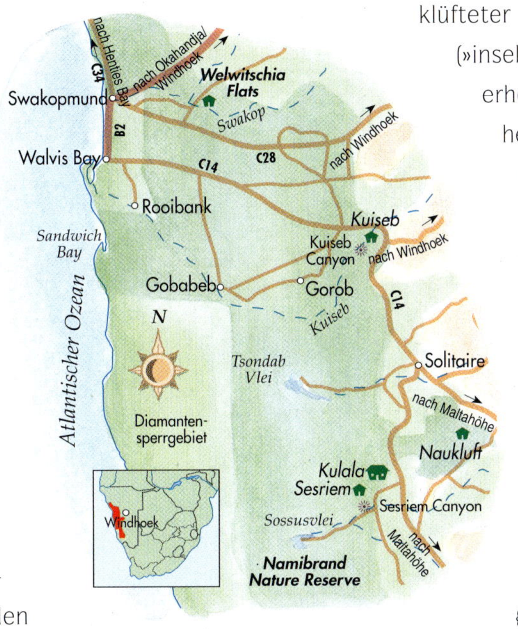

Links oben: Im Namibrand Reserve.

Ganz links unten: Wedge-snouted Desert Lizard, ein flinke Eidechse, die sich bei Gefahr schnell im Sand eingräbt.

Links unten Mitte: Zwergpuffotter. Durch die seitliche Fortbewegungsart berührt ihr Körper kaum den heißen Sand.

Gleich links: Die dünnen Beinchen des Wüstenchamäleons wollen nicht so recht zum plumpen Körper passen.

Rechts oben: Flamingo in Sandwich Harbour.

Landschaft

Der nördliche Parkabschnitt umfaßt die Welwitschia Flats. Hier windet sich der völlig ausgetrocknete Swakop durch flache, mitunter leicht ansteigende Geröllfelder, aus denen hier und da ein vereinzelter zerklüfteter Granitfels hochragt. Inselberge (»inselbergs«), eine Folge der Erosion, erheben sich inmitten einer sengend heißen, unwirtlichen, nahezu kahlen Gegend, in der Euphorbien (Wolfsmilchgewächse) gedeihen. Die kurioseste Pflanze ist freilich die endemische *Welwitschia mirabilis,* die bis zu 1500 Jahre alt wird. Dieser eigenartige Haufen verschlungener, vorne absterbender Blätter besteht aus nur zwei gegenständigen Blättern, die vom Wind in Streifen gespalten sind.

Südlich der Flats sägen sich der Kuiseb und andere »Wasserläufe« einen Weg durch die Ebenen. Allerdings führen sie meist nur alle 100 Jahre tatsächlich Wasser. Doch an einigen Stellen fließt Wasser unterirdisch, so daß manche Flußbetten sogar leicht bewaldet sind. Nach Regenfällen erscheint wie durch Zauberhand eine dünne Grasdecke auf dem sonst dürren Boden und lockt alsbald Herden hungriger Springböcke, Oryxantilopen und Zebras an.

Der Kuiseb verläuft fast über seine gesamte Länge unterirdisch. Grünstreifen markieren seinen Lauf. Vor langer Zeit führte er so viel Wasser, daß er eine Schlucht in das weiche Gestein schnitt: Der Kuiseb Canyon ist die Heimat des Volksstammes der Topnaar Koina, die über Generationen hinweg im Boden nach Wasser gruben und

Lage: Im Zentrum Namibias.

Klima: An der Küste ganzjährig kühl und frisch. Extremere Temperaturunterschiede im Landesinneren. Von Mai–August wehen oft heiße Winde und Sandstürme. Nachts kann es grundsätzlich kalt, manchmal sogar frostig werden.

Beste Reisezeit: Das ganze Jahr über, wegen des begrenzten Übernachtungsangebots empfiehlt sich jedoch frühzeitige Buchung.

Anreise: Nach Sandwich Harbour (nur für Tagesbesucher mit Genehmigung) über die Allradroute südlich von Walvis Bay. Der Parkeingang bei Sesriem ist über die Straße von Sandwich Harbour, Walvis Bay, Rehoboth oder Maltahöhe erreichbar. Fly-in-Safaris können für praktisch jeden Zielort in der Region gebucht werden.

Einrichtungen: Einfache Zeltplätze; Tageswanderungen und Safarifahrten (u.a. zweitägige Jeepsafari). Luxuriöse Hotelunterkunft in der Sossusvlei Karos Lodge; Pirschfahrten und Ballonsafaris im Namibrand Nature Reserve.

Fauna: Wo es Wasser und Gras gibt, halten sich Oryxantilopen, Springböcke, Zebras und Strauße auf. Die Vogelwelt ist überraschend zahl- und artenreich.

Genehmigungen und Reservierungen: Für die Staatsstraßen im Park ist keine Genehmigung erforderlich. Für die sonstigen Wege sind entsprechende Genehmigungen beim Directorate of Tourism (siehe Seite 174) sowie an manchen Tankstellen in Swakopmund und Walvis Bay erhältlich. Unterkunft ist frühzeitig zu buchen.

Hinweis: Sollten Sie vorhaben, die Staatsstraßen zu verlassen, müssen Sie Wasser, Lebensmittel, Benzin und Ersatzteile mitnehmen.

Die Vorfahren der Wildpferde der Namib wurden vor knapp einem Jahrhundert von den deutschen Kolonialtruppen eingeführt.

die melonenartige Narapflanze anbauten. Auch Leoparden, Paviane, Schliefer, Klippspringer, Springböcke sowie das endemische Hartmann-Bergzebra haben sich hier angesiedelt.

70 km südlich der Walvis Bay kommt der Fluß kurz vor dem Meer in einem sandigen Delta wieder zum Vorschein. Sandwich Harbour heißt diese abgeschiedene, von Vögeln nur so wimmelnde Niederung. Allerdings ist hier von einem Hafen längst nicht mehr die Rede. Die unaufhaltsam wandernden Dünen haben alle menschlichen Spuren und angeblich das Wrack eines reich beladenen Schiffes aus dem 17. Jahrhundert unter sich begraben. Manchmal bricht das Meer durch die letzten Sandbarrieren und vermischt sich in einer Lagune mit dem Süßwasser des Flusses. Dann entsteht ein fragiles Ökosystem aus Schilf und Gräsern, das eine bunte Vogelwelt anlockt. Im Sommer versammeln sich hier Tausende von Flamingos und Pelikanen. Für viele Fischarten ist diese Niederung ein idealer Laichplatz, obgleich sie hier den Vögeln schutzlos ausgeliefert sind.

Sand und Wind

Der Wind türmte den lockeren Sand der Namib zu gleichförmigen Wellen auf und schuf dadurch eine einmalige Landschaft. Am faszinierendsten sind die Wanderdünen, die immer wieder neue Gestalten annehmen und je nach Lichtverhältnissen in den phantastischsten Farben erscheinen. Besonders eindrucksvoll ist dieses Naturschauspiel am Sossusvlei zu erleben, dessen Dünen bis zu 385 m hoch werden: ein Weltrekord!

Der Sossusvlei ist eine Salz-Ton-Pfanne am Ende des Tsauchab, wo im Schatten knorriger, bis zu 500 Jahre alter Kameldornbäume hübsche Picknickplätze angelegt wurden. Um den Vlei formieren sich die Dünen zum wogenden Wüstenmeer, das sich im Morgen- und Abendlicht glutrot, dunkelviolett und leuchtendorange färbt.

Der Sesriem Canyon, ein tiefer, teilweise nicht einmal 2 m breiter Einschnitt im Flußtal des Tsauchab, 60 km flußaufwärts vom Sossusvlei, entstand durch die erodierende Einwirkung eines jüngeren, schnelleren Stroms. Am Boden der Schlucht liegt eine idyllische Oase mit schattenspendenden Pflanzen und einigen Bäumen am Rande der Tümpel, an denen sich eine Fülle von Vögeln und Kleintieren tummelt. Allmählich verbreitert sich die Schlucht wieder zur Flachebene. Der Fluß selbst setzt ab dem Sossusvlei seinen Weg unterirdisch fort.

Die lebende Wüste

In der Namib ist die Evolution ihre eigenen Wege gegangen. Eidechsen, Schlangen und Insekten haben sich in faszinierender Weise an die lebensfeindlichen Bedingungen angepaßt. Dünen und Ebene beherbergen Kreaturen, die man an keinem anderen Fleck der Erde antrifft. So z.B. die Zwergpuffotter, deren Augen oben auf dem Kopf sitzen. Damit kann sie sich so tief im Sand eingraben, daß nur noch die Augen herausschauen, um die Beute zu beobachten. Durch ihre seitliche Art der Fortbewegung gleitet sie mühelos über den lockeren Sand, ohne zu sehr den heißen Boden zu berühren. Auch für die Flüssigkeitszufuhr hält die kleine Schlange ihre eigene Methode parat: Sie drückt ihren Körper nachts fest gegen den Boden und läßt so die kalte Feuchtigkeit durch ihre Schuppen eindringen. Ein kurioser Wüstenbewohner ist auch die White Lady, eine große Spinne, die, wenn es brenzlig wird, schnell die Beine einzieht und wie eine Kugel die Düne hinunterkullert. Die meisten Tiere der Namib, allen voran Insekten und sonstige kleinere Lebewesen, leben nicht vom Wasser und vorhandener Vegetation,

Touristen wagen sich in die Hitze des Dünenmeers am Sossusvlei.

denn an beiden herrscht Mangel, sondern extrahieren sich Feuchtigkeit aus dem Nebel, der vom Meer her aufsteigt. Brisen aus dem Landesinneren wehen außerdem verwelkte Blätter, Grashalme und anderes nahrhaftes Material heran.

Die Salzpfanne sowie die natürliche Quelle sorgt für den Unterhalt einer Vielzahl von Wildtieren wie z.B. Oryxantilopen, Springböcke und Hartmann-Bergzebras. Sie halten sich vorwiegend im Grasland des Ostteils auf. An den Flußläufen trifft man auf Steinböckchen, Klippspringer und Paviane. Schabrackenschakale streifen umher, und von den Raubtieren sind u.a. Leoparden, Tüpfel- und Schabrackenhyänen zu sichten.

Ausflüge

Die Straße durch die Welwitchia Flats ist gut ausgeschildert. Die Tafeln enthalten nicht nur botanische, sondern auch geologische und historische Hinweise. Allradantrieb ist hilfreich, aber nicht Voraussetzung, mit Ausnahme der Strecke nach Sandwich Harbour. Die letzten 4 km zum Sossusvlei sind zu Fuß zurückzulegen. Der 15 km lange Tinkas Nature Trail ist eine vier- bis fünfstündige Rundwanderung. Großartige Touren gibt es auch am Kuiseb, Sesriem Canyon und in Sandwich Harbour. Die grandiosen Dünen des Sossusvlei sollte man sich am besten frühmorgens ansehen. Später wird es zu heiß. Der achttägige Namib-Naukluft Trail ist zwischen 1. März und 31. Oktober geöffnet.

Unterkunft

In Swakopmund und Walvis Bay findet man ausgezeichnete Übernachtungsmöglichkeiten. Abenteuerlustigen empfiehlt sich der Campingplatz im Kuiseb Canyon, zu dem sämtliche Ausrüstung mitzubringen ist. Sandwich Harbour ist nur für Tagesbesucher geöffnet. Campingplätze gibt es außerdem in Welwitschia, Naukluft und Sesriem, nicht jedoch am Sossusvlei. Sesriem wirbt mit Swimmingpool und Laden, in dem Brennholz, Benzin und sonstige wichtige Vorräte erhältlich sind.

Komfortabel bis luxuriös ist die gleich außerhalb des Parks gelegene Sossusvlei Karos Lodge mit Restaurant, Bar und Swimmingpool. Die Zimmer bestehen aus einem fest gemauerten Vorraum und einem Schlafraum im Zelt.

Unterkunft bietet auch das 80 km vom Sossusvlei entfernte Wolwedans Dune Camp des Namibrand Nature Reserve. Seine Gäste können herrliche Blicke auf die Wüste, reizvolle Panoramafahrten, Wanderungen und sogar eine Fahrt im Heißluftballon genießen.

Halbverwehte Spuren im Sand verweisen auf einen »Wüstenausflug« von Oryxantilopen.

Ganz links: Wilde Tsamma-Melonen liegen verstreut am Boden. Sie gehören zur Familie der Kürbisgewächse.

Links: Die *Welwitschia mirabilis* sieht aus wie eine auf den Sand gesetzte Riesenkrake. Sie ist eine der genügsamsten Pflanzen und wird bis zu 1500 Jahre alt.

Skeleton Coast und Hinterland

Das ungezähmte Land

Die »Skelettküste« im Norden Namibias ist der wohl abweisendste Ort der Welt. Eine verlassene, trostlose, windgepeitschte, lebensfeindliche Küste aus Kies, Felsen, Treibsand, scharfen, nebelverhangenen Felsenriffen und tückischen Gegenströmungen, die das Leben ungezählter Seeleute gefordert haben. Masten und durchlöcherte Planken gestrandeter Schiffe ragen aus dem Wasser. Die nicht mit dem Schiff untergingen, fanden den Weg ins Landesinnere durch den Wüstenstreifen versperrt und wurden meist Opfer von Raubtieren. Ihren ausgeblichenen Knochen wie auch denen von Walen und unzähligen Robben verdankt die Skeleton Coast ihren schaurigen Namen.

Und dennoch ist dieser einsame, zerklüftete Küstenstreifen ein Ort der Offenbarung von großer Naturschönheit mit faszinierender Fauna und Flora, die sich an die harschen Bedingungen angepaßt hat.

Küste und Hinterland

Der Großteil der namibischen Küste, von Oranjemund im Diamantensperrgebiet im Süden bis zum Kunene im Norden besteht aus Nationalparks und Naturschutzgebieten. Die im Durchschnitt 100 km breite Namib erstreckt sich entlang der gesamten Küstenlinie. Das nördlichste Reservat ist der Skeleton Coast Park, der sich südlich von Angola und dem Kunene 500 km weit ausdehnt und sich dann als National West Coast Tourist Recreation Area weitere 200 km bis zum seichten Hafen von Swakopmund fortsetzt.

Die Erde ist staubtrocken; der Wind, der vom kalten Benguelastrom hereinbläst, bringt dürftige 25 mm Regen im Jahr. Feuchtigkeit spendet praktisch nur der Nebel, der nachts vom Ozean hereinzieht und sich als nasser Schleier über Felsen, Sand und die wenigen Pflanzen legt. Die durchschnittliche Jahrestemperatur an dieser Küste steigt nicht über 15 °C, während sie an der warmen Ostküste 21 °C beträgt.

Landeinwärts erstreckt sich die bis vor kurzem noch als Kaokoveld bekannte Kunene-Region, ein ungestörtes Wildnisparadies, das sanft über die zentralen Ebenen bis zu den hohen, bizarren Felssäulen und tief abfallenden Schluchten ansteigt. Hier ist Wasser, wenn nicht ergiebig, doch zumindest gelegentlich an manchen Stellen vorzufinden. Die abwechslungsreichen Naturlandschaften des Kunene reichen von den eintönigen Kiesebenen der Wüste über spärlich bedecktes Grasland,

Links: Der Wüstenelefant, angeblich der größte Vertreter des Afrikanischen Elefanten, teilt sich den Lebensraum in der Kunene-Region mit den Himba. Hier zieht gerade eine Herde an den einsamen Behausungen vorbei.

Rechts oben: Die Flügelspannweite des Rosapelikans erreicht mehr als 3 m.

Lage: Die Skelettküste nimmt den nördlichsten Teil der namibischen Küste ein. Ihr Hinterland bildet die Kunene-Region.

Klima: Im Hinterland extrem heiß, an der Küste im Durchschnitt relativ kühl.

Beste Reisezeit: Die heißesten Monate, also die ungünstigste Reisezeit, sind November–März.

Anreise: Viele Straßen sind ungeteert, teilweise auch stark zerfurcht. Die meisten Besucher der Küste kommen über Khorixas, 240 km östlich von Torra Bay, oder von Swakopmund, ca. 300 km südlich.

Ausrüstung: Verleih von Campingausrüstung nur an manchen Orten. Bringen Sie deshalb Ihre eigene Ausrüstung, einschließlich Zelt und warmen Schlafsack, mit.

Einrichtungen: Restaurant und Geschäft in Terrace Bay. Dort ist auch Benzin erhältlich. Das Geschäft in Torra Bay ist nur Dezember und Januar geöffnet. In Khorixas gibt es mehrere Ladengeschäfte. Angelbedingungen sind entlang der ganzen Küste gut.

Fauna: Großwild wie z.B. Elefanten findet man am Nordzipfel (am besten über eine organisierte Safari). Halten Sie an den Stränden auch Ausschau nach Springböcken, Schakalen und Hyänen. Robben versammeln sich zu Tausenden am Kreuzkap. Daneben gibt es See- und Raubvögel, Schlangen, Insekten und sonstiges Kleingetier.

Genehmigungen und Reservierungen: Tagesbesucher des Skeleton Coast Park erhalten eine Genehmigung an den Haupteingängen.

Hinweis: Führen Sie stets Trinkwasser mit sich (verlassen Sie sich nicht auf Wasserquellen unterwegs) und vergessen Sie nicht Ihren Sonnenhut.

staubiges Mopanegestrüpp bis hin zu den in warmen Farben leuchtenden Bergketten im Osten. Dichtere Vegetation findet man nur entlang dem Flußbett des Kunene und der westlich fließenden, allerdings meist ausgetrockneten Flußbetten.

Die Kunene-Region zählt zwar zu den abgeschiedensten und unberührtesten Flecken der Erde, nichtsdestotrotz kann man sie relativ sicher und bequem erkunden, vorausgesetzt, man bereitet sich auf die Reise gut vor. Eine großartige Tour führt zu den schier endlosen Felsmassiven des Brandbergs mit unzähligen Felsmalereien, zur hohen, völlig abgetragenen Großen Spitzkoppe, die erstmals 1947 bestiegen wurde, zu den Felsabbrüchen der Twyfelfontein mit ihren Steingravuren (Petroglyphen) und Felsmalereien. Die Gravuren stammen vermutlich von den Khoi, während die späteren Malereien das Werk der Buschmänner sind. Die Tour schließt auch den Versteinerten Wald in Khorixas sowie die Tafelberge und kegelförmigen Hügel hinter Etendeka ein. Die Felsmalereien am Brandberg gehören zu den schönsten Zeugnissen der San-Kunst und enthalten u.a. die berühmte und umstrittene »White Lady«.

Oben: Der Rüppellpapagei labt sich gerne an Früchten, Samen und Nüssen.

Rechts: Das gestreifte Baumhörnchen bevorzugt einen Platz an der Sonne.

Unten: Die Große Spitzkoppe, das »Matterhorn Namibias«, etwa 40 km südwestlich von Usakos.

Leben in der Wüste

Der Küstenstreifen ist so gut wie vegetationslos. Lediglich etwas landeinwärts wachsen in den ausgetrockneten Flußbetten vereinzelt genügsame Pflanzen. Des weiteren trifft man Sukkulenten, Korbblütler *(Asteraceae)* und gelegentlich verkümmerte Akazien an. Nicht zu vergessen die *Welwetschia* (siehe auch Seite 115), eigentlich eine Baum-Zwergform, die Charles Darwin das »Schnabeltier des Pflanzenreiches« nannte. Die weißen und orangen Farbtupfer auf den Felsen stammen von Flechten, Symbiosen aus Algen und Pilzen. Die ausgewogene Kombination von Nebel

Die Südafrikanischen Seebären sind hervorragende Schwimmer. Dennoch verbringen sie etwa ein Drittel ihres Lebens an Land. Die Männchen verteidigen erbittert ihr Revier.

und Sonne machen die Skeleton Coast zu einem der artenreichsten (über 100 Spezies) Flechtenstandorte der Welt.

Das Leben in der Wüste beschränkt sich jedoch nicht auf Pflanzen. Eine verblüffende Vielfalt von Vögeln, Eidechsen, Schlangen, Spinnen und Insekten bevölkert das augenscheinlich lebensfeindliche Gebiet. Selbst Säuger haben sich hier angesiedelt. Am auffälligsten ist der Schabrackenschakal, der die Strände nach etwaiger Nahrung absucht. Kühn streicht er um die Angler herum und wartet geduldig, bis diese die Fische ausgenommen haben, um sich auf die Reste zu stürzen. Auch die Schabrackenhyäne hat sich an die Lebensbedingungen der Küste angepaßt, läßt sich aber meist nur nachts blicken. Den Schakal trifft man dagegen zu jeder Tageszeit an, besonders zahlreich am Cape Cross (Kreuzkap), wenn sich zur Paarungszeit im Sommer Tausende von Südafrikanischen Seebären am Strand aufhalten. Unzählige Kormorane brechen von hier aus zur Futtersuche auf und kehren abends wieder zurück.

In den unwirtlichen Ebenen des Hinterlands leben Oryxantilopen, Springböcke, Strauße, Spitzmaulnashörner, Giraffen, Hartmann-Bergzebras, Leoparden und der berühmte Wüstenelefant. Diese Dickhäuter und auch die Spitzmaulnashörner kommen manchmal bis auf wenige Kilometer an den Strand heran, da sie auf ihrer Nahrungs- und Wassersuche bis zu 70 km am Tag zurücklegen. Anderswo trampeln Elefanten normalerweise ungerührt alles nieder, reißen Bäume um, nur um an die zarten Triebe im obersten Astwerk zu gelangen. Doch diese Wüstenriesen gehen mit den knappen Ressourcen bewußt sorgsam um. Die meisten von ihnen bilden aufgrund mangelnder Mineralstoffzufuhr nur relativ kurze Stoßzähne aus. Die

Der Elefantenbulle muß sich gehörig strecken, um an die zarten Triebe des Anabaums zu gelangen. An das Wüstenleben hat er sich jedoch gut angepaßt.

Rechts: Meditieren durch Pfeifenrauchen – eine Himba-Frau aus der Kunene-Region mit traditionellem Kopfschmuck.

Ganz rechts: Himba-Frauen kehren von der Wasserquelle zurück. Es war ein langer Weg, und die kleinen Gefäße lassen vermuten, daß das Wasser knapper ist denn je.

Rechts: Die Steingravuren (Petroglyphen) in Twyfelfontein gelten als die schönsten der Welt. Sie stammen von Buschmännern (San) aus der Jungsteinzeit.

Population der Wüstenelefanten ist in den letzten Jahren zurückgegangen und umfaßt weniger als 100 Tiere.

Einheimische Völker

In den Ebenen sind auch die Tjimba und Ovahimba beheimatet. Bei beiden handelt es sich um ethnische Gruppen, die sich von dem weitaus größeren Volksstamm der Herero abgespaltet haben.

Die Ovahimba sind Nomaden, Jäger und Sammler, die ihre traditionelle Lebensweise unbeirrt fortführen und sich in ihren bislang erfolgreichen Bemühungen, ihr Kulturgut zu bewahren, von den meisten »Fallen« der Zivilisation fernhalten. Sie leben von Ziegen- und Kuhmilch, den genügsamen Feldfrüchten eines kargen Bodens und folgen den Kleidungs- und Schmuckritualen ihrer Vorfahren. Einzige Zugeständnisse an die moderne Welt sind Decken und Eimer.

Ausflüge

Der Hauptreiz dieser Region liegt in den weiten, einsamen Landschaften und der Begegnung mit der Vergangenheit. Für Fahrten empfiehlt sich Allradantrieb. Der Ugab River Hiking Trail, die einzige Trekkingtour im Skeleton Coast Park, ist eine 50 km lange, dreitägige Rundwanderung. Lebensmittel und Ausrüstung sind mitzubringen, ebenso ein ärztliches Gesundheitsattest. Im Hinterland erhebt sich das Brandbergmassiv, ein steil aufragender Inselberg, dessen höchster Gipfel der Königstein (2573 m) ist. Auf einer kurzen Wanderung, die am Parkplatz beginnt und an einer schattigen Schlucht entlangführt, kann man mehrere tausend prähistorische Felsbilder entdecken. Einen Ausflug lohnt auch der Versteinerte Wald bei Khorixas mit seinen langen, bis zu 300 Millionen Jahre alten versteinerten Baumstämmen. Wie Twyfelfontein (siehe Seite 118) ist auch er an der Küstenstraße ausgeschildert.

Unterkunft

Khorixas eignet sich als Stützpunkt für Ausflüge in die Kunene-Region und bietet verschiedene Unterkünfte. In Terrace Bay an der Küste findet man Bungalows mit Vollpension und in Torra Bay mehrere Caravan- und Campingplätze. Diese sind reichlich mit Wasser und Holz versorgt, allerdings nur von Dezember bis Januar offen. Etendeka verfügt über eine eigene Landebahn und ist auch mit normalem Pkw zu erreichen. Nur für die letzten paar Kilometer ist Allradantrieb erforderlich. Für die Gäste besteht ein Abholdienst per Geländewagen.

Darüber hinaus gibt es idyllische Privat-Lodges, wie z.B. Palmwag, eine komfortable Unterkunft, von der aus die Desert Adventure Safaris starten, Otjiwa Game Ranch, eine Zwei-Sterne-Wildfarm, sowie Otjisazu Hunting and Guest Farm. Weiter landeinwärts bieten sich die Okapuka Lodge und die luxuriöse, mit reichem Wildbestand bestückte Mount Etjo Safari Lodge etwa 25 km nördlich von Windhoek an.

Etosha National Park

Wasser – das kostbare Lebenselixier

Die Etosha-Pfanne – »großer trockener Ort« – ist eine riesige, etwa 5000 km² große flache Senke in einer semiariden Ebene. Eine verlassene, fast unheimliche Gegend, eine zerfurchte, silbrigweiße, unter flimmernder Luft liegende »Salzwüste«, die in den Trockenmonaten Wasser allenfalls in ihren Luftspiegelungen vorgaukelt. Nur für kurze Zeit, wenn das Regenwasser aus dem Norden über Zuflüsse in die Pfanne gelangt, füllt sie sich wenige Zentimeter mit dem kostbaren Lebenselixier. Zusammen mit der Zufuhr aus zwei mineralstoffreichen Quellen reicht dies jedoch aus, um eine artenreiche Tier- und Pflanzenwelt am Leben zu erhalten.

Der Legende nach entstand die 130 km lange, 50 km breite Salzpfanne durch die Tränen einer jungen Mutter, deren Kind von fremden Kriegern getötet worden war. Geologen halten eine weniger romantische Erklärung bereit. Sie vermuten, daß die Senke einst ein großer See war, der von Flüssen gespeist wurde, die inzwischen jedoch längst versiegt sind oder infolge von Erdbewegungen ihren Lauf änderten.

Der Boden der Pfanne ist zu salzig, als daß Pflanzen darin gedeihen könnten. Dagegen kennzeichnet das Gebiet um die Pfanne – der Etosha-Park dehnt sich auf über 20 000 km² aus – vorwiegend offenes Grasland mit dichten Mopanesträuchern oder auch Baumakazien, die im Frühling blühen, im Winter dagegen nur noch ihre Dornen ausstrecken. Für kurze Zeit konzentriert sich jedoch alles Leben auf die riesige seichte Senke.

Vor der Regenzeit müssen die Tiere des Etosha-Parks ihren Durst an den Wasserstellen löschen, die jedoch teilweise in den Trockenmonaten versiegen. In dieser Zeit sind die Grasfresser für Löwen und andere Raubtiere eine leichte Beute. Glücklicherweise herrscht zwischen den beiden Populationen ein biologisches Gleichgewicht, so daß der Park diese natürliche Sterberate leichter verkraftet.

Neben den Herren der Wildnis, den Löwen, jagen Geparden, Leoparden, Hyänen, Schabrackenschakale und sonstige kleinere Raubkatzen auf den weiten sonnenverbrannten Sandebenen. Zu den auffälligsten pflanzenfressenden Vertretern der 144 Säugetierarten im Park zählen die Elefanten, von denen zu manchen Zeiten bis zu 2500 hier leben, Zebras, Gnus, Giraffen, Oryxantilopen, Kudus, Springböcke, die seltene Schwarzfersenantilope (Impala) und das wohl gefährdetste Großwild Afrikas, das Spitzmaulnashorn.

Links oben: Burchell-Zebras stillen ihren Durst an einer der natürlichen Wasserquellen am Rande der Etosha-Pfanne.

Ganz links unten: Ständig wachsam, machen sich die Elenantilopen vorsichtig auf den Weg zur Wasserstelle.

Links unten: Typisch für das scheue, zierliche Damara-Dikdik ist sein längliches, fast rüsselähnliches Maul.

Rechts oben: Früher eine Verteidigungsfeste, heute ein Hotel: das alte Fort in Namutoni, ein romantischer Bau aus der deutschen Kolonialzeit.

Lage: Im Norden Namibias, 450 km nördlich von Windhoek.

Klima: Etosha liegt in den Tropen; das Klima ist allgemein heiß, vor allem Oktober–April. Im Winter kann das Thermometer nachts unter den Gefrierpunkt sinken.

Beste Reisezeit: August und September.

Anreise: Von Windhoek nach Otjiwarongo über die B1. Nach Namutoni: weiter auf der B1 über Tsumeb. Nach Okaukuejo: über die C38 in Otjiwarongo über Outjo. Im Park gibt es drei kleine Landebahnen; weitere befinden sich außerhalb des Parks bei den privaten Lodges.

Einrichtungen: Übernachtungsmöglichkeiten in drei Rest Camps mit Chalets, Caravan-Plätzen, »Tourisettes« sowie im Fort Namutoni; Restaurant, Geschäft, Swimmingpool in allen drei Camps; Picknickareale, gute Schotterstraßen; kleinere Autoreparaturen in Okaukuejo.

Ausrüstung: Geschirr und Besteck ist mitzubringen. Führen Sie für den Fall einer Autopanne immer ausreichend Wasser und Notproviant mit sich. Prüfen Sie vor der Fahrt, ob der Reservereifen genügend Luft enthält und intakt ist.

Fauna: Elefanten, Giraffen, Spitz- und Breitmaulnashörner, Steppenzebras, Gnus, Kudus, Elen-, Kuh-, Oryx- und Schwarzfersenantilopen; Löwen, Leoparden, Geparden, Tüpfel- und Schabrackenhyäne (insgesamt über 140 Säugetierarten); dazu etwa 340 verschiedene Vogelarten.

Genehmigungen und Reservierungen: Eintrittsgebühr in Namutoni und Okaukuejo. Unterkunft im voraus buchen (siehe Seite 174).

Hinweis: Malariaprophylaxe ist empfehlenswert.

Drohgebärde einer Nilgans, um Eindringlinge aus ihrem Revier zu verscheuchen.

Anfang der 1970er Jahre betrug die dezimierte Nashornpopulation in Afrika noch 65 000 Exemplare. Heute zählt man dagegen nur noch 2500 Tiere, die meisten davon in Südafrika und Namibia. Mitte der 1960er Jahre beschlossen beide Länder ein Artenschutzprogramm. In Namibia wurden die Nashörner nach Etosha umgesiedelt, wo wachsame Naturschutzbeamte sowie eine unwirtliche Landschaft für ihre Sicherheit sorgten. Heute leben im Park wieder rund 300 Spitzmaulnashörner (eine endemische Unterart), wobei Namibia insgesamt die größte frei wandernde Nashornpopulation der Welt aufweist. Inzwischen hat sich der Bestand wieder so weit erholt, und auch die Zukunft scheint sicher genug, daß namibische Spitzmaulnashörner in andere afrikanische Wildreservate abgegeben werden konnten.

Besonders artenreich sind die Antilopen im Etosha-Park vertreten, angefangen vom scheuen fünf Kilogramm leichten Damara-Dikdik bis hin zu Kudu und Oryxantilope, die beide jeweils gute 240 kg auf die Waage bringen. Die kraftvolle, elegante Oryxantilope mit ihrem spitz zulaufenden, V-förmigen Geweih und der maskenhaften Gesichtszeichnung hat sich an die heiße Gegend gut angepaßt. Sie kommt fast ohne Trinken aus und nimmt die nötige Flüssigkeit über wilde Melonen und Wurzeln oder Knollen von Sukkulenten auf. Ihre Körpertemperatur ist ungewöhnlich hoch. Einen sprichwörtlich kühlen Kopf behält sie dank eines genialen Mechanismus in der Nasenhöhle. Außerdem dünstet sie kaum Flüssigkeit aus. Der Leitbulle markiert sein Revier mit Kot und vertreibt seine Rivalen, indem er mit den Vorderhufen wild in der Erde scharrt und sein Geweih drohend schüttelt.

Vogelwelt

Wenn sich die Salzpfanne mit Wasser füllt, kommen Schwärme von Flamingos und Zwergflamingos angeflogen, um sich in den Schilfgräsern einen sicheren Brutplatz zu suchen. Ein grausamer Wettlauf gegen die Zeit beginnt: Die Jungen müssen flügge werden, bevor das Wasser verdunstet und den Raubtieren freien Einlaß

Hinter den schilfähnlichen Grasbüscheln können sogar große Tiere wie dieser Junglöwe erstaunlich gut in Deckung gehen.

der schillernde Rotbauchwürger, Namibias Nationalvogel, sowie die aparte Gabelracke. Insgesamt tummeln sich weit über 300 Vogelarten im Park, vom riesigen Strauß bis hin zu den winzigen Prinien.

Links: Das gefährdete Spitzmaulnashorn wurde in fast allen seinen ursprünglichen Lebensräumen ausgerottet. In Namibia dagegen nimmt sein Bestand, wenngleich langsam, so doch sicher, wieder zu.

Ausflüge

Die 135 km lange Pirschstraße verläuft am Südufer der Salzpfanne zwischen Okaukuejo (Andersson Gate) und Namutoni (Von Lindequist Gate). Von ihr zweigen mehrere kleinere Straßen ab, die zu ungefähr 30 natürlichen Wasserstellen führen. Wie die Raubtiere in den Trockenmonaten, so braucht man einfach nur geduldig auszuharren, am besten im Schatten geparkt, bis ein Tier nach dem anderen aus den Büschen heraustritt.

Die Park-Ranger empfehlen, sich auf eine Wasserstelle zu konzentrieren, anstatt von einer zur

Nächste Seite: Eine Herde von Wüstenelefanten marschiert zielstrebig zu einer Wasserstelle an der Etosha-Pfanne.

gewährt. Können die Eltern nicht mehr länger warten, werden die noch flugunfähigen Jungen einfach ihrem Schicksal überlassen. Einige versuchen verzweifelt zu entkommen, doch nur wenige überleben.

Andere Wasservögel wie Pelikane, Rotschnabelente, Störche, Ibisse und Reiher scheuen ebenfalls nicht den langen Flug zur Etosha-Senke. Häufige Gäste sind auch

Unten: Die Giraffe kommt zwar lange ohne Trinken aus, verschmäht Wasser jedoch keineswegs, wenn es verfügbar ist. In der gebeugten Trinkhaltung ist sie am schutzlosesten.

Rechts: Trinken ist ein Luxus für die kräftig gebaute, jedoch elegante Oryxantilope. Normalerweise deckt sie ihren Flüssigkeitsbedarf über wasserreiche Melonen, Wurzeln und Knollen.

Unten: Die stets in Scharen auftretenden Flamingos ernähren sich von winzigen Wasserorganismen, die sie durch ihren speziell geformten Schnabel herausfiltern. Mit ihren rosa-schwarzen Schnäbeln unterscheiden sie sich von den Zwergflamingos, deren Schnabel dunkelrot gefärbt ist.

anderen zu hetzen. Jedes Camp besitzt übrigens eine für die Tiere wie auch die Beobachter günstig gelegene, mit Flutlicht beleuchtete Wasserstelle. Die Tiere haben sich inzwischen an das Licht und die Menschen gewöhnt. Der Zugang zum Westteil über das Galton Gate in Otjovasondu ist angemeldeten Reisegruppen vorbehalten.

Die Schotterstraßen sind zwar in gutem Zustand, dennoch lassen sich Reifenpannen nicht vermeiden. Das Camp-Personal ist in diesen Fällen behilflich. Benzin ist in allen drei Camps erhältlich.

Wer mit dem Flugzeug anreist, kann sich bei einem privaten Safari-Veranstalter ein Fahrzeug mieten. Alle drei Camps wie auch die privaten Lodges gleich außerhalb des Parks verfügen über eine kleine Landebahn.

In Okaukuejo gibt es ein Informations-Center sowie einen Wachturm aus der deutschen Kolonialzeit. Das Museum im Wachturm von Namutoni veranschaulicht die Geschichte des Forts. Von der schattigen, strohgedeckten Aussichtsplattform blickt man direkt auf die Wasserstelle.

Unterkunft

Es gibt im Park drei Rest Camps: Namutoni im Osten, Okaukuejo im Süden und Halali auf halben Weg dazwischen. Namutoni entstand 1905 als Festung der deutschen Kolonialmacht. Alle drei Camps verfügen über Swimmingpool und Restaurant. Die Unterkünfte reichen von Campingplätzen bis hin zu komfortablen Bungalows und Rondavels. In Namutoni können die Gäste außerdem im historischen Fort übernachten.

Die gut ausgestatteten Privat-Lodges außerhalb des Parks sind ideale Stützpunkte für Pirschfahrten in den Etosha-Park in Begleitung eines Wildhüters. Mokuti Lodge am Von Lindequist Gate bietet geführte Trekkingtouren durch das den Park umschließende Buschland. Zum Westteil des Parks haben nur Reisegruppen Zutritt. Hobatere Lodge, am Galton Gate, veranstaltet Trekkingtouren, Tages- und Nachtpirschfahrten sowie Rundflüge. Ongava, ein privates Wildreservat einschließlich Lodge 7 km vom Andersson Gate, ist ein Refugium für Breitmaulnashörner und seltene Antilopenarten, darunter auch Schwarzfersen- und Pferdeantilope.

Historischer Wachturm in Okaukuejo, dem Sitz der Etosha-Parkverwaltung.

Caprivi Region

Die fruchtbaren Schwemmlandebenen des Nordens

Der Caprivi oder auch Caprivi-Zipfel, eine 450 km lange, lediglich 80 km breite Landzunge, bildet den nordöstlichsten Teil Namibias. Hier fließen die wasserreichen Flüsse Kavango oder Okawango, Kwando, Linyanti oder Chobe, der mächtige Sambesi sowie andere Flüsse und Ströme, die als wichtige Wasserstraßen dienen. Am Ostzipfel des Caprivi liegt das Vierländereck von Namibia, Botswana, Sambia und Simbabwe. Die Flüsse und Flutwellen sind die Lebensader der Fauna wie auch der Menschen. Sie sorgen für fruchtbaren Boden, enthalten reichlich Nahrung und sichern den Hirten und Herden das Überleben.

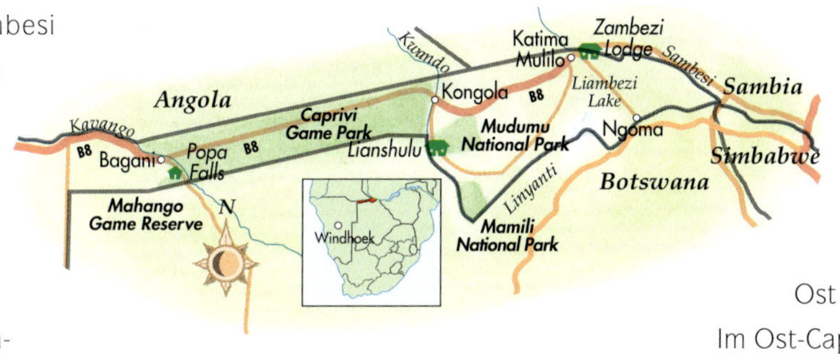

Naturparks

Das Mahango Game Reserve auf den weiten üppigen Kavango-Ebenen am Westzipfel des Caprivi ist ein Naturparadies aus Sümpfen, Waldland und Galeriewäldern, das allerdings nur in Tagesbesuchen erkundet werden kann. Übernachtungsmöglichkeiten gibt es jedoch im Popa Falls Rest Camp, knapp 15 km nördlich des Eingangs – im übrigen ein idealer Stützpunkt für Ausflüge in die Umgebung. Der Wasserfall, Popa Falls, selbst ist eigentlich eher eine Folge von Stromschnellen denn ein Wasserfall im herkömmlichen Sinn, aber deshalb nicht minder eindrucksvoll. An das Wildreservat stößt der Caprivi Game Park an. Er ist ähnlich beschaffen, mit 570 km² nur wesentlich größer und besser zugänglich, da ihn eine gut ausgebaute Straße von Ost nach West durchquert.

Im Ost-Caprivi, am linken Kwando-Ufer, liegt der Mudumu National Park, ein 1100 km² großes Savannen- und Waldgebiet, das allmählich in das Sumpf- und Schwemmland des angrenzenden Mamili National Park übergeht. Die Linyanti-Sümpfe des Mamili-Parks sind ein faszinierender Mix aus Schwemmlandebenen, Schilfgebieten und kleinen Seen mit blühenden Seerosen, die alle von träge dahinfließenden Wasserläufen durchquert werden. Beide Nationalparks, die im gleichen Jahr, nämlich 1990, eingerichtet wurden, rühmen sich einer reichen Vielfalt von Wildtieren und Vögeln. Stolze 400 Vogelarten wurden bislang gezählt, darunter zahlreiche Wasservögel. Einige von ihnen wie z.B. Klunkerkranich, Blaukehlreiher und Zwergblatthühnchen, sind woanders kaum verbreitet.

Inseln inmitten der Fluten

Wenn im Juni die Fluten kommen, werden fast 80 % des Mamili-Parks vom Kwando und Linyanti unter Wasser gesetzt. Nur noch ein paar Hügel ragen als üppig bewachsene Inseln heraus. Die größten dieser Inseln, Nkasa und Lupala, sind wegen ihrer großartigen Vogel- und Pflanzenwelt unbedingt einen Abstecher wert. Ebenso die Impalila Island mit ihrer strategisch günsti-

Links oben: Sonnenuntergang über dem Chobe, einem der größten Flüsse des Caprivi (in seinem westlichen Lauf heißt er Linyanti). In dieser Region fällt nur selten Regen, doch jährliche Überschwemmungen setzen das umliegende Land unter Wasser.

Links unten: Kuhreiher ernähren sich von den Parasiten größerer Tiere. In diesem Fall ist der Wirt ein Flußpferd.

Rechts oben: Eine Froschart des Linyanti.

Lage: In der nordöstlichsten Ecke Namibias.

Klima: Im Winter mild bis warm, nachts jedoch kalt. Im Sommer sehr heiß.

Beste Reisezeit: Beste Wildbeobachtung August–Oktober.

Anreise: Auf der Hauptautobahn über Windhoek in nordöstlicher Richtung über Grootfontein und Rundu. Von Südafrika aus ist die Anfahrt kürzer. Die Strecke führt durch Botswana über Francistown, Nata und Kasane. Linienflüge werden nach Katima Mulilo angeboten.

Einrichtungen: Geführte Wanderungen und Pirschfahrten. Bootsafaris.

Fauna: Elefanten, Flußpferde, Krokodile, Löwen, Büffel, Leoparden, Geparden, zahlreiche, teilweise seltene Antilopenarten. In den dicht mit Bäumen bestandenen Gebieten ist die Sicht manchmal etwas verdeckt. Artenreiche Vogelwelt.

Genehmigungen und Reservierungen: Genehmigungen sind für Mamili, Mudumu und Mahango erforderlich. Übernachtung im Popa Falls Rest Camp ist rechtzeitig zu buchen. Reservierung über Namibian Ministry of Wildlife, Conservation and Tourism (siehe Seite 147).

Hinweis: Unbedingt Malariaprophylaxe, vor allem im Sommer. Das Leitungswasser ist normalerweise sauber, an abgelegeneren Orten empfiehlt es sich jedoch, das Wasser abzukochen oder anderweitig zu desinfizieren. Vorsicht vor Krokodilen und Flußpferden. Schwimmen Sie im Fluß nur, wenn es absolut gefahrlos ist.

gen Lage am Zusammenfluß von Sambesi und Chobe im Vierländereck (siehe Seite 131). Gäste der Impalila Island Lodge können unter dem Schatten mächtiger Baobab-Bäume mit dem *mokoro* (Einbaum) die Wasserlandschaft erkunden oder mit einem Safariboot den Chobe hinunterfahren. Impalila ist berühmt für seine artenreiche Vogelwelt und das »Tigerfishing« in den umliegenden Gewässern.

Zambezi Lodge bei Katima Mulilo, dem örtlichen Verwaltungszentrum, ist der Heimathafen der »Zambezi Queen«, des wohl elegantesten und komfortabelsten Safarischiffes überhaupt mit Cocktailbar, Speiseraum, zwei Lounges, Unterhaltungsdeck und klimatisierten Kabinen.

Typische Jagdhaltung des Schreiseeadlers, kurz bevor er sich auf seine Beute stürzt.

Viele der Einheimischen sind mit den Barotse oder Lozi des südwestlichen Sambia verwandt. Andere wiederum – die der westlicheren Gebiete – stammen vermutlich von den San und anderen Khoina-Völkern der südafrikanischen Kapregionen ab. Das Caprivi Art Centre in Katima Mulilo dokumentiert ihre unverwechselbare Handwerkskunst, die in schönen Keramiken, Holzschnitzereien und Korbwaren ihren Ausdruck findet.

Die »Big Four« (oder auch mehr)

Es ist nicht schwer, sich von der ungeheuren Artenfülle der Tierwelt im Caprivi zu überzeugen. Krokodile, mindestens 60 verschiedene Säugetierarten, einschließlich Flußpferd und Elefant, Büffel, Löwe und Leopard, also vier der »Big Five«, sind fast überall in dem Gebiet anzutreffen, wenn auch manche von ihnen ihre Lieblingsplätzchen besitzen.

In den Papyrussümpfen des Caprivi ist zudem eine der seltensten Antilopen Afrikas zu Hause: die Sitatunga. Diese Sumpfantilope gilt als hervorragende Schwimmerin. Ihre ungewöhnlich flächigen Hufe verhindern das Einsinken im morastigen Untergrund. Manchmal äst sie auch auf festem Land. Hier tut sie sich jedoch mit ihren Hufen sichtlich schwer und kehrt lieber wieder in das gewohnte Wasser oder die sumpfigen Papyrus- und Schilfgebiete zurück. In den Flüssen des Caprivi wimmelt es von Tigerfish. Dieser leckere Fisch zieht Hobbyangler von weither an.

Die Wasserläufe des Caprivi bahnen sich ihren Weg landeinwärts durch Gehölz und dichtes Schilf. Dabei verzweigen sie sich ständig in neue Seitenarme, bis sie schließlich im Sand versickern. Dieser idyllische Abschnitt des Linyanti liegt in der Mahango-Gegend.

Ausflüge

Die Hauptstraße, die den gesamten Caprivi bis nach Katima Mulilo und Botswana durchquert, führt mitten durch den Caprivi Game Park und ist mit normalem Pkw befahrbar. Gleiches gilt auch für die Straße zur Privat-Lodge Lianshulu im Mudumu National Park sowie für die eine Straße im Mahango-Reservat, die an zwei Picknickarealen vorbeiführt und einen Teil der Schwemmlandebene durchquert. Ebenso leicht zu erreichen ist das Popa Falls Rest Camp. Für alle anderen Strecken ist jedoch ein Geländewagen sowie eine ordentliche Portion Abenteuerlust erforderlich.

Unterkunft

Die Privat-Lodge Lianshulu im Mudumu National Park besitzt eine kleine Landebahn und veranstaltet geführte Pirschfahrten, Wanderungen und Bootsausflüge. Mvubu Lodge, ebenfalls im Mudumu National Park, liegt an einer Flußschlinge des Kwando und bietet Zweimannzelte, die um einen zentralen Komplex aus Restaurant, Bar und Eßplatz im Freien angeordnet sind.

Unterkunft findet man auch in der schattigen Impalila Island Lodge (siehe Seite 132) im Mamili National Park oder in der Zambezi Lodge in Katima Mulilo flußabwärts. Bei letzterer handelt es sich um ein komfortables, ja sogar luxuriöses Hotel mit Restaurant, schwimmender Bar, Swimmingpool, Fitneßraum und Golfplatz. Im Mahango Game Reserve selbst gibt es keine Camps. Nahe am Eingang befinden sich jedoch das Popa Falls Rest Camp für Selbstverpfleger und das private Suclabo, ein komfortables Hütten- und Zeltdorf.

Die Kalizo Fishing Lodge am Sambesi, 40 km flußabwärts von Katima Mulilo, wartet mit Chalets am Fluß auf. Im Januar ist die Lodge ganz von Wasser umgeben; Gäste werden per Boot zu den Angelplätzen gebracht.

Subiya-Fischer auf dem Linyanti.

Rosapelikane im Landeanflug inmitten eines Schwarmes Heiliger Ibisse.

BOTSWANA

Botswana ist ein riesiges, dünn besiedeltes, weithin ebenes Land. Ein Großteil seiner Fläche von knapp 600 000 km^2 wird von Kalahari-Sanden bedeckt. Regen ist in diesem flachen Becken ein seltener und unzuverlässiger Gast. Auch um Oberflächenwasser ist es schlecht bestellt. Die rote Dünenlandschaft am Südzipfel ist ein reines Wüstengebiet.

Nur der Ostrand Botswanas mit der Hauptstadt Gaberone und den anderen großen Ortschaften ist infrastrukturell relativ gut erschlossen. Hier lebt denn auch die überwiegende Mehrzahl der Bevölkerung. Der übrige Teil des Landes mit seinen endlosen, oft eintönigen Ebenen im Zentrum und Westen besteht aus spärlich bewachsenen Grassavannen, in denen riesige Rinderherden weiden, sowie aus dornigem Gestrüpp und vereinzelten Akazien. Ganz anders der Nordwestrand Botswanas. Hier ist Wasser gewöhnlich reichlich und teilweise auch ständig vorhanden und die Vegetation wohltuend üppig. Dies ist dem Okavango zu verdanken, der im Hochland des Nachbarlands Angola entspringt, jedoch nicht den Weg zum Meer findet, sondern über den Caprivi in Namibia Richtung Südosten fließt, wo er schließlich in den Sandebenen des Binnenlandes versickert.

Trotz der weiten, ariden, auf den ersten Blick verlassenen Regionen sind in Botswana einige der größten Wildpopulationen Afrikas beheimatet. Besonders hoher Bestände dürfen sich dabei der Chobe-Park (nördliche Flußsysteme) und das Moremi-Reservat (Okavango Delta) rühmen.

Die botswanische Fremdenverkehrspolitik fördert bewußt einen limitierten Tourismus der oberen Preisklasse. Man will damit verhindern, daß der Mensch durch eine zu starke Präsenz das fragile Ökosystem zerstört. Die touristischen Infrastrukturen in den Nationalparks sind in der Regel auf ein Minimum beschränkt. Jedoch findet man bei den privaten Safari-Veranstaltern ein breites Angebot an Ausflügen und Unterkünften. Ihre Hotels, Lodges und Camps sind stets gut eingerichtet und fallen teilweise schon unter die Kategorie »Luxus«. In die entlegeneren Gebiete sollte man sich nur mit Allradwagen begeben, es wird außerdem empfohlen, im Konvoi zu fahren, falls ein Unfall oder eine Panne passieren sollte.

Links: Kinder aus den botswanischen Sumpfgebieten beim Fischfang. Einige Fische sind für den sofortigen Verzehr bestimmt, die meisten werden getrocknet und aufbewahrt.

Oben: Flußpferde stehen tagsüber träge im Wasser, nachts kommen sie zum Grasen ans Land.

Okavango und Moremi

Das große Binnendelta

Fast das gesamte Binnenland besteht aus einer ausgedehnten semiariden, von Kalahari-Sanden bedeckten Ebene mit vereinzelten Grassavannen. Botswana besitzt kaum Oberflächenwasser, und selbst das Grundwasser ist knapp. Am Nordwestrand fließt dagegen der im Hochland Angolas entspringende Okavango, der nicht zum Meer, sondern landeinwärts nach Osten fließt, im namibischen Caprivi (siehe Seite 131) die botswanische Grenze überquert und sich dann in unzählige Kanäle, Lagunen, Inseln, Schilfzonen und Teiche auffächert, die zusammen eine der letzten unberührten Feuchtlandschaften der Welt bilden.

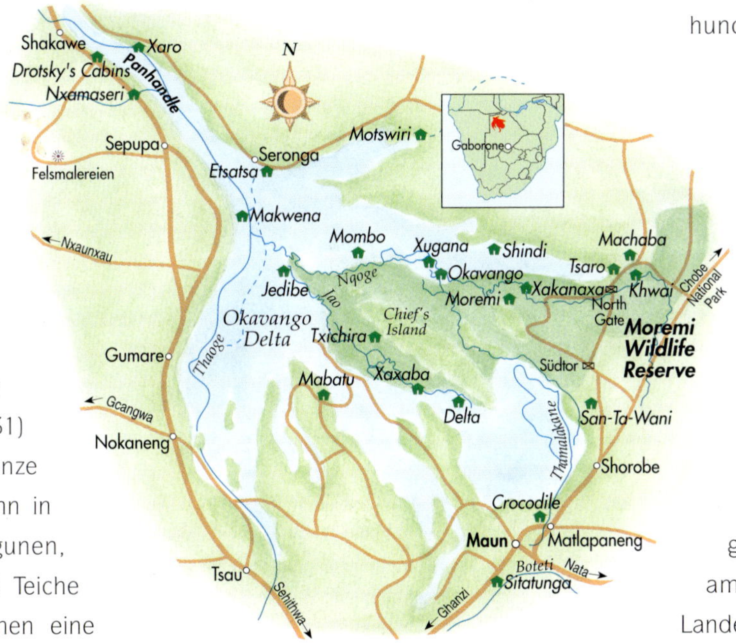

Während der Flutwellen dehnt sich das Delta zu einem seichten, fast 15 000 km² großen trichterförmigen Becken aus, das eine unglaublich reichhaltige Fauna anlockt. Die Flutwellen kommen nach den November-Regenfällen in Angola. Der Fluß steigt langsam an und erreicht seinen Höchststand im Februar oder März. Die fernen Schwemmlandebenen füllen sich weiter auf, bis das Delta im Mai oder Juni seine Südgrenze nahe dem Städtchen Maun erreicht. In Jahren besonders heftiger Regenfälle kann das Wasser sogar bis zum Lake Ngami fließen. Die meiste Zeit ist dieser geheimnisvolle See, der mit den Jahreszeiten kommt und geht und schon die Forscher des 19. Jahrhunderts fasziniert hat, nichts als eine staubige Ebene.

Links: Der Okavango windet sich durch dichte Ufervegetation, bevor er sich in sein riesiges Delta auffächert.

Oben: Zart gefärbte Seerosen zieren Kanäle und Lagunen im Delta.

Der Pfannenstiel

Über einen Hauptkanal der relativ schmalen Flutebene, den sogenannten Pfannenstiel (»Panhandle«), gelangt der Okavango am Nordwestzipfel des Landes nach Botswana. Der klare, tiefe, relativ schnell strömende Dauerwasserfluß durchquert über etwa 100 km dichte Papyrussümpfe. Fischer- und Bauerndörfer säumen vereinzelt das Ufer. Die flußabwärts so zahlreichen und auch recht großen Inseln ähneln hier eher Termitenhügeln und tragen als Vegetation meist nur eine einzige Palme.

Die Touristenaktivitäten im Pfannenstiel konzentrieren sich auf die Wasserwelt. Kanufahrten, Angeln nach dem berühmten Tigerfish und Vogelbeobachtung sind hier angesagt. Über 500 verschiedene Wasservögel wurden im Delta gesichtet, darunter der Schreiseeadler. Sein unverkennbarer Schrei ist frühmorgens und abends zu hören, wenn er über dem Wasser jagt.

Lage: Im Nordwesten Botswanas.

Klima: Trockener Winter; der meiste Regen fällt Dezember–Februar. Im Winter nachts und frühmorgens oft bitterkalt. Unangenehme Stürme im August und September. Im Sommer heiß.

Beste Reisezeit: Beste Wildbeobachtung August–November, wobei es gegen Ende der Saison schon häufig regnen kann. Viele Lodges schließen Dezember–Februar.

Anreise: Die meisten Besucher kommen per Flugzeug in das Delta-Gebiet und fahren dann im Geländewagen und/oder Boot zu ihrem Camp bzw. ihrer Lodge weiter.

Einrichtungen: Große Unterkunftsauswahl. Viele Lodges bieten Swimmingpool, Bar, Restaurant und Safaris. Teilweise Verleih von Anglerausrüstung, Kanus und Booten.

Fauna: Fast alle Großwildtiere: Sitatunga, Rappen- und Pferdeantilope zählen zu den seltenen Arten. Große Population des ansonsten wenig verbreiteten Litschi-Wasserbocks; Flußpferde und Krokodile im Wasser; eine der größten überlebenden Hyänenhundpopulationen Afrikas beim Mombo Camp. Eindrucksvolle Vogelwelt.

Landschaft: Träge Flußläufe und Lagunen; spiegelglatte Seen mit üppiger Ufervegetation, Wäldern und Gehölz, Savannen, Flutebene.

Genehmigungen und Reservierungen: Für das Delta sind keine Genehmigungen erforderlich. Der Eintritt zum Moremi-Reservat ist bei der Ankunft zu entrichten. Unterkunft möglichst frühzeitig buchen, am besten über ein Pauschalangebot von Safari-Veranstaltern.

Hinweis: Malariaprophylaxe; gefährliche Gewässer (Krokodile, Flußpferde, Bilharziose).

Oben: Der »mokoro« ist das ideale Fortbewegungsmittel in den Sümpfen. Ein kundiger Bootsmann sollte jedoch stets dabei sein.

Rechts: Ein Hambukushu-Mädchen zeigt die aus Schilf geflochtenen Fischkörbe ihrer Familie vor.

Unten: Die Dorfbewohner des Deltas haben die Gewohnheiten ihrer Vorväter beibehalten.

Wildbeobachtung gestaltet sich dagegen im »Panhandle« etwas schwieriger, da hier außer Krokodilen, Flußpferden und Nilwaranen verhältnismäßig wenig Großtiere leben und manche wie die Sitatunga und der Litschi-Wasserbock meist sehr scheu sind. Durch die dichte Vegetation, die die einsame Stimmung dieser Region mitträgt und deren Abgeschiedenheit und Unberührtheit unterstreicht, ist zudem das Blickfeld doch recht eingeschränkt.

Haupttransportmittel der Einheimischen ist der »mokoro« (Plural: »mekoro«), der traditionelle Einbaum, der rasch und lautlos durch das Wasser gleitet und sich ideal für dieses weitverzweigte Kanalnetz eignet. Wegen der Flußpferde und Krokodile ist es ratsam, einen Dorfbewohner als Bootsmann und Reiseführer anzuheuern.

Während es sich bei über der Hälfte der »Batswana« um Tswana handelt, die mit den Sotho Lesothos und Südafrikas verwandt sind, gehören die Delta-Bewohner überwiegend zu den Bayei oder Hambukushu. Die Vorfahren der Bayei kamen Ende des 18. Jahrhunderts aus der Sambesi-Region, wo sie vor Krieg und Sklaverei flohen. Sie ließen sich an den seichten Wasserläufen nieder und lebten vom Fleisch und Ertrag der Fische, die sie in ihren Riedfallen und geflochtenen Körben fingen. Die Hambukushu dagegen, die wie die Bayei den Mokoro benutzten (jedoch paddelnd und nicht stakend), waren Ackerbauern und Fischer und benutzten zum Fischfang Netze, die sie in den tieferen Seitenarmen auswarfen. Inzwischen umfaßt die Delta-Bevölkerung auch Flüchtlinge aus den Krisenregionen der modernen Zeit, insbesondere aus dem kriegszerrütteten Angola. Bei Hochzeiten und anderen Festen tragen die meisten Dorfbewohner ihre traditionelle Kleidung – langer ledergegerbter Lendenschurz und aus Sisalhanf geflochtene Perücken, verziert mit Perlen-, Kupfer- und Bronzeapplikationen.

Ein Erlebnis bietet die Nachtpirschfahrt auf dem Wasser, die häufig viel ergiebiger ist als die Tierbeobach-

tungen am Tag. Der Suchscheinwerfer fällt auf schlafende Blauwangenspinter und Eisvögel oder jagende Nachtreiher und Afrikanische Fischeulen. Selbst die tagsüber kaum zu sichtende Sitatunga kommt im Dunkeln ins Freie heraus.

Hauptzentrum des Pfannenstiels ist Shakawe, ein relativ großes Dorf und beliebter Erholungsort aufgrund seiner hervorragenden Angel- und Vogelbeobachtungsmöglichkeiten. Von hier aus kann man auch einen Abstecher zu den Tsodilo Hills unternehmen. Diese rund 400 m hohen Hügel mit ihren Felsvorsprüngen und Höhlen enthalten ungefähr 2500 Buschmann-Felsmalereien.

Das Unterkunftsangebot im Pfannenstiel umfaßt mehrere komfortable und meist schön angelegte Privatcamps und -lodges wie z.B. Drotsky's Cabins (Chalets und Hütten), Xaro Lodge (Zelte), Nxamaseri Lodge (Chalets) und Shakawe Fishing Camp (Zelte, Hütten).

Wasserlandschaft im Okavango Delta

Das Okavango Delta fächert sich in unzählige Kanäle, Lagunen und Seen auf. Flußläufe durchziehen die gras- und waldbewachsenen Flutebenen. Umgeben wird dieses Dauerwassergebiet von den Sandgebieten der nördlichen Kalahari, wo zurückgehende Fluten »Pfannen« (Senken) im Sand hinterließen. Hier trifft man auf niedrige Strauchvegetation und vereinzelte Akazien. Das gesamte Delta mit seiner unberührten Naturschönheit bietet ideale Lebensbedingungen für eine immer noch vielfältige Tierwelt. Durch das weitverzweigte Kanalnetz entsteht eine üppige, farbenprächtige Landschaft mit rund tausend Inseln, die teilweise mehrere Quadratkilometer groß sind, manchmal aber auch mit wenigen Schritten zu überqueren sind. Um diese Inseln herum plätschert das Wasser träge in unzähligen gewundenen Kanälen dahin, ab und zu bildet es einen größeren See. Trotz des dichten Schilfbewuchses ist es bemerkenswert klar.

An den offeneren Stellen bedecken die großen, runden Blätter der Seerosen das spiegelglatte Wasser. Am verbreitetsten ist die Day Lily mit ihren blaupurpurroten und rosa-weißen Blüten.

Im Wasser tummeln sich unter anderem Tigerfish, Brachsen (Weißfischart), Barben und Welse. Die beste Angelzeit liegt zwischen September (bzw. August im

Der schrille Laut des Schreiseeadlers ist in den Sumpfgebieten häufig zu hören.

Flußpferde im Moremi-Reservat. Die schwergewichtigen Tiere gehen normalerweise erst nachts auf Nahrungssuche.

Elefanten im Moremi-Reservat. Trotz ihrer Körpermasse können diese Riesen erstaunlich schnell rennen.

Rechts: Eine Löwin bringt behutsam ihr zwei Monate altes Junges in Sicherheit.

Das Warzenschwein setzt sich zuerst mit seinem Hinterteil ab. Die bedrohlichen Fangzähne sollen Angreifer abschrecken.

Pfannenstiel) bis Februar. Ausrüstung kann vor Ort geliehen werden. Eine Genehmigung ist nur für die Fische innerhalb eines ausgewiesenen Reservats erforderlich, wobei es im Delta bislang noch kaum offizielle Schutzgebiete gibt. Die jährliche Barbenwanderung beginnt im September, wenn die Fische die seichten und austrocknenden Seitenarme verlassen, um in die größeren Kanäle und Seen zu ziehen. Die dichten Schwärme des räuberischen Fisches locken Scharen von Vögeln an wie z.B. Eisvögel, Störche, Schlangenhalsvögel und Kormorane. Krokodile lassen sich diesen wandernden Festschmaus ebenfalls nicht entgehen.

Bäume

Vertreter der Akazien, die wir eigentlich eher von den Trockengebieten kennen, wachsen auch in diesem Sumpfland, hauptsächlich als Umbrella Thorn, Knobthorn, Kameldorn und Blackthorn. Letztere zwei werden von den Wildtieren wegen ihrer Hülsenfrüchte geschätzt.

Ein weiteres Mitglied dieser Baumfamilie ist die Water Acacia, die im August und September goldgelbe Blütenbällchen bildet. In den trockeneren Gebieten ist sie ein Hinweis auf vorhandenes Grundwasser. Dann gibt es auch noch den Leberwurstbaum mit großen, manchmal bis zu 10 kg schweren wurstförmigen Früchten, die zwischen Dezember und Juni reifen. Sie sind weder besonders schmack- noch nahrhaft, werden aber als Heilmittel verwendet. Einheimische hängen sie gern in ihren Häusern auf, weil sie angeblich Wirbelstürme fernhalten. Palmen, vorwiegend die Gattungen *Phoenix* und *Hyphaene,* verleihen dem Gebiet ein ausgesprochen tropisches Flair.

Großtiere

Zahlenmäßig am stärksten vertreten ist der Büffel, dem man bisweilen in Herden von bis zu tausend Tieren begegnet. Weitere Grasfresser wie Impala, Elenantilope, Kudu, Gnu und Rappenantilope sind im gesamten Deltagebiet anzutreffen, während Sitatunga und Litschi-Wasserbock nur in den Sumpfgebieten vorkommen. Beide Sumpfantilopen haben speziell angepaßte Hufe, um im Morast nicht einzusinken, und beide sind ausgezeichnete Schwimmer.

Von den Raubtieren sind Löwen, Leoparden, Geparden und Hyänenhunde zu sichten. Letztere zählen zu den gefährdetsten Säugern Afrikas. Sie jagen in Rudeln frühmorgens oder abends. Bemerkenswert ist ihre perfekt aufeinander abgestimmte Teamarbeit. Ist die Beute geschlagen, dürfen zuerst die Jungtiere ihren Hunger stillen, was im Reich der Tiere äußerst ungewöhnlich ist.

Vögel

Im Sommer (Oktober bis Februar) tummeln sich die meisten Vögel im Delta. Besonders rege geht es dabei im

Litschi-Antilope/Lechwe. Nur der Bock dieser Sumpfantilope trägt ein dekoratives Geweih.

Gebiet des Pfannenstiels und im Moremi Wildlife Reserve im Nordosten zu. Mit etwas Geduld, Geschick und einem Quentchen Glück werden Hobby-Ornithologen reich beschert.

Besonders auffällig ist der Glockenreiher mit seiner »Baldachin-Stellung«. Wenn er im Wasser nach Beute äugt, breitet er, vermutlich aufgrund der Spiegelung, seine Flügel schirmartig über dem Kopf aus. Am kuriosesten ist der Anblick, wenn gleich ein ganzer Schwarm diese Haltung einnimmt. Ein entfernter Verwandter ist der Blaukehlreiher, der dem Glockenreiher in vielem ähnelt, nur nicht in seiner Jagdtechnik.

Moremi Wildlife Reserve

Das 1800 km² große Moremi-Schutzgebiet nimmt den Nordostteil des Deltas ein. Dieses Stück unberührtes Afrika ist eine Hommage an die Gründer des Reservats. Als in den 1950er Jahren Jäger immer skrupelloser die wertvollen Wildbestände dezimierten, machten sich die ansässigen Tswana zusehends Sorgen um die Zukunft ihrer Heimat. Und so verließen sie freiwillig das Gebiet, um einem offiziell ausgewiesenen Wildreservat Platz zu machen. Das Reservat wurde nach ihrem verstorbenen Stammesführer, Moremi III., benannt. Dazu gehört auch Chief's Island, ein ausgedehntes (100 x 15 km) Gras- und Waldland, das etwa ein Drittel des Reservats einnimmt und von zwei der größten Wasserläufe der Region, dem Boro und Santantadibe, umspült wird. Hier handelt es sich noch um reine Wildnis, in die der Mensch nur unter strenger Kontrolle Einlaß erhält. Das Zeltcamp Mombo am Nordzipfel der Insel ist bekannt für seine herumstreifenden Rudel von Hyänenhunden. Außerdem sind dort Elefanten, Giraffen, Büffel, Tsessebes (Buntböcke), Kudus, Warzenschweine und Paviane zu sichten. Eine reichhaltige Vogelwelt vervollständigt die Fauna.

Kraftfahrzeuge sind auf Chief's Island nicht zugelassen. Ein Großteil der Moremi-Gegend ist ohnehin, trotz einiger bestehender Straßen im Osten, kaum passierbar, so daß die meisten Besucher per Flugzeug kommen.

Im Moremi-Reservat sind alle Habitate des Okavango Deltas vertreten. Auch das weitflächige Gebiet um die Xakanaxa Lagoon gehört dazu. Mit seinen vier Lodges,

Burchell-Zebra, eine Unterart des Steppenzebras, an einer Wasserstelle im wildreichen Moremi-Reservat.

Gemeinschaftsnest der Karminspinte. Bis zu 5000 Nestlinge werden hier versorgt.

Der in den Sümpfen lebende Hammerkopf mit seinem schaurigen Schrei gilt bei einigen afrikanischen Stämmen als Todesbote.

einem Campingplatz sowie Pirsch- und Flußaktivitäten ist es touristisch etwas erschlossener. Zudem liegt es oberhalb der Überflutungsebene, so daß es nie Gefahr läuft, im Wasser zu versinken. Diese Tatsache wissen denn auch zahlreiche Grasfresser zu schätzen. Herden von Zebras und Elefanten bevölkern beispielsweise die Mopanewälder im Osten, dem Übergangsgebiet zum Chobe-Park im Norden. Die Campingplätze inner- bzw. außerhalb des Moremi-Gebiets werden vom Botswana Department of Wildlife and National Parks verwaltet, während Lodges mit Zeltcamps und schilfgedeckten Chalets in privater Hand liegen. Die Fremdenverkehrspolitik der Regierung Botswanas fördert bewußt einen limitierten Tourismus der oberen Preiskategorie, um die fragilen Ökosysteme des Landes zu schützen. Für den Rucksacktouristen eignen sich Moremi und auch die anderen botswanischen Naturschutzgebiete folglich kaum.

Ausflüge

Das Okavango Delta ist nach wie vor eine relativ unberührte Wildnis. Es gibt nur wenige Straßen, und das labyrinthähnliche Flußsystem schreckt den Individualtouristen eher ab. Zudem ändert es sich mit den Jahreszeiten, die Flußläufe suchen sich neue Wege, so daß das Delta kartographisch nicht detailgetreu erfaßt werden kann.

Eine allumfassende Erkundung dieser weitläufigen Landschaft übersteigt schlicht die organisatorische wie auch finanzielle Kapazität des Durchschnitts-Individualreisenden. So buchen die meisten Besucher Pauschalprogramme über einen Safari-Veranstalter und kommen im Flugzeug an. Viele Lodges verfügen über eine eigene Landebahn. Wollen Sie dennoch auf eigene Faust losziehen, brauchen Sie einen Geländewagen und viel Zuversicht in Ihr Orientierungsvermögen, da die unmarkierten Straßen häufig nicht als solche zu erkennen sind. Unterwegs stellen sich einem Hindernisse wie tiefe Sandfelder und entwurzelte Bäume – das Werk von Elefanten auf Nahrungssuche – entgegen, die es zu überwinden gilt. Die Strecken innerhalb des eigentlichen Deltas sind auf die Randgebiete im Osten und Süden beschränkt. Fahrzeuge können in mehreren Ortschaften gemietet werden; die nächstgelegene ist Maun.

Die erholsamste Art des Reisens bietet natürlich der Einbaum (»mokoro«), den ein kundiger Bootsmann lautlos und scheinbar mühelos durch das verzweigte Flußnetz stakt. Der traditionelle Einbaum, in dem drei bis fünf Leute Platz haben, wird mit einem Breitbeil aus dem Stamm eines Hartholzbaumes wie z.B. dem »kiaat« geschnitzt. Die Dorfbewohner wurden jedoch angeregt, zum Schutz der Wälder »umweltfreundlicheres« Material zu verwenden, so daß die modernen Einbäume meist aus glasfaserverstärktem Kunststoff bestehen. Alle am Wasser liegenden Camps und Lodges bieten geführte Einbaum- und Motorbootausflüge an. Doch wie gesagt, versuchen Sie lieber nicht, auf eigene Faust loszuziehen oder einen festen Zeitplan einzuhalten. Die Kanäle kommen und gehen je nach Wasserpegel, und wenn es möglich ist, mit dem Boot von Maun nach Shakawe zu fahren, so braucht man dafür unbedingt einen kundigen Bootsmann, eine gehörige Portion Abenteuerlust und praktisch unbegrenzt Zeit.

»Mobile safaris« beinhalten Unterkunft, Verpflegung und Reisen in Kategorien von »Economy« bis zu »Exclusive«. Das Hauptmerkmal einer »mobile safari« ist ihre Flexibilität, die gerade bei Pirschtouren nützlich, wenn nicht wesentlich ist. Der Economy-Tourist muß mit in der Tat sparsamem bis mangelndem Komfort vorlieb nehmen und sich teilweise um seine Verpflegung selbst kümmern. In der Exclusive-Kategorie ist dagegen für alles gesorgt, von Zelten bis hin zu kühlen Getränken, und alles in gehobenem Standard.

Eine einzigartige, wenngleich ziemlich teure Alternative ist die fünftägige Elefantensafari auf dem Rücken afrikanischer Dickhäuter, die nach ihrem Arbeitsleben in amerikanischen Zirkussen wieder in ihre Heimat gebracht wurden. Abgesehen von dem Reiz des Neuen bieten diese Safaris den großen Vorteil, daß die Wildtiere von den sanftmütigen Riesen einschließlich Reitern kaum Notiz nehmen, und man sie somit wirklich aus allernächster Nähe erlebt. Die Elefantensafaris starten beim Abu's Camp am Xhenega im Südwestteil des Okavango Deltas.

Angeboten werden außerdem vier- bis zwölftägige Pferdesafaris. Sie führen hauptsächlich durch das zentrale Okavango-Gebiet. Auch sie ermöglichen hautnahe Begegnungen mit dem »echten« Afrika, eignen sich jedoch nur für gute Reiter.

Besucher, die aus ganz bestimmten Beweggründen nach Botswana reisen – Umweltstudie, Angeln, Vogelbeobachtung, Filmaufnahmen oder Fotografieren – können sich Touren unter der Leitung von Experten anschließen.

Abgesehen von Chief's Island sind im Okavango Delta und generell in den botswanischen Nationalparks keine Wanderungen auf eigene Faust möglich. Geführte Touren gehören dagegen zum Standardprogramm des Einbaum-Ausfluges. Außerdem organisieren viele Privat-Lodges Pirschwanderungen.

Unterkunft

Allgemeiner Anlaufpunkt ist die kleine, aber rasch expandierende Ortschaft Maun am Südostrand des Deltas. Von Gaborone führt eine Asphaltstraße über Francistown dorthin. Im Ort wie auch im Umland stehen mehrere Hotels und Lodges (mit Hütten und Zeltplätzen) zur Verfügung. Im Delta selbst gibt es rund 50 Lodges und Camps. Im Pfannenstiel liegt der Schwerpunkt auf Wasseraktivitäten und Vogelbeobachtung. Die einladend gestalteten Unterkünfte reichen von Zeltcamps über Strohhütten bis hin zu strohgedeckten Steinhütten. Lassen Sie sich vom schnöden Begriff Zeltcamp nicht täuschen. Oft handelt es sich um luxuriöse Unterkünfte mit komfortabler Einrichtung, Teppich, fließendem Kalt- und Warmwasser und Wasserklosett. Jedes Camp hat seinen eigenen Reiz, allen ist jedoch eine wunderschöne Lage gemeinsam. Manche besitzen zudem eine erhöhte Cocktailbar oder Aussichtsterrasse mit Blick auf den Fluß oder die Flutebene.

Oben: Die Seerosen wurzeln im Schlamm stiller Gewässer, während die Blätter den See bedecken.

Unten: Flink und stets wachsam: ein Hyänenhund beobachtet seine Umgebung von einem Termitenhügel aus.

Chobe National Park

Abwechslungsreiche Lebensräume

Die riesige artenreiche Wildnis im äußersten Norden Botswanas gilt als eines der schönsten Naturschutzgebiete Afrikas. Sie besitzt alles, was das Herz eines Ökotouristen begehrt, und noch mehr: Die Flußläufe und ihre Flutebenen sind ein Spiegelbild der Okavango-Sumpflandschaft (siehe Seite 137): im Süden weite, sanft gewellte Grassavannen und Mopanewälder und dahinter die eintönige flache Halbwüste Kalahari mit vereinzelten Pfannen. Sogar der Grund eines fossilen Sees ist in der riesigen Mababe Depression zu erkennen.

Zusammen mit den wasserreichen nördlichen Gebieten schafft diese Naturwildnis eine einzigartige Fülle unterschiedlichster Habitate, in denen die für den Chobe-Park so berühmten Elefanten, Büffel und Antilopen sowie ihre natürlichen Feinde – Löwe, Leopard, Gepard, Hyänenhund und Hyäne – ihre spezifischen Lebensräume gefunden haben. Die Nordgrenze des Nationalparks bilden die Flüsse Linyanti und Chobe. Genauer gesagt sind dies verschiedene Abschnitte eines einzigen Wasserlaufs, der sich seinen Weg Richtung Osten bahnt, bis er bei Kasane (Verwaltungssitz der Parkbehörde), im Vierländereck von Sambia, Namibia, Simbabwe und Botswana, mit dem mächtigen Sambesi zusammenfließt. Folgt man dem Sambesi flußabwärts, so gelangt man bereits nach einer Stunde Fahrt zu einem der beeindruckendsten Naturschauspiele ganz Afrikas, den Victoria Falls. Die Straße dorthin ist mit einem normalen Pkw zu befahren.

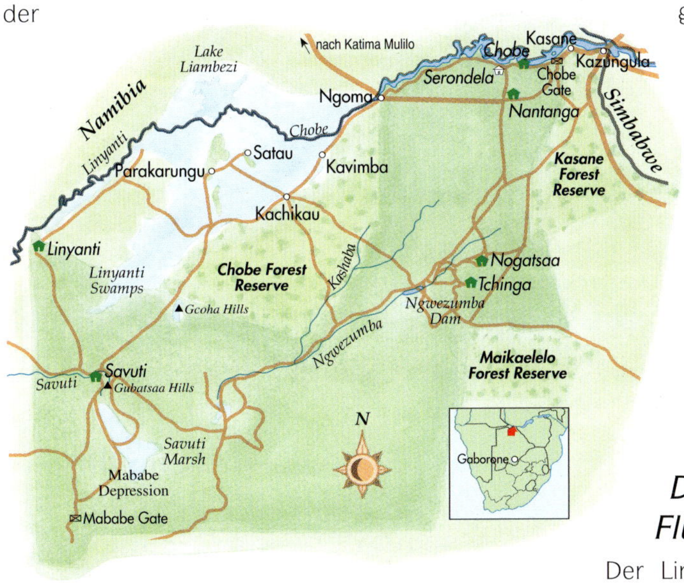

Die nördlichen Flüsse

Der Linyanti fächert sich in träge dahinplätschernde Seitenarme auf, die gegenüber den Okavango-Sümpfen im Süden eine zwar kleinere, dafür aber nicht minder faszinierende Sumpflandschaft bilden. Die Überflutungsebenen wie auch Flußufer locken Herden von Wildtieren an. Die Fauna ist reich, vielfältig und teilweise ungewöhnlich. Wohl am auffälligsten sind der Chobe-Buschbock, eine nur in dieser Ecke Afrikas vorkommende Unterart des Buschbocks, ein anderer der Litschi-Wasserbock, eine ebenfalls seltene Sumpfantilope, die sich nie weit vom Wasser wegwagt, sowie der noch seltenere Puku (Wasserbock), der ebenfalls endemisch ist. Er ist mit einer Schulterhöhe etwa 0,8 m etwas kleiner als der Litschi-Wasserbock, und nur die Böcke tragen das kleine, leierförmige Geweih. Er bevorzugt offenes Gras nahe am Wasser und fühlt sich im offenen Gelände

Links oben: White-faced Duck im Flug. Die geselligen Vögel sieht man oft durch seichtes Wasser waten.

Links unten: Ein Puku (Wasserbock), eine der selteneren Antilopen Afrikas, am Südrand des Chobe-Nationalparks.

Rechts oben: Ein Löwe im Chobe-Park sucht eine Partnerin.

Lage: Nordwestrand Botswanas.

Klima: Mai–Oktober sind die Trockenmonate, in denen es vor allem im Savuti-Gebiet nachts bitterkalt werden kann. Im September und November (kurz vor der Regenzeit) ist es sehr heiß.

Beste Reisezeit: Der Park ist ganzjährig geöffnet. Einige Lodges sind jedoch Dezember–Februar geschlossen. Beste Wildbeobachtung August–November.

Anreise: Kasane ist in einer guten Autostunde von den Victoria Falls (Simbabwe) sowie von Livingstone (Sambia) zu erreichen. Die Sandpiste von Maun eignet sich nur für Allradwagen (in der Regenzeit ist sie gesperrt).

Einrichtungen: Benzin und Geschäfte in Kasane; Geschäfte in Kachikau und Kavimba im Süden; Hotels und Lodges bieten sämtlich modernen Komfort, Einrichtungen und Optionen wie z.B. Bootsverleih und/oder Bootssafaris; Swimmingpool, Bar und Restaurant.

Fauna: Im Winter riesige Elefanten- und Büffelherden bei Savuti. Besonders beeindruckend sind die Löwen und anderen natürlichen Feinde der zahlreich vertretenen Antilopen. Bunte, artenreiche Vogelwelt in den nördlichen Sümpfen.

Genehmigungen und Reservierungen: Eine Eintrittsgebühr ist bei Ankunft am Parktor zu entrichten. Für die staatlichen Campingplätze ist keine Reservierung erforderlich, so daß sie eventuell recht voll sind. Am besten schon zu Hause eine Pauschalreise bei einem seriösen Safari-Veranstalter buchen.

Hinweis: Malariaprophylaxe; Lebensmittel sicher vor diebischen Affen, Pavianen und Hyänen verstauen.

Ein Fischer legt seine Netze im Fluß aus.

Den Elefanten macht ihr Bad sichtlich Spaß.

unwohl. Die Puku-Kühe sind bekannterweise recht nachlässige Mütter, was andererseits zur Folge hat, daß die Jungen bereits sehr früh selbständig werden. Im Norden des Chobe-Parks bilden Lechwe Flats und Puku Flats eine 35 km lange Wasserfront, die von holprigen Schotterpisten, die häufig kaum mehr als schlammige Wege sind, durchquert wird. Wer jedoch Wild beobachten oder einfach nur diesen dichten, dunkelgrünen Feuchtwald erkunden möchte, wird für seine Mühe reich belohnt. Die meisten Tiere kommen gegen Mitte des Nachmittags zum Trinken ans Wasser. In den Wintermonaten sieht man hier bis zu 300 Elefanten. Insgesamt leben im Park ungefähr 35 000 Dickhäuter, mehr als in jedem anderen Wildschutzgebiet Afrikas. Des weiteren sichtet man Büffel, Zebras, Rappen- und Pferdeantilopen, Buschböcke sowie die auf den ersten Blick

plump wirkenden, jedoch tatsächlich zu den flinksten Antilopen zählenden Tsessebes (Buntböcke).

Das Sumpfland des Linyanti, flußaufwärts von Ngoma, zeigt sich zur Flutzeit in seinem prächtigsten Gewand. In dieser Zeit ist auch seine Ähnlichkeit mit dem Okavango Delta am frappierendsten. Die Kanäle sind dicht von Papyrusstauden und wilden Dattelpalmen gesäumt. Riesige Würgerfeigen ragen am Ufer empor, und Wälder von Mopanebäumen, Akazien und Kiaat erstrecken sich bis zum Horizont. Im Wasser leben unter anderem Flußpferde, Krokodile, Brachsen, Barben und der bei Hobbyanglern sehr begehrte Tigerfish.

Fluß und Sümpfe beherbergen auch eine reiche Vogelwelt. Zu den rund 560 Vogelarten im Park zählen die oft scharenweise auftretenden Rosapelikane, die mit ihren 3 m Flügespannweite scheinbar mühelos in einer

Die Impalas auf den offenen Ebenen bei Savuti scheinen Gefahr zu wittern.

Büffel sind sehr gesellig. Man trifft sie im Chobe-Park oft in Herden von mehreren hundert Tieren an.

Oben: Die Schilfufer des Linyanti bieten Sumpfantilopen und zahlreichen Vögeln einen sicheren Unterschlupf.

abgerissenen V-Formation durch die Luft gleiten. Farbenprächtige kleine Karminspinte haben es sich zur Gewohnheit gemacht, auf dem Rücken der stattlichen, flugunfähigen Riesentrappe zu reiten. Diese stolzieren am Boden umher, um nach Nahrung zu picken, und schrecken dabei Insekten auf, die den kleinen Reitern buchstäblich in den geöffneten Schnabel fliegen. Die Bienenfresser im Chobe-Park verhalten sich auch insofern ungewöhnlich, als sie ihre Eier am Boden und nicht wie sonst in tunnelförmige Löcher in Sandbänken ablegen.

Südlich von Savuti

Die Mababe Depression war einst ein See. Doch der Savuti, der diesen See mit dem Wasser des 50 km weiter nordwestlich fließenden Linyanti speiste, versiegte im Laufe der Zeit. Gelegentlich bildet sich noch einmal ein kleines Rinnsal, und manchmal findet auch das überschüssige Wasser vom Okavango Delta seinen Weg bis weit in den Süden zur Savuti Marsh. Der Name ist übrigens etwas irreführend, denn mit einem Sumpf hat diese weite, trockene, baumlose Grassavanne nichts zu tun. Ihre ausgetrockneten, staubigen Pfannen füllen sich erst wieder mit den ersten Regenfällen im November mit Leben.

Regen und nährstoffreiches Gras locken Elefanten, Büffel, Giraffen, Gnus, Antilopen und riesige Herden von Zebras an. Sie wandern von den nördlichen Flüssen zum Savuti, grasen dort einige Wochen und ziehen dann weiter zur Mababe Depression. In Gemeinschaft mit diesen Pflanzenfressern leben Raubtiere und Aasfresser. Savuti ist in erster Linie für seine Löwen bekannt. Diese sind zahlreich vertreten, gut genährt und in den Morgenstunden am aktivsten. In den Winter- und Frühlingsmonaten lassen sie sich besonders gut beobachten. Dann sind nämlich die Pfannen ausgetrocknet, so daß die Tiere sich an den wenigen künstlichen Wasserstellen versammeln und den Löwen dadurch das Jagen leicht machen.

Der Bushmann Hill ist außer den Camps und Ufer-Lodges einer der wenigen Plätze im Chobe-Park, an denen man das Auto stehenlassen kann. Steigen Sie den Hügel hoch, Sie entdecken dort einige der schönsten Beispiele prähistorischer Felsmalerei. Die Felsbilder sind bis zu 4000 Jahre alt und belegen, daß schon damals Elefanten, Giraffen, Flußpfer-

Rechts: Der Nilwaran mit seiner auffälligen Körperzeichnung ist ein hervorragender Schwimmer wie auch Kletterer.

de, Puffottern , Elen- und Rappenantilopen hier lebten.

Ausflüge

Der Chobe-Park ist mit Allradwagen zu erkunden. Nur die Hauptstraße von Kasane nach Savuti ist mit normalem Pkw befahrbar. Die meisten Besucher kommen mit einer Reisegruppe per Flugzeug.

Unterkunft

Das Botswana Department of Wildlife and National Parks betreibt fünf Campingplätze: Serondela, Linyanti, Savuti, Tshinga und Nogotsaa. Die Plätze sind hübsch gelegen, jedoch spartanisch ausgerüstet. Meist beschränkt sich der Komfort auf Duschen und Toiletten. Diese Plätze sind nicht zu verwechseln mit den privat geführten Camps, die komplett ausgestattete, komfortable Zelte oder schilfgedeckte Hütten anbieten. Die Lodges und vier oder fünf Hotels, die es hier gibt, bestechen durch ihre schöne Lage und eine meist luxuriöse Ausstattung.

Eine Buschbock-Kuh. Diese scheue Antilope bevorzugt dichte Ufervegetation.

King's Pool im Linyanti: ein beliebter Badeort der Flußpferde.

Die Wüstenparks

Die unendlichen Weiten der Kalahari

Wer zum ersten Mal das vegetationsreiche Okavango Delta sieht, wird überrascht sein zu erfahren, daß Botswana zu über 80 % aus einer flachen ariden Ebene besteht, in der Sandverwehungen über Jahrtausende hinweg ein riesiges, durch Verwerfungen entstandenes Becken aufgefüllt haben.

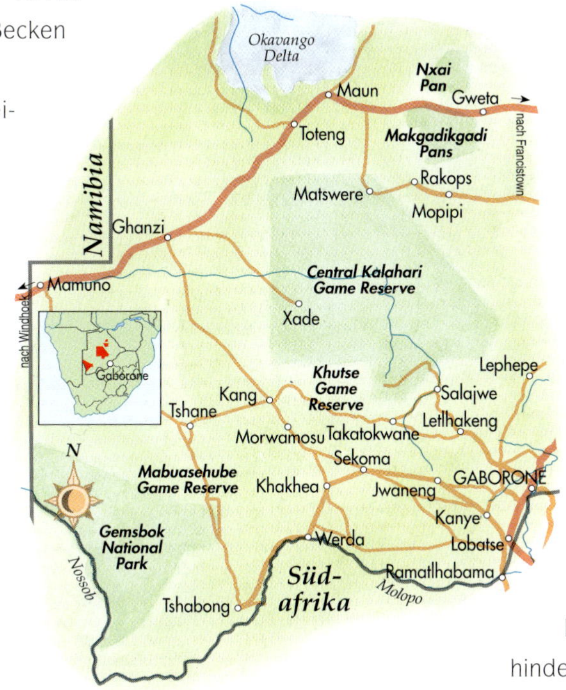

Kalahari, eine Ableitung von »kgalagadi« (»großer Durst« oder »austrocknen«), ist ein passender Name für diese trokkene Gegend, die außer dem nördlichen Flußsystem praktisch keinerlei Oberflächenwasser besitzt. Doch um sie als echte Wüste einzustufen, gibt es eigentlich zu viel Vegetation und Regen. Auch die Fauna paßt nicht ins Bild. Die Kalahari ist vielmehr eines der letzten klassischen Wildnisgebiete Afrikas, ein Stück Land, in dem das Großwild frei über weite Flächen unberührter Natur wandern kann.

Links oben: Hohe Palmen spenden einer Buschmann-Behausung bei Makgadikgadi etwas Schatten.

Links unten: Mit Vierrädern durch die Wüste – ein Erlebnis ganz besonderer Art.

Rechts oben: Kleines Buschmann-Mädchen. Die Kalahari zählt zu den letzten Refugien dieses Stammes.

Gemsbok National Park

In der südöstlichen Kalahari gibt es zwei Gemsbok-Nationalparks: einen in Südafrika (siehe Seite 99) und einen in Botswana. Letzterer, eine 26 000 km² große Fläche, wird von seinem kleineren südlichen Pendant durch das ausgetrocknete Flußbett des Nossob getrennt, wobei die ohnehin nicht durch Zäune gesicherte Grenze praktisch bedeutungslos ist: Zwei Abschnitte sollen nämlich künftig als erster staatenübergreifender National- oder Friedenspark (»Peace Park«) des Kontinents verwaltet werden.

Der rote, bis zum Horizont reichende Sand und die öde Landschaft vermitteln den Eindruck von Verlassenheit. Doch dieser Schein trügt. Hier wimmelt es nur so von Leben, einem Leben zwischen zwei Staaten, ungehindert und in ständiger Bewegung.

Die kurzen Gräser an den Flußbetten und trokkeneren Pfannen locken Springböcke an. Oryxantilopen zieht es zu den höheren Gräsern, die nach den Regenfällen am Fluß wachsen. Kuhantilopen bevorzugen die etwas bewachseneren Gebiete im Norden. Jede dieser Tierarten hat ihre eigenen Vorlieben. Doch wenn die Nahrung am Flußbett knapper wird, verteilen sie sich alle zwischen den Dünen, gefolgt von ihren natürlichen Feinden – Löwe, Gepard, Leopard und Tüpfelhyäne.

Schabrackenhyäne, Kapfuchs, drei Mungoarten, Honigdachs, auch Ratel genannt, Erdwolf und Nubische Falbkatze haben den Park zu ihrer Heimat auserkoren. Gelegentlich trifft man auf das Schuppentier. Bei Gefahr

Lage: Auf einer Nordost-Südwest-Achse; das Central Kalahari Game Reserve liegt mitten im Land.

Klima: Regenzeit Oktober–März. Im Sommer ist es sehr heiß, nachts jedoch überraschend kühl. Im Winter ist es tagsüber angenehm warm, nachts allerdings bitterkalt.

Beste Reisezeit: Beste Wildbeobachtung während der Trockenzeit.

Anreise: Die Straßen sind holprig. Der asphaltierte Highway durch die Kalahari ist zwar inzwischen fertiggestellt, aber für die Fahrten in den Wüstenparks ist Allradantrieb erforderlich. Air Botswana fliegt Gaborone und fünf weitere regionale Flughäfen an. Kleinere Fluglinien sowie Chartergesellschaften bedienen andere Orte. Die meisten Besucher buchen Fly-in-Safaris.

Einrichtungen: Nur wenige und sehr einfache. Sie beschränken sich auf einige Landebahnen und Dorfläden. Wasser kann in den Camps bzw. generell in den Parks selten nachgefüllt werden. Nehmen Sie also immer einen eigenen Wasservorrat mit. Beim Kochen (mit Gas oder Holz) sind Sie ganz auf sich gestellt. Gleiches gilt auch für die Fahrzeugausrüstung (Ersatzteile, Reservereifen, Benzin und Zubehör).

Fauna: In Botswana ist fast das gesamte Großwild vertreten (bis auf das Nashorn). Die Regierung sorgt für den Naturschutz durch gezielte Fremdenverkehrspolitik (kein Massentourismus, relativ hohe Preise).

Genehmigungen und Reservierungen: Eine Genehmigung erhält man an der Parkeinfahrt. Auskünfte erteilt das Department of Wildlife and National Parks (siehe Seite 174).

Hinweis: Auf offene Flächen vorsichtig zufahren. Für volle Autonomie in der Ausrüstung sorgen.

Die an ihren mächtigen Stämmen leicht erkennbaren Affenbrotbäume (Baobabs).

Der Blaßuhu, die größte Eule des südlichen Afrikas.

rollt es sich schnell zu einem festen Ball zusammen; der Kopf liegt dabei geschützt unter dem breiten Schwanz. 265 verschiedene Vogelarten sind vertreten, darunter auch mehrere Greifvögel sowie die geselligen Webervögel.

Die meisten Besucher dieses Parks reisen aus Südafrika über Twee Rivieren an. Das weiter östlich gelegene Dorf Tshabong auf der botswanischen Seite ist noch mit normalem Pkw zu erreichen. Dahinter geht es jedoch nur noch mit Allradwagen weiter.

Central Kalahari Game Reserve

Mit einer Fläche von 51 800 km² ist diese abweisende, wasserlose, jedoch atemberaubend schöne Wüstenlandschaft das zweitgrößte Naturschutzgebiet der Welt. Hier hat eine beachtliche, jedoch leider abnehmende Zahl von Pflanzenfressern und ihnen nachstellenden Raubtieren einen sicheren Unterschlupf gefunden. Für die meisten Besucher ist das Reservat eine Etappe auf ihrer mobilen Safari. Neben dem Camp an der Deception Pan befindet sich eine kleine Landebahn. In unmittelbarer Nähe sind mehrere Wildtierarten zu sichten, außerdem werden Pirschfahrten zu anderen Trockenebenen angeboten. Central Kalahari ist ein Schutzgebiet für wandernde Herden, in erster Linie Springböcke, Zebras, Gnus, Kuh- und Elenantilopen. Außerdem dient es als letztes natürliches Refugium für die Buschmänner (San). Doch auch die San werden in diesem Gebiet immer weniger, da die Schutzzäune, die man jetzt errichtet, eine ernsthafte Bedrohung für ihre Lebensweise und die von ihnen gejagten Tiere darstellen. Diese Zäune sollen zwar in erster Linie dazu dienen, die Ausbreitung von Tierseuchen zu verhindern und nicht die Tiere einzusperren, doch die Folgen für die Fauna sind teilweise verheerend. So verendeten in den 1980er Jahren während einer Dürre eine halbe Million Gnus, Kuhantilopen und Zebras, weil sie nicht auf andere Gebiete ausweichen konnten. Im Park gibt es bislang noch keine offiziell ausgewiesenen Campingplätze. Wildes Campen an geeigneten Plätzen ist jedoch erlaubt.

Makgadikgadi und Nxai

Die mittlerweile durchgängig asphaltierte Straße zwischen Maun und Francistown verläuft durch die großen Pfannen von Sowa und Ntwetwe, die zusammen das Makgadikgadi-Becken bilden: weite, flache, ausgetrocknete Senken mit flimmerndweißen, salzverkrusteten Oberflächen. Ab und zu füllen sie sich jedoch mit etwas Wasser. Am Westrand erstrecken sich die Nationalparks Makgadikgadi und Nxai, die als ein einziges Naturschutzgebiet geführt und verwaltet werden. Die Ebenen sind übrigens doch nicht so flach wie sie erscheinen: Wenn es regnet, füllen sich unzählige kleine Stellen in unmerklich tiefer liegendem Boden ein paar Zentimeter mit Wasser und locken im Handumdrehen Zehntausende von Wasservögeln wie Pelikane und Flamingos an.

Die Fahrt zu diesen flimmernden Pfannen wird Ihnen vor Augen führen, wie sehr Sie von Ihrem Allradwagen abhängig sind, um je wieder Wasser zu erreichen. Wer zum ersten Mal die Isolation und Einsamkeit dieser Landschaft erlebt, spürt sicher Unbehagen, ja Angst. Doch die Spuren von Zebras, Oryx- und Kuhantilopen im Sand flößen wieder Vertrauen ein, ist man in dieser Umgebung doch nicht allein. Kudus, Gnus und andere Antilopenarten sowie Giraffen, Löwen, Geparden, Hyänen und Schakale lassen sich unterwegs blicken. Im Norden lebt sogar eine kleine Elefantenherde. Die Mischung aus Feuchtgebiet und Trockensavanne läßt die Pfannen im Sommer zu einem Tummelplatz der Vogelwelt werden: Kraniche, Störche, Fischadler, Wildgänse, Krickenten und zahlreiche Watvögel geben ihr Stelldichein. Strauße und Korhaan stolzieren über die dazwischen liegenden Ebenen.

Den Besuchern stehen im Parkteil Makgadikgadi zwei öffentliche Campingplätze zur Auswahl: Kumaga und Njuca Hills. Beide bieten jedoch nur ein Minimum an Komfort; in Njuca muß man sogar eigenes Brennholz mitbringen. Mit South Camp und North Camp sind in Nxai zwei weitere einfache Campingplätze vorhanden. Komfortable Unterkunft findet man dagegen in den Dörfern Gweta und Nata, die sich außerdem gut für Abstecher in die Umgebung eignen.

Diese ausgetrocknete Pfanne in der Gegend von Nxai wird ab und zu von einer dünnen Schicht kostbaren Wassers überzogen.

Ausflüge

Die meisten Besucher der Wüstenparks haben eine Fly-in-Safari gebucht. Sie werden gleich an der Landebahn von Mitarbeitern des Veranstalters in Empfang genommen. Eine tapfere Minderheit nimmt jedoch die Strapazen einer Fahrt über den Landweg auf sich. Die Liste der erforderlichen Mindest-Grundausstattung ist lang. Allein für das Fahrzeug sind ein kompletter Werkzeugsatz, Reifen und Wagenheber, Motor- und Elektrikersatzteile, Keilriemen, Sandmatten, Spaten, Abschleppseil, Reservekanister und Ersatzstoßdämpfer mitzuführen. Auch wenn Sie sich selbst nicht alles zutrauen, so besteht doch immer eine Chance, daß unterwegs jemand anhält und Ihnen helfen kann. Wichtig sind auch Erste-Hilfe-Ausrüstung, Landkarten, Kompaß und Trinkwasser.

Idealerweise sollten Sie mit dem Fahrzeug vertraut und auch schon bei ähnlichen Straßenbedingungen mit Schlamm und Sand gefahren sein. Mit Vollgas durch tiefen Sand bringt weitaus weniger als langsames, stetiges Fahren im niedrigen Gang mit Allradzuschaltung. Bleiben Sie nicht in einer Pfanne stehen.

Der Schabrackenschakal frißt nicht nur die Futterreste anderer Raubtiere, sondern jagt auch selbst Reptilien, Insekten und kleinere Säuger.

SIMBABWE

Der rund 390 000 km² große Binnenstaat Simbabwe, früher noch Südrhodesien und später als Rebellenstaat Rhodesien bekannt, bevor er 1980 seine Unabhängigkeit erlangte, ist ein landschaftlich abwechslungsreiches, über weite Teile hinweg beeindruckend schönes Land im Südosten des afrikanischen Kontinents. Es stößt, im Norden beginnend, an die Nachbarländer Sambia, Mosambik, Südafrika und Botswana. Einen winzigen Streifen teilt es sich außerdem mit dem Caprivi-Zipfel Namibias im äußersten Westen. Seine Hauptstadt ist das entzückende kleine Harare. Zu den touristischen Hauptattraktionen gehören die berühmten Victoria Falls, der zauberhafte Hochlandgürtel im Osten sowie einige der schönsten Wildparks Afrikas.

Die charakteristische Landschaftsformation Simbabwes ist das etwa 80 km breite und 1500 m hohe grasbewachsene Zentralplateau, das sogenannte Highveld. Es erstreckt sich über die gesamte Länge des Landes vom semiariden, recht eintönigen Südwesten bis hin zum großartigen Hochland von Nyanga im Nordosten. Das Highveld stellt die Trennlinie zwischen dem Sambesi-Tal und dem heißen, trockenen Lowveld einschließlich Lompopo-Gebiet dar.

Simbabwe liegt zwar mitten in den Tropen, genießt jedoch ein angenehm gemäßigtes Klima ohne extreme Schwankungen. Die Jahreszeiten sind klar zu unterscheiden: Im Winter (Mai bis August) ist es trocken, nachts und frühmorgens kalt, untertags dagegen wolkenlos und herrlich warm. Dann folgen zwei heiße, trockene Frühlingsmonate, die zur Regenzeit überleiten und die Mopane- und andere hülsentragende Bäume sowie die federartigen, lilafarbenen Jacarandas der Städte in herrlicher Pracht erblühen lassen. Die eigentliche Regenzeit – sintflutartige Wolkenbrüche am Spätnachmittag – beginnt in der Regel Ende November und dauert bis März oder April.

Simbabwe ist mit einem grandiosen Naturerbe gesegnet. Über 12 Prozent des Landes stehen unter Naturschutz. Die Habitate reichen von den sandigen Kalahari-Savannen des Hwange-Parks im Westen über das vegetationsreichere Sambesi-Tal bis hin zu den von Heidekraut überzogenen, nebelverhangenen Bergwäldern des östlichen Hochlandes.

Links: Prachtvoller Sonnenuntergang bei Kariba. Die in Rot getauchte Landschaft liegt im Matusadona National Park, einem der schönsten Naturschutzgebiete Simbabwes.

Oben: Ein Elefant bei seinem täglichen Bad im breiten Sambesi.

Hwange National Park

Das Jagdrevier der Stammesfürsten

Mzilikazi, der Stammesfürst der kriegerischen Ndebele, proklamierte einst das wildreiche Areal im Westen Simbabwes zu seinem persönlichen Jagdrevier. Wo genau er seine Grenzen festlegte, ist nicht bekannt. Doch in jedem Fall überlappten sie zumindest teilweise mit dem heutigen Hwange National Park, einem sehr heißen, sandigen, 15 000 km² großen Gebiet aus Busch-, Gras- und Waldland zwischen den Victoria Falls und Bulawayo, der ehemaligen Hauptstadt der Ndebele und inzwischen zweitgrößten Stadt Simbabwes.

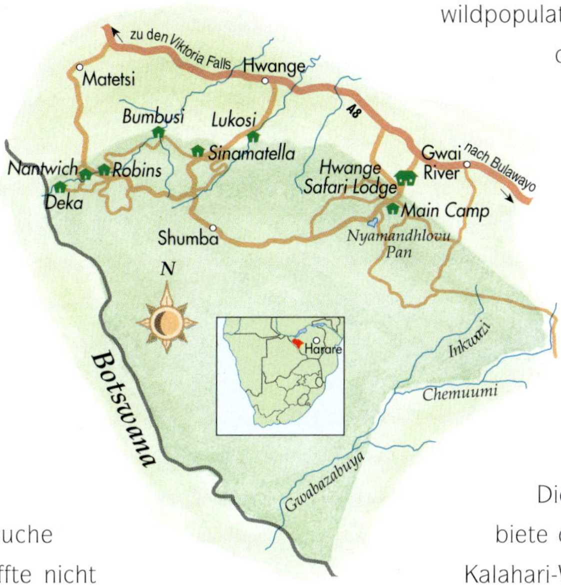

Die schwere Rinderpestseuche Ende des 19. Jahrhunderts raffte nicht nur ungefähr zweieinhalb Millionen Rinder hinweg, sondern dezimierte auch empfindlich den Wildbestand des gesamten Subkontinents. Glücklicherweise vermochten sich die Tierpopulationen im Hwange-Gebiet wieder zu erholen, besonders nachdem das Areal 1928 zum Wildreservat erklärt worden war. Dank eines intensiven Artenschutzprogramms fand der Herdenbestand einschließlich der dazugehörigen Raubtiere wieder zu seiner ursprünglichen Größe zurück. Heute rühmt sich der Park einer der dichtesten Großwildpopulationen Afrikas, vielleicht sogar der größten der Welt, allerdings nur zahlenmäßig betrachtet, denn in puncto Artenvielfalt ist ihm der berühmte Krügerpark in Südafrika (siehe Seite 17) doch deutlich überlegen.

Wälder und Fossilien

Die zentralen und südlichen Gebiete des Hwange-Parks sind Teil der Kalahari-Wüste. Aus dem tiefen Sand ragen vereinzelt Mopanesträucher und Gräser heraus. Die Landschaft ist vorwiegend flach und sandig. Versteinerte Dünen im Südosten sind ein Indiz dafür, daß hier einst reine Wüste lag. Erst ein späterer Klimawechsel bewirkte die Entstehung von Flüssen, deren Spuren heute noch am Linkwasha Vlei östlich des Main Camp zu sehen sind. Heute fließt hier allerdings nur in der Regenzeit Wasser. Im Nordosten gehen die Dornsavannen in Wälder mit dichten Teakbaumbeständen über. Das zerklüftete Hügelland im Nordwesten ist mit Mopanebäumen bestanden.

Einrichtung und Erhalt des 1950 zum Nationalpark erklärten Naturschutzgebietes gestaltete sich relativ einfach, da sich die Wildnis aufgrund des kargen Bodens und der Wasserknappheit – es gibt keine Flüsse, die ständig Wasser führen – ohnehin nicht für eine Bewirt-

Links oben: Elefantenclan an einer Wasserstelle.

Ganz links unten: Eine Gabelracke. Der farbenprächtige Nationalvogel Botswanas fühlt sich auch im Hwange-Park wohl.

Links unten Mitte: Ein Gaukler-Weibchen reagiert mit Spreizen des Gefieders auf den Balztanz des Männchens.

Gleich links: Der Rotbauchwürger bevorzugt kleine Beutetiere von Insekten bis hin zu Nestlingen.

Rechts oben: Die Impala Lily bringt im Sommer wasserspeichernde Blätter und im Winter hübsche Blüten hervor.

Lage: Am Westzipfel Simbabmbwes an der Grenze zu Botswana.

Klima: Im Sommer (v.a. Oktober) herrscht teilweise eine brütende Hitze. Die Regenzeit dauert von November–März. Im Winter angenehm warm.

Beste Reisezeit: Das ganze Jahr über. Beste Wildbeobachtung jedoch in den kühleren Trockenmonaten. Die Elefanten wandern in der Regenzeit meist ins benachbarte Botswana.

Anreise: Von der Hauptstraße Victoria Falls–Bulawayo bei Kilometer 264,5 nach Süden abbiegen. Von dort aus sind es noch 15 km bis zum Parkeingang (nahe am Main Camp).

Einrichtungen: 500 km Pirschstraßen mit Ansitzen und Picknickplätzen (meist an Wasserstellen). Restaurant, Bar, Geschäft und Tankstelle in Main Camp und Sinamatela. Safarifahrten und -wanderungen sowie Wildniswanderungen (Robins und Sinamatela) zwischen April und Oktober.

Fauna: Hwange zählt zu den bestbestückten Wildreservaten Afrikas: beachtliche Populationen von Elefanten, Büffeln und Giraffen, verschiedene Antilopenarten, Löwen und andere Raubtiere; 430 Vogelarten.

Genehmigungen und Reservierungen: Buchung von Unterkünften über das Zimbabwe National Parks Central Booking Office (siehe Seite 174). Einlaßgenehmigung am Parkeingang.

Hinweis: Malariaprophylaxe ist empfehlenswert.

schaftung eignet. Mehr als 45 künstlich angelegte Wasserstellen, Becken, die sich durch tief in den Sand gebohrte Löcher mit Wasser auffüllen, änderten jedoch das Gesicht dieser Landschaft und schufen für zahlreiche Pflanzen gute Bedingungen. Zu den Wasserstellen führt ein verzweigtes Straßennetz, wobei sich die touristische Erschließung auf die größeren Visitor Centers im Norden konzentriert, so daß der überwiegende Teil des Hwange-Park unberührt und seine Tierwelt nahezu ungestört bleibt.

Rendezvous der Elefanten

Ein paar Kilometer südlich des Main Camp liegt die Nyamandhlovu Pan. Vor allem während der Trockenzeit, wenn andere Wasserquellen versiegen, bietet sich hier ein einzigartiges Schauspiel. Die Show beginnt etwa eine Stunde vor Sonnenuntergang. Zuerst sieht man Antilopen am Wasser trinken, die zwischendurch kurz innehalten, um einem oder zwei Elefanten Platz zu machen, bevor sie ungerührt weitertrinken. Dann kurzes Getrampel und Geraschel; die Köpfe drehen sich erneut um: Bühne frei für die Elefantentruppe. Die Antilopen treten den Rückzug an. Wer zu langsam ist, wird von den Dickhäutern einfach wegge-

Rechts: Zwei Giraffenjunge necken sich.

Aussichtsplattform an der Nyamandhlovu Pan. Bevorzugte Fotomotive sind Elefanten und andere Großwildtiere.

drängt. Jetzt gehört die Wasserstelle 50 bis 100 Elefanten, die ihren Durst löschen, sich im Wasser wälzen und sich fröhlich per Rüssel gegenseitig mit Schlamm bewerfen. Was nach purem Vergnügen aussieht, ist in Wirklichkeit ein lebensnotwendiger Prozeß, durch den der Elefant seinen massigen Körper abkühlt. An Körperstellen mit relativ dünner Haut schützt der Schlamm außerdem vor Insektenstichen und Sonnenbrand.

Ein ausgewachsener, 4,5 t schwerer Bulle trinkt bis zu 250 l auf einmal und nimmt täglich über 200 kg Nahrung zu sich. Sein Lieblingsessen sind Schilfgras und sonstige Gräser, doch auch junge Blätter und zarte Triebe schmecken ihm; manchmal sogar so gut, daß er kurzerhand den ganzen Baum ausreißt, um an sie zu gelangen. Eine derart rücksichtslose Nahrungsbeschaffung belastet das biologische Gleichgewicht im Park. Immerhin muß er knapp 30 000 Elefanten ernähren, wobei die Zahlen saisonbedingt variieren, da die Tiere in der Regenzeit zwischen November und Februar oder März in das benachbarte Botswana hinüberwandern.

Bis zu 15 000 Büffel, die teilweise in Herden von über 500 Tieren auftreten, bevölkern außerdem den Hwange-Park. Sie leben in Gemeinschaft mit Giraffen, Zebras und zahlreichen Antilopenarten. Die selteneren Pferde- und Rappenantilopen besitzen beide das typisch gezackte, nach hinten geschwungene Geweih, wobei die Rappenantilope die kleinere von beiden ist. Bei den älteren Böcken ist das Fell dunkelbraun bis schwarz, bei den Kühen rotbraun. Die Pferdeantilopen weisen eine einheitliche hellgrau-braune Färbung auf. Vor einiger Zeit wurden auch Spitz- und Breitmaulnashörner im Park angesiedelt, sie werden jedoch ständig durch Wilderer bedroht. Löwen, Leoparden und Geparden sind in ausgewogenen Zahlen vertreten. Löwen sichtet man oft bei Robins Camp. Zu den kleineren Raubtieren zählen Hyänenhund, Hyänen und der zierliche, vorwiegend nachtaktive Serval, eine mittelgroße Raubkatze. Auf der Vogelliste des Parks stehen beachtliche 430 Arten.

Ausflüge

Beim Main Camp, knapp 15 km von der Hauptstraße Victoria Falls–Bulawayo entfernt, beginnen neun gut aus-

Ein Löwin nagt am Kopf eines Büffels. Löwen besitzen keine natürlichen Feinde, die Sterblichkeit innerhalb eines Rudels ist jedoch erstaunlich hoch. Krankheit, Hungertod und Aggression der männlichen Tiere gegenüber ihren Jungen werden dafür verantwortlich gemacht.

Oben: Das muntere Baumhörnchen lebt auf Bäumen, sucht seine Nahrung aber am Boden.

gewählte Rundstrecken, die dem Besucher Gelegenheit geben, ein Maximum der Parktierwelt kennenzulernen, sei es in Begleitung eines Safarileiters oder auf eigene Faust. Die Camps sind über großenteils ebenfalls mit normalem Pkw zu bewältigenden Schotterpisten erreichbar. Für die kleineren und abgeschiedeneren Camps ist jedoch ein Allradwagen ratsam, meist sogar Voraussetzung.

Eine der schönsten Rundstrecken ist der Ten-Mile Drive, für den mindestens zwei Stunden einzuplanen sind. Er führt u.a. zur Nyamandholvu Pan. Ebenso beliebt, besonders wegen der zu sichtenden Leoparden, ist der Lukosi Loop, der im Sinamatela Camp startet und auch wieder endet. In der Sommerregenzeit sind manche Straßen (z.B. zum Deka Camp) bisweilen gesperrt. Zweistündige Pirschwanderungen runden das Parkangebot ab.

Unterkunft

Die beiden größten Camps, Main und Sinamatela, sind leicht über gut befahrbare Straßen auf der Strecke Victoria Falls–Bulawayo zu erreichen. Jedes verfügt über Ein- und Zweibetten-Cottages, Chalets und Lodges sowie einen Campingplatz. Einfacher, aber ansprechend gestaltet ist das Robins Camp mit Chalets und Kochgelegenheit im Freien. »Exklusive« Camps für Safarigruppen findet man in Bumbusi, Deka, Lukosi und Nantwich. Im Gegensatz zu den komplett eingerichteten Lodges müssen sich die Gäste in den Camps die Kochgelegenheiten meist teilen. Auskünfte über die Park-

Camps wie auch die touristischen Einrichtungen erteilt das National Parks Central Booking Office.

Hwange Safari Lodge, ein Luxushotel am Park in der Nähe des Main Camp, dient als inoffizieller Besuchertreffpunkt, an dem sich die Gruppen für eine Parksafari sammeln. Auf einer Aussichtsplattform kann man wunderbar auf die Wasserstelle der Lodge sehen. Hotels gibt es außerdem im Ort Hwange sowie am Gwai River. Luxus pur bieten in Parknähe kleine Privatlodges: Chokamella, ein Zeltcamp in einem hervorragenden Pirschgebiet, Ivory Lodge, eine klassische, rustikale Safari-Lodge, Jabulisa, eine ehemalige, ansprechende Farm, Kanondo (Baumhäuser), Malalolo (Luxuszelte), Sable Valley (hier logierten 1990 sogar Königin Elisabeth und Prinz Philipp) sowie Sikumi (Baumhäuser).

Im Gegensatz zum Fotografen von heute waren die Jäger früher nicht darauf erpicht, dem Kaffernbüffel so direkt in die Augen zu blicken.

Pavian-Papa mit seinem Nachwuchs. Kleine Paviane sind genauso neugierig wie Menschenkinder.

Der Sambesi

Von den donnernden Victoria Falls bis zu den glasklaren Mana Pools

Der Sambesi, Afrikas viertgrößter Fluß (nach dem Nil, Kongo und Niger), legt zwischen seinem Ursprung im Nordwesten Sambias bis zum Indischen Ozean im Osten ungefähr 2700 km zurück. Auf seinem Weg passiert er dichtes Gehölz, üppige Galeriewälder und Sumpfebenen. Regenfälle lassen ihn im Unterlauf anschwellen, in seinem breiteren Oberlauf wälzt er sich träge dahin. In schäumendes Wildwasser verwandelt er sich, wenn er unter donnerndem Getöse die tiefen Schluchten hinabstürzt. Seine riesigen Staudämme, Kariba in Simbabwe und Cahora Bassa in Mosambik, haben ihn berühmt gemacht. Weitaus sensationeller war jedoch die Nachricht vom »donnernden Rauch«, die David Livingstone 1855 von seiner Reise zu den Victoria Falls mitbrachte. Heute sind die Wasserfälle nur eine, obgleich unbestritten die eindrucksvollste von vielen Sehenswürdigkeiten am Fluß.

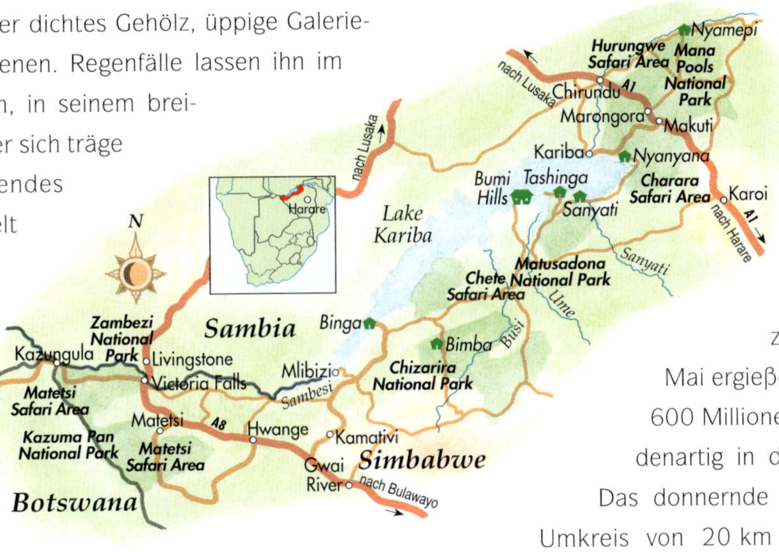

Die Victoria Falls

Klein und unbedeutend steht der Mensch vor diesem gigantischen Wasserteppich, der über die Felskante tost. Mit 1786 m Breite und einer Höhe von 106 m ist der Wasserfall doppelt so hoch und anderthalbmal so breit wie die Niagarafälle. Zu Hochwasserzeiten im April und Mai ergießen sich minütlich über 600 Millionen Liter Wasser kaskadenartig in die Schlucht hinunter. Das donnernde Getöse ist in einem Umkreis von 20 km zu hören, die vom Hauptfall aufsteigenden Gischtwolken sind 80 km weit sichtbar. Im Tropfenregen bilden sich Regenbögen, die inmitten dieser tosenden Urgewalt flüchtige Bilder an die Wand aus Sprühnebel zaubern. Unten schäumt das Wasser durch den sogenannten Boiling Pot und sucht sich dann zickzackartig seinen Weg durch eine 70 km lange, enge Schlucht; Wellen und Strudel stellen selbst den erfahrensten Wildwasserfahrer vor eine Kraftprobe.

Die Wasserfälle bilden den Mittelpunkt des Victoria Falls National Park, eines schmalen, vom Flußufer nur wenige Kilometer ins Hinterland reichenden Schutzgebiets, das zum Erhalt dieses Naturschauspiels wie auch des angrenzenden Regenwaldes angelegt wurde. Ein Paradies für Vögel und Schmetterlinge mit Feigen-, Ebenholz-, Mahagoni- und Leberwurstbäumen sowie Palmen, Farnen, Orchideen, Lianen und sonstigen Kletterpflanzen, die in dieser feuchten Umgebung einen idealen Nährboden vorfinden. Einige der Pflanzen kommen

Links oben: Eines der bekanntesten Naturwunder Afrikas: die Victoriafälle, hier bei Sonnenaufgang.

Links Mitte: Kuhreiher im Mana Pools National Park leben in friedlicher Gemeinschaft mit Elefanten und ernähren sich von deren Parasiten.

Links unten: Ein elegantes Ausflugsschiff auf dem Kariba-See. Unter der spiegelglatten Wasseroberfläche folgt der Sambesi immer noch seinem alten Lauf.

Rechts oben: Abenteuerliches River Rafting durch die Schlucht der Victoriafälle.

Lage: Im Nordwesten Simbabwes.

Klima: Im Sommer meist sehr heiß, im Winter angenehm kühl, nachts jedoch kalt. Die Regenzeit dauert von Ende Oktober oder November bis März oder April.

Beste Reisezeit: Der Fluß bei den Victoriafällen erreicht seinen Höchststand zwischen Februar und April. Beste Wildbeobachtung (v.a. im Mana Pools National Park) in den Trockenmonaten im Winter und im Frühling.

Anreise: Die Victoriafälle sind mit dem Zug, Auto oder Flugzeug erreichbar, Kariba mit Auto oder Flugzeug und Mana Pools mit Auto (es gibt aber auch einen kleinen Landeplatz für Privatflugzeuge).

Einrichtungen: Victoria Falls: Hotels, Kasinos, Restaurants, Geschäfte, Banken, Tankstellen; Verleih von Kanus, Kajaks und Geländewagen; White-Water-Rafting und Bungee-Jumping; Rundflüge (Hubschrauber oder Leichtflugzeug), Schiffsfahrten bei Sonnenuntergang und Pirschfahrten; Craft Village und Krokodilfarm. Kariba-Stausee: ausgezeichnete Hotels und Safari-Lodges, Kasino; Verleih von Booten, Kähnen und Hausbooten; Pirschwanderungen und -fahrten; hervorragende Angelmöglichkeiten (Brachse und Tigerfish). Mana Pools: Pirschstraßen, Camps und Privat-Lodges.

Fauna: Großwild in der Gegend um Kariba und im Mana Park.

Landschaft: Die Victoriafälle gelten als eines der größten Naturwunder der Welt.

Genehmigungen und Reservierungen: Buchung von Unterkünften in den Nationalparks über das National Parks Central Booking Office (siehe Seite 174).

Hinweis: Malaria- und Bilharziosegefahr.

nur äußerst selten vor wie z.B. *Cheilanthes farinosa,* eine Farnart, die ausschließlich an zwei Orten der Erde gedeiht. Der Regenwald bietet Buschböcken, Grünen Meerkatzen und Warzenschweinen einen sicheren Unterschlupf. Über den Schluchten kreisen Kaffernadler und die seltenen endemischen Teitafalken. Ein Weg führt durch die Bäume bis zur Aussichtsplattform am Rande der Schlucht hoch.

In der Umgebung der Victoriafälle kann keine Langeweile aufkommen. Der Ort Victoria Falls selbst ist ein geschäftiges Städtchen mit vollständiger touristischer Infrastruktur: Geschäfte, Banken, Tankstellen und Verkehrsmittel, Verleih von Autos, Motorrollern und Fahrrädern sowie Restaurants, Luxushotels, Kasinos und ein stark frequentierter internationaler Flughafen.

Wer etwas Nervenkitzel sucht, kann von der geschichtsträchtigen Eisenbahnbrücke, die nach Sambia führt, einen Bungee-Sprung wagen oder sich auf ein abenteuerliches River Rafting einlassen. Beliebte Alternativen sind die Schiffahrt flußaufwärts bei Sonnenuntergang und der beschaulichere Angelausflug. Wollen Sie das Ganze aus der Luft betrachten, buchen Sie den Rundflug »Flight of Angels«. Besuchen Sie auch die Schlangen- und die Krokodilfarm (letztere weist 5000 dieser Reptilien auf) und vergessen Sie auf keinen Fall, einen Abstecher ins Craft Village zu machen, das die traditionellen Musik- und Tanzformen sowie Schmuckherstellung und Lebensweisen verschiedener Ethnien dokumentiert. Am Südufer des Flusses, gleich hinter den Victoriafällen flußaufwärts, erstreckt sich der Zambesi National Park, ein 56 000 ha großes Wildreservat mit Groß- und Kleinwild. Der Zambesi Drive beginnt bei den Wasserfällen, folgt dem Flußlauf und entführt Sie durch dichte Ufervegetation zu schön gelegenen Angel- und Picknickplätzen. Vorsicht vor Nilpferden und Krokodilen! Am Chamabondo Drive (südliche Pirschstraße) lassen sich häufig Rappenantilopen, Wasserböcke, Büffel, Kudus, Zebras, Elefanten und mit etwas Glück auch Löwen, Leoparden und Geparden blicken. Übernachtungsmöglichkeiten bieten zwei Lodges für jeweils sechs Personen sowie fünf exklusive Camps jeweils für Gruppen bis zu zwölf Besuchern. Die recht einfachen Anglercamps sind für maximal zehn Gäste ausgelegt.

Der große Stausee

Bei Kariba, etwa 450 km flußabwärts von den Victoria Falls, erstreckt sich auf 280 km Länge ein insgesamt

Oben: Ein Bungee-Jumper stürzt wagemutig von einer hohen Eisenbahnbrücke in der Nähe der Victoriafälle in die Tiefe.

Ganz rechts: Wenn der Sambesi seinen Höchststand erreicht hat, donnern schäumende Wassermassen die Schlucht hinunter.

Rechts: Zu Hochwasserzeiten steigt feine Gischt bis nach oben.

Friedliche Uferlandschaft. Das Wasser des Kariba-Stausees ist normalerweise spiegelglatt, doch manchmal wird es von plötzlichen Stürmen zu hohen Wellen aufgepeitscht.

Relikt einer fernen Vergangenheit: fossiles Skelett eines primitiven Lungenfisches. Es wurde im Matusadona-Park entdeckt.

5000 km^2 großer, an manchen Stellen 116 m tiefer See, der beim Bau des Sambesi-Staudamms 1958 in dem einst trockenen Buschveld angelegt worden war. Er gilt als der größte Stausee der Welt.

Dieser gewaltige See veränderte völlig die Landschaft und Lebensbedingungen im Sambesi-Tal. Während des Baus der Staumauer mußten ungefähr 50 000 Menschen vom Stamm der Tonga umgesiedelt werden. Alsbald entstanden am Seeufer geschäftige, ökonomisch wichtige Fischerdörfer.

Der Damm liefert eine stabile Basis für unterschiedliche Habitate, in denen sich Tiere und Pflanzen ansiedeln konnten: See, Ufer, Inseln sowie fjordähnliche Mündungen, die eigentlich nur die »Überbleibsel« halb überfluteter Hügel und Täler sind. Fauna und Flora haben sich an die jährlichen Schwankungen des Wasserpegels angepaßt und letztendlich einen großen Nutzen daraus gezogen: Elefanten, Büffel, Giraffen sowie eine Vielzahl anderer Tiere finden in diesem Vegetationsmix aus See- und Bodengräsern ein wahres Schlaraffenland. Im See leben etwa 42 verschiedene Fischarten, darunter auch Brachse, der bei Anglern sehr begehrte Tigerfish und Kapenta, ein kleiner, eiweißreicher sardinenähnlicher Fisch, den die Fischer in großen Mengen fangen. In der Nähe der Staumauer liegt die hübsche kleine Stadt Kariba, die viele wegen ihrer ungewöhnlichen Kirche, die ein offener Rundbau mit Arkaden und hellen Mauern ist, und der Krokodilfarm kennen.

Kariba hat für die Touristen gut vorgesorgt: Die Hotels am Seeufer bieten komfortable Unterkunft, einen wunderschönen Blick auf den See sowie eine Vielzahl an Ausflügen und Freizeitaktivitäten wie z.B. Bootfahren, Sightseeingtouren und Pirschfahrten. Auf Hausbooten und Ausflugsschiffen sämtlicher Größen- und Komfort-Kategorien läßt sich der gesamte See erkunden. Eine unkonventionellere Art des Sightseeing ermöglicht die Autofähre, die regelmäßig zwischen dem Hafen Andora, bei Kariba, und Milibizi am Westufer verkehrt (280 km). Die Decks bieten innen gemütliche Sitzgelegenheiten, das Essen ist gut, und die komplett ausgestattete Bar lädt zu einem Drink ein. Kabinen stehen nicht zur Verfügung. Vom oberen Deck aus kann man die unberührte Seenlandschaft an sich vorbeiziehen lassen.

Naturschutzgebiete

Drei wunderschöne Naturschutzgebiete wurden in der Region angelegt. Am populärsten ist der Matusadona National Park, ein ausgedehntes, 1500 km^2 großes, teils sehr gebirgiges Areal am Ostrand, das im Norden vom Seeufer begrenzt wird. Er bietet eine unberührte Wasserlandschaft mit Buchten und Stränden, vorgelagerten Inseln und Flußmündungen, die zusammen mit dem Wasserpegel steigen und fallen. Die weitläufigen hügeligen Flächen warten immer wieder mit herrlichen Ausblicken auf. Als typische Vegetation findet man hier Gehölz und Mischwald – Weiden, Msasabäume *(Brachystegia speciformis)* und Commiphora, auch »kanniedood« – »Kann-nicht-sterben« – genannt. Von den Parkbewohnern zeigen sich vor allem Krodokile und Flußpferde, doch auch Elefanten, Büffel, mehrere große

Antilopenarten, Zebras, Löwen und Tüpfelhyänen lassen sich ab und zu blicken. Eine bunte Vogelwelt hat sich vor allem am Seeufer niedergelassen.

Matusadona bietet drei exklusive Rest Camps für Familien mit Zweizimmer-Einheiten oder Gruppen von maximal zehn Teilnehmern sowie zwei Campingplätze: einen in Tashinga und einen in Sanyati West (Ausrüstung kann geliehen werden). Wer seinen gewohnten Komfort nicht missen möchte, findet in der luxuriösen Bumi Hills Safari Lodge am Westrand des Nationalparks seine Ansprüche erfüllt. Von der Fahrt nach Matusadona über die meist schlecht passierbaren Straßen ist abzuraten, der Park läßt sich jedoch leicht von Kariba aus per Boot oder per Flugzeug erreichen. Im Park selbst gibt es einige schwer befahrbare Pisten, die allerdings während der Regenzeit gesperrt sind, sowie ein ganzes Netz von Wilderness Trails.

Nahe bei Kariba erstreckt sich die Charara Safari Area, ein ursprüngliches Hügel- und Waldland mit einer faszinierenden Tierwelt. Hervorragende Beobachtungsmöglichkeiten bieten die Ansitze und strategisch günstig gelegenen Picknickplätze, die von der Wildlife Society of Zimbabwe entlang dem Seeufer eingerichtet wurden. Camping- und Caravan-Stellplätze findet man in Nyanyana, das ein beliebter Treffpunkt durstiger Tiere zu sein scheint: Elefanten sind sogar schon mitten durchs Camp gewandert!

Der Chizarira National Park, ein entlegenes, undurchdringliches Bergareal mit einer Gesamtfläche von 200 000 ha nimmt ein Drittel der größeren Naturschutzgebiete der Kariba-Region ein. Auf seinem höchsten Gipfel, dem Tundazi, lebt der Legende nach eine Riesenschlange, die über Zauberkräfte verfügt. Chizaira liegt am Rande des großen Zentralplateaus etwa 50 km südlich von Kariba und besticht durch die Naturschönheit seiner Landschaften. Die Hänge fallen steil ungefähr 600 m zum Sambesi-Tal mit seinem großen Stausee ab, und das Panorama, das sich vom Gipfel aus bietet, ist schlicht überwältigend. Im Frühling überzieht die Hänge ein farbenprächtiger Blütenteppich.

Chizariras Südgrenze wird vom Flußlauf des Busi und seinen Flutebenen gebildet. Der Uferstreifen ist dicht mit stattlichen Anabäumen bestanden. Die zentralen Gebiete sind von hügeligen Ebenen mit ansteigenden Randketten und tiefen Schluchten gekennzeichnet. Eine Landschaft also, vor der der Mensch kehrt machen muß und die infolgedessen einen idealen Schlupfwinkel für Elefanten, Büffel, Zebras, Antilopen und ihre natürlichen Feinde abgibt. Die Pirschstraßen sind nur mit Allradantrieb zu bewältigen. Eine geführte zehntägige Trekkingtour sowie organisierte Pirschfahrten runden das attraktive Parkangebot ab.

Manzituba im Westen besitzt einen kleinen Landeplatz und dient als Sitz der Parkverwaltung von Chizarira. Übernachten kann man in mehreren einfachen Camps, wobei nur eines über Warmwasser und Wasserklosetts verfügt. Eine gute Alternative bietet die private Chizarira Wilderness Lodge mit ihren schattigen komfortablen Chalets hoch oben am Hang.

Büffel grasen zwischen den abgestorbenen Bäumen im tierreichen Nationalpark Matusadona am Südufer des Kariba-Sees.

Mana Pools National Park

Nordöstlich des Kariba-Stausees befindet sich einer der letzten Flecken »echter« afrikanischer Wildnis. Der Sambesi fließt zunächst in nördliche Richtung, bevor er

Eine der beständigsten Lebensformen des Tierreichs: Das Nilkrokodil hat sich im Lauf der Evolution kaum verändert.

Oben: Der kleine Karminspint erweitert sein Nahrungsangebot, indem er auf dem Rücken größerer Vögel – Strauße, Störche und Kraniche – hocken bleibt und darauf wartet, daß durch deren Picken im Boden Insekten aufgeschreckt werden und ihm buchstäblich in den Schnabel fliegen.

in einer Schleife nach Westen abbiegt und sich durch die Ebenen weiterschlängelt. Über die Jahrhunderte hinweg haben seine Fluten Schwemmablagerungen hinterlassen, die einen ausgezeichneten Nährboden für Gräser, Akazien und Mopanebäume bilden. Durch den windungsreichen Flußlauf entstanden zudem seichte Becken und Kanäle, in denen sich das Wasser ansammelt und selbst in der langen Trockenzeit nicht versiegt.

Die feuchte Umgebung mit ihrer nährstoffreichen Vegetation lockt zahlreiche Tiere an. In den heißen, trockenen Wochen kurz vor der im November einsetzenden Sommerregenzeit treiben Hunger und Durst Tausende von Tieren die Hänge hinunter. Sie wissen, das üppig bewachsene Ufer hält einen köstlichen Festschmaus für sie bereit. Die weltweit dichteste Elefantenpopulation, insgesamt 12 000 Tiere, versammelt sich auf den Ebenen, gefolgt von Büffeln, Zebras und Antilopen, darunter auch das seltene Nyala. Löwen, Leoparden, Geparden, Hyänen und Hyänenhunde

Rechts: Eine Reisegruppe lauscht gebannt den Geschichten über den sagenumwobenen Baobab.

Rechts: Kanuten im glatten Wasser der Mana Pools, die mit ihrem Fischreichtum (Barbe, Brachse, Vundu, Tigerfish u.a.) das Herz eines jeden Anglers höher schlagen lassen. Das Baden sollte man wegen der vielen Krokodile und Flußpferde lieber sein lassen.

finden hier ideale Jagdgebiete. Paviane jagen umher, und wie immer liegen Flußpferde und Krokodile träge im seichten Wasser. In den Wäldern und am Ufer wimmelt es von zahlreichen Vogelarten.

Der Mana Pools National Park zieht sich über 70 km am Fluß entlang. Er eignet sich sowohl für Tagesausflüge als auch für mehrtägige Touren. Übernachten kann man in zwei am Ufer gelegenen Selbstversorger-Lodges sowie im Anglercamp Nyamuomba. Ein größerer Campingplatz steht im Nyamepi Camp zur Verfügung, drei etwas abgelegenere sind für Reisegruppen angelegt. Der Park bietet ausgezeichnete Angelmöglichkeiten auf Brachse, Vundu und Tigerfish. Zahlreiche Wanderwege und Pirschstraßen durchziehen das Areal. Die Straßen sind in ziemlich schlechtem Zustand. Sie sind zwar auch mit normalem Pkw zu bewältigen, Allradwagen stellen jedoch die bessere Alternative dar. Es darf immer nur eine begrenzte Zahl von Tagesbesuchern in den Park. Daher sollte man sich vorher anmelden.

Der Weißstirnspint ist leicht an seinem rechtwinklig endenden Schwanz, der roten Kehle und der weißen Stirn zu erkennen. Man trifft ihn häufig in ausgetrockneten Flußbetten an.

Links: Gedeckter Tisch: Elefanten im Nationalpark Mana Pools verzehren genüßlich die Früchte, die Paviane fallen ließen.

Links: Steppenzebra-Mutter mit ihrem Fohlen im Nationalpark Mana Pools.

Die Eastern Highlands

Eine grüne Bergwelt im Osten Simbabwes

Der Naturschönheit dieses östlichen Hochlands mit seinen ansteigenden Bergketten am Rande des Zentralplateaus, die eine 300 km lange Grenze zu den Tälern des Nachbarlandes Mosambik ziehen, vermögen nur wenige Regionen des Subkontinents das Wasser zu reichen. Die hügelige, dicht bewaldete Landschaft zeigt sich ganzjährig in einem leuchtendgrünen Gewand. Sie reicht von den sanft gewellten Tälern Nyangas im Norden bis zu den beeindruckenden zerklüfteten Quarzithängen des Chimanimanigebirges im Süden. Der Großteil der Bergregion befindet sich in Höhenlagen von 2000 bis 2300 m. Ihre höchste Erhebung ist der Inyangani (2592 m).

Die Eastern Highlands sind ein beliebtes Erholungsgebiet. Ihre Landschaften sind eine Augenweide, die Forellenbäche ein Anglerparadies, und die frische, saubere Luft der nebelverhangenen Berge liefert eine wohltuende Abwechslung zur brütenden Sommerhitze im Tal. Die Hauptstadt der Region ist das Städtchen Mutare, etwa 100 km südlich vom Nyanga National Park und nördlich von Bvumba, den »Bergen des Nebels«, wie dieses Gebiet genannt wird, das u.a. das Bunga Forest Reserve und die Bvumba Botanical Gardens umschließt. Weiter südlich erhebt sich die größte Bergkette Simbabwes, das Chimanimanigebirge. Es liegt in einem ausgedehnten Naturschutzgebiet, das am Chirinda Forest Reserve endet. In den tieferen Schluchten des Reservats findet man noch kleine Urwaldbestände.

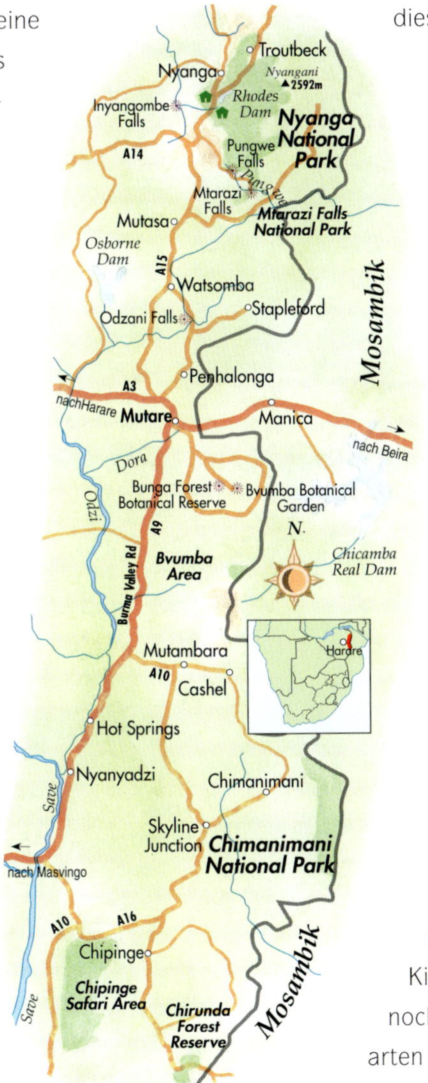

Nyanga Park

Der 47 000 ha große Park, in dem sich Berge und Ebenen abwechseln, steht ganz im Zeichen des Inyangani, der sich am Nordrand des östlichen Hochlands erhebt. Auffällig sind die *gomos,* imposante kuppelförmige, glatte Felsüberhänge. Die meisten Hänge wurden zwar mit Kiefern aufgeforstet, doch setzen noch genügend einheimische Baumarten Farbakzente, die im Frühjahr von warmen Goldtönen bis hin zu leuchtendem Rot reichen. Die Bergflora ist vielfältig. Am häufigsten kommt der Msasabaum vor. In den höheren, kühleren Lagen gedeiht die endemische *Aloe inyangensis.*

Berühmt ist der Park hauptsächlich wegen seiner kristallklaren, forellenreichen Bäche und wegen seiner

Links: Ein Meer von Msasabäumen bedeckt im Frühjahr die Hügel des Nyanga National Park.

Rechts oben: Lange Zeit dachte man, das »Chimanimani-Nadelkissen«, eine als dichter Strauch wachsende Proteenart, käme nur in den Eastern Highlands vor, bis sie vor kurzem auch weit im Süden, im südafrikanischen Drakensbergmassiv, entdeckt wurde.

Lage: Nördlich und südlich von Mutare, das 260 km südöstlich von der Hauptstadt Harare liegt.

Klima: Gemäßigt; selten ungemütlich. Im Oktober am heißesten (wie im ganzen Land), im Mai am kühlsten. Im Winter kann es nachts kalt werden. Die Regenzeit dauert von November bis März, mit Nebel und Regen ist jedoch im Hochland das ganze Jahr über zu rechnen.

Beste Reisezeit: Zu jeder Jahreszeit. Blütezeit der Msasabäume im Frühling. Die Parks sind täglich geöffnet.

Anreise: Nach Nyanga und Bvumba führt eine Teerstraße von Mutare. Der südlichere Chimanimani-Park ist über eine nach Regenfällen manchmal schwer passierbare Schotterstraße zu erreichen.

Einrichtungen: Panoramastraßen in den Gegenden von Nyanga und Bvumba; Picknickplätze; gute Hotels (Angeln, Golf, Swimminpools, Ponyausflüge). Nyanga ist berühmt für seine forellenreichen Stauseen.

Aktivitäten: Panoramafahrten; Wanderungen, Ponyausflüge, Forellenangeln, Golf.

Landschaft: Berg- und Waldlandschaft. Phantastische Panoramen in den Naturparks wie auch auf den Straßen dorthin.

Fauna: Artenreiche Vogelwelt; mehrere Antilopenarten; Leoparden und kleinere Säugetiere (allerdings selten zu sehen).

Genehmigungen und Reservierungen: Eintrittsgenehmigungen sind an den Parkeingängen erhältlich. Unterkunft kann über das Zimbabwe National Parks Central Booking Office (siehe Seite 174) reserviert werden.

Oben: Dichter Wald begleitet den langen Fall des Pungwe.

Rechts: Nur vereinzelt dringt die Sonne durch das dichte Laubwerk der Bäume im Bunga Forest Botanical Reserve bei Mutare.

Unten: Angeln mit künstlichen Fliegen zählt zu den Hauptattraktionen im östlichen Hochland.

Wasserfälle. Besonders eindrucksvoll sind dabei die Pungwe Falls. Der Pungwe, größter Fluß des Hochlands, stürzt hier mit donnerndem Getöse 240 m tief in die lange, dichtbewaldete Pungwe Gorge. Nicht ganz so eindrucksvoll, aber sicher genauso schön sind die nahegelegenen Mtarazi Falls, wo ein dünner, silbrig glänzender Wasserstreifen in zwei Stufen 760 m über Granitfelsen in den Regenwald des Honde-Tals abfällt.

Nyanga ist in erster Linie ein Landschaftspark, besitzt aber auch eine interessante Tierwelt. Anzutreffen sind Kudus, Gnus, Wasserböcke, Große Riedböcke, Ducker und Diademmeerkatzen. Auch die Vogelwelt ist vielfältig. Nennenswert sind hier vor allem der seltene Sumpftschagra und der farbenprächtige Zügeltrogon, der sich in den Wäldern aufhält.

Nyanga und Mutare sind über eine Teerstraße miteinander verbunden. Den Park durchqueren zahlreiche Schotterwege. Sie führen zu Aussichtspunkten, Stauseen, Wasserfällen und Steinruinen, die noch aus der Eisenzeit stammen. Das wohl beeindruckendste Panorama eröffnet sich am World's View. Ein gut ausgewiesener Wanderweg führt zum Gipfel des Inyangani, der ebenfalls mit einer phantastischen Aussicht aufwartet.

Bvumba: Eine Landschaft der Blumen und Wälder

Die Naturwelt von Bvumba läßt sich auf einer nahezu 80 km langen, über Asphaltstraßen führenden Rundstrecke ab Murare erkunden. Diese kühle, häufig nebelverhangene Bergregion hoch über dem tropischen Burma-Tal mit seinen Bananen-, Mango-, Tee-, Tabak-, Kaffee- und Baumwollplantagen ist ein Paradies für Blumen, Farne und Wälder. Die Region des Bunga Forest Botanical Reserve mit seinem reichen Bestand an einheimischen Tropenbäumen besitzt sein eigenes Mikroklima, das es der Höhenlage und seinem Standort an einem Felshang verdankt, wo aufsteigende Luftströme Abkühlung und Feuchtigkeit bringen. Hier wimmelt es geradezu von Diademmeerkatzen, Vögeln und Schmetterlingen. Die ausgesprochen scheuen Ducker lassen sich am Tag leider nur außerordentlich selten blicken. Abgesehen von den Pfaden, die zu den Aussichtsstellen und Wasserfällen führen, ist diese ruhige Landschaft völlig ungestört.

Im Bunga Forest liegt der Bvumba Botanical Garden. Er besteht zwar hauptsächlich aus einheimischen Bäumen, ist aber im englischen Landschaftsstil mit Teichen, Bächen, Wegen und kleinen Brücken angelegt, die für das südliche Afrika exotische Pflanzen wie Azaleen, Rosen und Fuchsien üppig blühend umwuchern. Daneben gedeihen afrikanische Pflanzen wie z.B. Farne und uralte Zykadeen, und im Kräutergarten erfährt man, zu welch vielfältigen Zwecken die verschiedenen Pflanzenfamilien in Afrika wie auch im Ausland verwendet werden.

Chimanimani National Park

Bergbäche haben tiefe Schluchten in das unberührte, dichtbewaldete Bergland gesägt. Hier hat die Natur wahrhaftig für Abwechslung gesorgt: schroffe Felsvorsprünge, mit Flechten überzogene Granitfelsen, hohe Gipfel, Zedern und Gelbholzbäume, Proteen und Aronstab sowie undurchdringlicher Regenwald mit Farnen, Moosen und Orchideen. Der Chimanimani-Park, der etwa ein Drittel der Bergkette einnimmt – das restliche Drittel gehört zu Mosambik –, besticht durch malerische Wasserfälle. Besonders sehenswert ist Bridal Veil. Die Parkfauna umfaßt Elen- und Rappenantilopen, Buschböcke und Ducker sowie eine artenreiche Vogelwelt, darunter auch Greifvögel. Selbst Leoparden leben hier, man bekommt sie aber kaum zu Gesicht.

Straßen gibt es im Chimanimani-Park nicht. Zu Fuß läßt sich das Hochland nach Herzenslust erkunden. Eine von zahlreichen schönen Wanderrouten ist z.B. der dreistündige Bailey's Folly Walk, der in Mutekeswane beginnt und auch endet. Das Department of National Parks unterhält hier ein Basiscamp mit Informations-Center, wo Sie sich auch nach Campingplätzen erkundigen können.

Unterkunft

Für Unterkunft im Nyango National Park sorgen Lodges für zwei, fünf oder acht Personen sowie zwei Campingplätze. In der Gegend gibt es auch mehrere Hotels; das luxuriöste ist das Troutbeck Inn mit eigenem Forellenteich und Golfplatz. Lebensmittel und Benzin sind in Nyanga erhältlich.

Mit zahlreichen Hotels wartet auch die Bvumba-Region auf. Zu empfehlen sind u.a. das freundliche White Horse Inn, das Inn of the Bvumba sowie das bekannteste, das schloßähnliche Leopard Rock.

Im Chimanimani-Park beschränken sich die Übernachtungsmöglichkeiten auf eine Berghütte und einen kleinen Campingplatz. Ein Hotel gibt es dafür im Ort Chimanimani.

Ausflüge

Auf den gut ausgeschilderten Wegen kann der Besucher die drei verschiedenen Berggebiete beliebig durchwandern. Die Panoramastraßen im Hochland von Nyanga und Bvumba befinden sich in gutem Zustand. Pkw ist meist ausreichend, nur nach heftigen Regenfällen kann es schwierig werden.

Die Bridal Veil Falls tragen ihren Namen zu Recht: Wie eine lange Brautschleppe fällt das Wasser in sanften Kaskaden in die von Farnen und Bäumen gesäumte Schlucht.

Die zerklüftete Bergwelt des Chimanimanigebirges ist ein Mekka für Wanderer und Wildblumenfans.

NÜTZLICHE ADRESSEN

SÜDAFRIKA:

South African National Parks
P.O. Box 787, Pretoria 0001
Tel: (012) 343 1991, Fax: (012) 343 0906
Cape Town: P.O. Box 7400, Roggebaai 8012
Tel: (021) 422 2810, Fax: (021) 424 6211
Satour (South African Tourism Board)
Private Bag X164, Pretoria 0001
Tel (012) 347 0600, Fax: (012) 347 8753
KwaZulu-Natal Nature Conservation Service
P.O. Box 13069, Cascade, Pietermaritzburg 3202
Tel: (0331) 845 1000, Fax: (0331) 845 1001
Eastern Cape Nature Conservation
Private Bag X5001, Greenacres, Port Elizabeth 6057
Tel: (041) 373 8891, Fax: (041) 373 7118
Western Cape Nature Conservation
Private Bag X9086, Cape Town 8000
Tel: (021) 483 4051/4615, Fax: (021) 483 3713
Northern Cape Province Nature Conservation Service
Private Bag X6102, Kimberley 8300
Tel: (053) 832 2143, Fax: (053) 831 3530

NAMIBIA:

Namibian Wildlife Resorts
Private Bag X13267, Windhoek
Tel/fax: (61) 224 900
Namibian Tourism, Cape Town, tel: (021) 419 3190
Namibian Tourism, Johannesburg, tel: (011) 622 1669

BOTSWANA:

Department of Wildlife and National Parks
P.O. Box 131, Gaberone
Tel: 580 774, Fax: 580 775
Parks and Reservations Office
P.O. Box 20364, Maun
Tel: 661 265, Fax: 308 675
Department of Tourism
Tel: 353 024, Fax: 308 675

SIMBABWE:

National Parks Central Booking Office
Department of National Parks and Wildlife Management
P.O. Box 8151, Causeway, Harare
Tel: (4) 706 077, Fax: (4) 724 914
Zimbabwe Tourism Authority
P.O. Box CY 286, Causeway, Harare
Tel: (4) 706 077, Fax: (4) 758 828

LITERATURTIPS

Im Programm der **KÖNEMANN VERLAGSGESELLSCHAFT MBH** finden Sie zu diesem Thema weiterhin:

- Die Tiere Afrikas
- African Elegance. Farben – Menschen – Mythen
- Soul of Africa – Magie eines Kontinents
- Säugetiere des südlichen Afrikas
- Land des Okovango und Chobe – Eine Fotoreise durch Botswana

BILDNACHWEIS

Abkürzungen: PAPL = Photo Access Photographic Library; SIL = Struik Image Library. Die Aufzählung der Fotos erfolgt von oben nach unten und von links nach rechts. **Adrian Bailey**: 12a, 136, 141b, 142b, 143b, 145. **Daryl Balfour**: 124b, 128b/129b. **Pat de la Harpe**: 36d, 41b, 50b. **Roger de la Harpe**: 2/3, 8, 9, 10, 11, 12b, 15, 28, 29, 30a-c, 31a-c, 32a-c, 33, 34, 35, 36a-c, 37b, 38, 40a-d, 41a, 42b, 43a-c, 44a&b, 45a-c, 46, 47, 48a-c, 49a&b, 50a, 51, 52a-c, 53, 54a-d, 55, 58, 59, 60a&b, 61a&b, 62a-c, 65a, 68a&c, 69, 70a&b, 72a&b, 76b, 77, 78, 79c&d, 80a&b, 81c, 82a/83a, 82b, 83b, 84b, 86b, 87a, 88, 89, 90b, 91a, 92a, c&d, 93, 97a, 104c, 106, 107, 109, 110c, 111a&b, 112a&d, 113, 114a, 115c, 116, 118b&c, 119b, 120a&b, 121, 129a, 143a, 151, 154, 155, 155b, 156a-d, 157, 158a&b, 159, 160a&b, 161a&b, 162b&c, 164a&b, 165, 166a&b, 167a&b, 168a-c, 169a-c, 170, 171, 172a, 173a&b. **Nigel Dennis**: 1, 5, 6, 13b, 14, 16a&c, 17, 18a&b, 19a-c, 20/21, 22a&b, 23a&b, 24a-c, 25a, 26a&b, 27a&b, 37a, 56, 57, 64a, 65c, 66a-d, 67, 68b, 73a&b, 74, 75, 76a&c, 79a&b, 81a&b, 86a&c, 87b, 90a, 92b, 94, 95, 97b&c, 98a-c, 99, 100a-d, 101a&b, 102a-d, 103, 104a&b, 105a&b, 108, 110a&b, 112b&c, 114b, 115a&b, 117, 118a, 119a, 122a&b, 124a, 125a&b, 126/127, 128a, 142a. **Jean du Plessis**: 131, 132a&b, 133b. **Richard du Toit**: 122c, 135, 139a&b, 140a&c, 141a, 144a&b, 146a&b, 147a&b, 148b, 149a. **Gallo Images/Roger de la Harpe**: 39, 41c, 71, 152a. **Gwynneth Glass**: 85. **Martin Harvey**: 134, 138c. **J & B Photographers**: 63, 64b, 65b&d.
Peter Lawson: 130a, 130b, 133a. **Ian Michler**: 137, 138b. **PAPL/C.F.Bartlett**: 148a. **PAPL/Getaway/ D.Bristow**: 149b. **PAPL/Vanessa Burger**: 153a. **PAPL/Getaway/J.Nel**: 150a&b. **PAPL/Getaway/D.Steele**: 138a, 140b. **PAPL/Getaway/ P.Wagner**: 153b. **Pippa Parker**: 123. **SIL**: 84a, 172c. **SIL/Nigel Dennis**: 42a, 152b. **SIL/Roger de la Harpe**: 162a. **SIL/Peter Pickford**: 172b. **SIL/Mark Skinner**: 163. **SIL/Lanz von Hörsten**: 16c. **Mark Skinner**: 96, 16b. **Hein von Hörsten**: 91b.

GLOSSAR (Bei Bildern sind die Seitenangaben fett gedruckt)

Afrika-Marabu o. **Marabu** *(Leptoptilos crumeniferus)*, Marabou Stork 23

Afrikanische Fischeule o. **Bindenfischeule** *(Scotopelia peli)*, Pel's Fishing Owl 35, 139

Afrikanischer Elefant *(Loxodonta africana)* 18, **19**, 22, 30, 35, 36, 37, 44, 47, **63**, **63**, **64**, 65, 90, 107, 123, **126-127**, 132, **140**, 141, 142, 145, **146**, 148, 153, 155, 158, **163**, 164, 166, 167, 168, **169**

Afrikanischer Habichtsadler *(Eutolmaetus spilogaster)*, African Hawk-Eagle 48

Austernfischer *(Haematopus ostralegus)*, Oystercatcher 81

Barbe *(Barbus barbus)*, Barbel 147, 168

Bärenpavian o. **Tschakma** *(Papio ursinus)*, Chacma Baboon **16**, 22, 51, 59, 77, 81, 89, 97, 103, 110, 114, 115, **161**, 169

Bartgeier o. **Lämmergeier** *(Gypaëtus barbatus)*, Bearded Vulture 51, 52, 53, 54, 57

Baumhörnchen *(Sciurini)*, Tree Squirrel **160**

Bergriedbock *(Redunca fulvorufula)*, Mountain Reedbuck 35, 40, 41, 42, 53, 54, 172

Blaßuhu (Milchuhu) *(Bubo lacteus)*, Milky Eagle Owl/Giant Eagle Owl **152**

Blauducker *(Cephalophus monticola)*, Blue Duiker 64

Blauer Marlin *(Macaira ampla)*, Blue Marlin 43

Blaues Gnu *(Connochaetes taurinus taurinus)*, Blue Wildebeest 22, 36, 47, 67, 100

Blauwangenspint *(Merops superciliosus)* , Blue-cheeked Bee-eater 139

Bleichböckchen *(Ourebia ourebi)*, Oribi 53, 54, 57, 59

Bleßbock *(Damaliscus dorcas philippsi)*, Blesbok 53, 57, 60, 61, 67

Bockkäfer *(Cerambycidae)*, Long-horned Beetle **35**

Brachse o. **Brasse** *(Abramis brama)*, Bream 147, 166, 168, 169

Braunkehlreiher *(Egretta vinaceigula)*, Red-throated Egret/Slaty Egret 131, 141

Breitmaulnashorn *(Ceratotherium simum)*, White Rhino 18, 19, 22, **23**, **28**, 30, **31**, 35, 36, 44, **46**, 47, 104, 159, **161**

Brillenpinguin *(Spheniscus demersus)*, Black-footed Penguin **80**, 81, 85

Buntbock *(Damaliscus dorcas dorcas)*, Bontebok/Tsessebe 22, 47, **75**, 81, 86, 141, 147

Burchell-Zebra *(Equus quagga burchelli)*, Burchell´s Zebra 19, 22, 30, 37, **45**, 47, 57, 60, 67, 86, 110, 113, **122**, 123, **141**, 142, 147, 148, 152, 153, 159, 164, 167, **169**

Buschbock *(Tragelaphus scriptus)*, Bushbuck 22, **26**, 41, 42, 51, 64, 147, 164

Buschschwein *(Potomochoerus porcus)*, Bushpig 37, 40, 42

Dikdiks o. **Windspielantilopen** *(Madoquini; Madoqua sp.)*, Dik-diks **122**, 124

Disa, uniflora, Red Disa **91**

Ducker *(Cephalophinae)*; Duiker 22, 30, 40, 41, 42, 53, 54, 90, 172

Echter Schwalbenschwanz *(Papilio sp.)*, Swallowtail **65**

Eisvögel *(Alcedinidae)*, Kingfishers 35, 72, 139

Elenantilope *(Taurotragus oryx)*, Eland 22, **49**, 51, 53, 54, 57, 60, 61, 63, 67, 75, 81, **76**, 86, 100, **122**, 140, 148, 152

Elritze *(Phoxinus phoxinus)*, Minnow 90

Erdhörnchen *(Marmotini)*, Northern Ground Squirrels 102

Erdmännchen *(Suricata suricata)*, Suricate **65**, **99**, 102

Erdwolf *(Protelus cristatus)*, Aardwolf 151

Euphorbia **16**, 113

Europäische Forelle *(Salmo trutta)*, Brown Trout 52, 54, 171, 173

Felsenbussard o. **Schakalbussard** *(Buteo rufofuscus)*, Jackal-Buzzard 22, 63, 107, 153

Felsenratte **94**

Fischadler *(Pandion haliëtus)*, Osprey 60

Flamingo *(Phoenicopterus ruber)*, Greater Flamingo 35, 42, 75, 85, 94, **113**, 114, 124, **128**, 153

Fleckenhalsotter *(Lutra maculicollis)*, Spotted-necked Otter **52**

Flußpferd *(Hippopotamus amphibius)*, Hippopotamus (Hippo) **18**, 22, **34**, 35, 39, **40**, 44, **130**, 132, **135**, 138, **139**, 147, 148, **149**, 164, 167, 168, 169

Fynbos (Kap-Vegetation) **74**, 75, 76, 80, 81, 86, 89, 96

Gabelracke *(Coriacias caudatus)*, Mosilikatze´s Roller/Lilac-breasted Roller 125, **156**

Gaukler *(Terathopius ecaudatus)*, Bateleur 19, 30, **102**, **156**

Gelblkehlpieper *(Marcronyx croceus)*, Yellow-throated Longclaw 42

Gepard *(Acionyx jubatus)*, Cheetah **15**, 22, **27**, 30, 45, 101, **101**, 123, 140, 145, 151, 153, 159, 164, 169

Gewöhnliches Stachelschwein *(Hystrix cristata)*, Porcupine 40, 42, 51

Giraffe *(Giraffa camelopardalis)* 22, **24**, 30, **32**, 35, 36, **37**, 44, **45**, 47, **48**, 103,118, 123, **125**, 141, 148, 153, **158**, 159, 166

Glattnackenrapp *(Geronticus calvus)*, Bald Ibis **48**, 57

Glockenreiher *(Egretta ardesiaca)*, Black Egret/Black Heron 141

Gnu *(Connochaetes)*, Wildebeest 19, 30, 44, 57, 60, 123, 140, 148, 152, 153, 172

Goldschwanzspecht *(Campethera abingoni)*, Golden-tailed Woodpecker 42

Goliathreiher *(Ardea goliath)*, Goliath Heron **36**

Graufischer *(Ceryle rudis)*, Pied Kingfisher 30, **110**

Greisböckchen *(Nototragus melanotis)*, Grysbock 22, 90

Grüne Meerkatze *(Cercopithecus aethiops)*, Grass Monkey/Vervet Monkey 22, **32**, 40, **41**, 42, 97, 164

Hammerkopf *(Scopus umbretta)*, Hamerkop 30, **142**

Hartmann-Bergzebra *(Equus zebra hartmannae)*, Hartmann´s Mountain Zebra 97, 114, 115, 118

Haubenzwergfischer *(Corythornis cristatus)*, Malachite Kingfisher 30

Helmturako *(Tauraco corythaix)*, Knysna Loerie/Knysna Turaco 23, 60, **71**, 72

Honigdachs o. **Ratel** *(Mellivora capensis)*, Honey Badger 102, 151

Indien-Großstorch *(Xenorhynchus asiaticus)* , Black Stork 54

Kaffernadler *(Aquila verreauxii)*, Black Eagle 48, 52, 54, 57, 90, 164

Kaffernbüffel *(Synceros caffer)*, African Buffalo 18, 19, 22, 25, 30, 35, 41, 42, 47, 61, 63, 132, 140, 141, 145, **147**, 148, 159, **161**, 164, 166, 167, 169

Kampfadler *(Polemaëtus bellicosus)*, Martial Eagle 48, 54, 102

Kap-Klippschliefer *(Procavia capensis)*, Rock Dassie/Rock Hyrax 52, **82**, **104**, 110

Kapfrankolin *(Pternistis capensis)*, Cape Francolin 97

Kapfuchs o. **Kamafuchs** *(Vulpes chama)*, Cape Fox **98**, 151

Kapgeier *(Gyps coprotheres)*, Cape Vulture 23, 54, 60, 75

Kaphonigfresser *(Promerops cafer)*, Cape Sugarbird 82, 90

Kapotter *(Aonyx capensis)*, Cape Clawless Otter **52**, 69, 75, 90

Kappapagei *(Poicephalus robustus)*, Cape Parrot 60

Kapscharbe o. **Kapkormoran** *(Phalacrocorax capensis)*, Cape Cormorant **86**

Kaptölpel *(Morus capensis)*, Cape Gannet **84**, 85

Kapweber *(Textor capensis)*, Cape Weaver **54**

Karminspint *(Merops nubicoides)* , Carmine Bee-eater **142**, 148, **168**

Klippspringer *(Oreotragus oreotragus)*, Klipspringer 47, 51, 90, **103**, **110**, 114, 115

Knysna-Seepferdchen *(Hippocampus capensis)*, Knysna seahorse 73

Kudu *(Tragelaphus sp.)*, Kudu 22, **30**, 36, 41, 42, 44, 47, 63, 67, 86, 123, 124, 140, 141, 153, 164, 172

Kuhantilope *(Alcelaphus buselaphus)*, Hartebeest 47, 53, 60, **64**, **66**, 67, 81, 100, 151, 152, 153

Kuhreiher *(Bubulcus ibis)*, Cattle Egret **130**, **163**

Lederschildkröte *(Dermochelys coriacea)*, Leatherback Turtle 41

Leopard *(Panthera pardus)* 18, 22, **26**, 30, **32**, 37, 42, 45, 47, 59, 97, **100**, 101, 103, 114, 115, 118, 123, 132, 140, 145, 151, 159, 160, 164, 169, 173

Litschi-Wasserbock o. **Litschi-Moorantilope** *(Hydrotragus leche)*, Lechwe Waterbuck 138, 140, **141**, 145

Löffelhund *(Otocyon megalotis)* Bat-eared Fox 89, 101, 151

Löwe *(Panthera leo)*, Lion 18, 19, **20-21**, 22. 30, 32, 37, 100, **100-101**, 123, **124**, 129, 132, **140**, 140, 145, **145**, 148, 151, 153, **159**, 164, 167, 169

Makrele *(Scombridae)*, Mackerel 43

Malachit-Nektarvogel *(Nectarinia famosa)*, Malachite Sunbird **97**

Mangroveliest *(Halycon senegaloides)*, Mangrove-Kingfisher 61

Mangrovereiher *(Butorides striatus)*, Green-backed Heron 30

Mangusten, Mungos o. **Ichneumons** *(Herpestinae)*, Mongooses **61**, **98**

Milkbush **111**

Milkwood 41, 71, 72, 81

Nachtreiher *(Nycticorax nycticorax)*, Night Heron 44, 139

Nektarvögel, Langschwanznektarvögel *(Nectariniidae)*, Sunbirds 82, 90

Nilgans *(Alopochen aegyptiacus)*, Egyptian Goose 110, **124**

Nilkrokodil *(Crocodylus niloticus)*, Nile Crocodile 22, 30, 35, **36**, **39**, **40**, 44, 47, 61, 132, 138, 147, 164, **167**, 168, 169

Nimmersatt *(Mycteria ibis)*, Yellow-billed Stork/Wood Ibis **36**

Nubische Falbkatze *(Felis silvestris lybica)*, African Wild Cat 89, 151

Nyala *(Tragelaphus angasi)*, Nyala 22, 30, 35, 36, 40, 42, 44, 169

Ohrengeier *(Torgos tracheliotus)*, Lappet-faced Vulture 23, 102

Oryxweber *(Euplectes orix)*, Red Bishop-Bird **54**

Palmgeier *(Gypohierax angolensis)*, Palmnut Vulture 44

Paradieskranich *(Anthropoides paradisea)*, Blue Crane 53, 57

Pferdeantilope o. **Roan** *(Hippotragus equinus)*, Roan Antelope 22, 129, 147, 159

Prinie *(Prinia sp.)*, Prinia 125

Rappenantilope *(Hippotragus niger)*, Sable Antelope 22, 140, 147, 148, 159, 164

Raubadler *(Aquila rapax)*, Tawny Eagle **17**, 30, 102

Regenpfeifer *(Charadriidae)*, Plover 85

Rehantilope o. **Rehböckchen** *(Pelea capreolus)*, Rhebok 51, 53, 54, 64, 90

Reiher *(Ardeidae)*, Herons 35, 39, 75, 85

Riesentrappe *(Ardeotis kori)*, Kori Bustard **24**, 148

Rosapelikan *(Pelecanus onocrotalus)*, White Pelican 39, **117**, **133**, 147

Rotbauchwürger *(Laniarius atrococcineus)*, Burchell´s Golonek/Crimson-breasted Shrike 125

Rotschnabelente *(Phaecilonetta erythrorhyncha)*, Red-billed Teal/Red-billed Pintail 125

Sanderling *(Calidris alba)*, Sanderling 85

Schabrackenhyäne *(Hyaena brunnea)*, Brown Hyaena 22, 47, 101, 115, 118, 151

Schabrackenschakal *(Canis mesomelas)*, Black-backed Jackal 22, 90, 101, 115, 118, 123, **153**

Schlangenhalsvögel *(Anhingidae)*, Darters 75

Schnabelbrustschildkröte *(Testudo angulata)*, Angulate Tortoise **87**, **92**

Schreiseeadler *(Cucuma vocifer)*, African Fish-Eagle 30, 35, 39, 42, 59, 60, 81, 110, **132**, 137, **139**, 153

Schuppentiere *(Pholidota, Manidae; Manis sp.)*, Pangolins/Scaly Ant-eaters 100, 151

Schwarzbrustschlar *(Circaetus pectoralis)*, Black-breasted Snake-Eagle 48

Schwarze Mamba *(Dendroaspis polylepis)*, Black Mamba 30

Schwarzer Marlin *(Istiompax marlina)* , Black Marlin 43

Schwarzfersenantilope o. **Impala** *(Aepyceros melampus)* **16**, 22, **23**, 35, 36, 45, 47, 123, 129, 140, **147**

Schwarzflügel-Gleitaar *(Elanus caeruleus)*, Black-shouldered Kite/Black-winged Kite 81

Seidenreiher *(Egretta garzetta)*, Little Egret 36

Sekretär *(Sagittarius serpentarius)*, Secretarybird 57

Serval *(Leptailurus serval)*, Serval **41**, 159

Sitatunga o. **Sumpfantilope** *(Tragelaphus spekei)*, Sitatunga 132, 138, 140

Spitzmaul- o. **Schwarzes Nashorn** *(Diceros bicornis)* , Black Rhino 18, 19, 22, **30**, 35, 36, 42, 44, 47, 63, 103, **104**, 118, 123, 124, **125**, 159

Springbock *(Antidorcas marsupialis)*, Springbok 57, 100, 101, **102**, 103, 113, 114, 115, 118, 123, 151, 152

Steinböckchen *(Paphiceros campestris)*, Steenbok 22, 90, 115

Steinwälzer *(Arenariinae; Arenaria sp.; Arenaria interpres)*, Turnstone 85

Strauß *(Struthio camelus)*, Ostrich **65**, 81, 118, 125, 153

Streifenschakal *(Canis adustus)*, Side-striped Jackal 37

Südafrikanischer Seebär *(Arctocephalus pusillus)*, Cape Fur Seal **118**

Südlicher Glattwal *(Eubalaena australis)*, Southern Right Whale/Ice Baleen Whale 72, 75, **76**

Sumpftschagra *(Tchagra minuta)*, Marsh-Tchagra 172

Suniböckchen *(Nesotragus moschatus)*, Suni 35, 36, 42

Teitafalke o. **Kurzschwanzfalke** *(Hierofalco fasciinucla)*, Taita Falcon 164

Tigerfish 132, 137, 147, 166, 168, 169

Tüpfelhyäne *(Crocuta crocuta)*, Spotted Hyaena 22, 30, 101, 167, 115, 160, 161

Turmfalke *(Tinnunculus tinnunculus)*, Common Kestrel/Rock Kestrel 90

Unechte Karettschildkröte *(Caretta caretta)*, Loggerhead Turtle 41, **43**

Waran *(Varanidae)*, Monitor 30, 138, **148**

Warzenschwein *(Phacochoerus aethiopicus)*, Warthog **19**, 37, 42, 61, 63, 140, 141, 164

Wasserbock *(Kobus ellipsiprymnus)*, Puku/Waterbuck 22, 37, 42, 144, 145-146, **149**, **164**, 172

Wasserläufer *(Tringa sp.)*, Sandpipers 35, 85

Weißrückenreiher *(Calherodius leuconotus)*, White-backed Heron 44

Weißschwanzgnu *(Connochaetes gnou)*, Black Wildebeest/White-tailed Gnou 47, 53

Weißstirnspint *(Meropiscus bullockoides)*, White-fronted Bee-eater **169**

Welwitschia **113**, 115, 118

Wüstenchamäleon *(Chamaeleo namaquensis)*, Namaqua Chameleon **107**, **112**

Wüstenluchs o. **Karakal** *(Caracal caracal)*, Caracal Lynx (Caracal) **52**, **63**, 89, 97, 101

Zecke *(Ixodidae)*, Tick **31**

Zügeltrogon *(Apaloderma narina)*, Narina Trogon 61, 172

Zwergflamingo *(Phoeniconaias minor)*, Lesser Flamingo 124, 125

REGISTER (Bei Bildern sind die Seitenangaben fett gedruckt)